インドの中世社会

インドの中世社会

——村・カースト・領主——

小谷汪之著

岩波書店

序

1 時代と地域

歴史を忘れ、悠久にただそこに存在しつづけたかのような印象をもたれがちなインドの社会も、それが人間のつくる社会であるかぎり、大きなうねりにも似た歴史の胎動を、何度か閲してきた。

七世紀ごろから、広大なインドの全体にわたって、一つの新しいうねりが始まったらしい。それは、歴史の「変革期」などという言葉で表現されるような、せわしない変動ではなかったが、ゆったりとしかし広く、深く波動を広げ、インドの社会を最深部から変えていった。この大きな社会的変動は、一三世紀ごろまでには、ほぼおさまり、そこに一つの新しい社会が生み出された(1)。

本書でいう「インドの中世社会」とは、このようにして、一三世紀ごろまでに一応の輪郭を整えるに至った社会のことである。このインド中世社会は、ほぼ一八世紀いっぱいまで続いた。その間、社会の骨格そのものには大きな変動はなかったと考えられるが、社会をその内部から変質させていくような変化は絶え間なく続いていた。この長期にわたる内部的変化が、一体どのような新しい社会を生み出すことになるのか、インドの歴史がそれを実地に証明するに至る前に、インドはイギリスの植民地となり、歴史の流れは、唐突に、そして暴力的に断ち切られた。

本書では、このようなものとしての「インドの中世社会」の太い骨格を、分析的に捉えるとともに、その中でうごめきのように続いていた内部的変質の過程を、動態的に捉えてみたいと思う。

ただ、「インドの中世社会」といっても、広大なインドのことであるから、その全体を一挙に捉えることは困難である。地域によって、史料の残存状態が大きく異なるし、その史料そのものがきわめて多様な言語で書かれているからである。(2) 本書の場合、その対象とする地域は、一般に「インド西部」Western India と呼ばれる地域に限定されている。現在のインド連邦共和国の州区分でいえば、マハーラーシュトラ州の西半分ぐらいと、グジャラート州のタプティ川以南の地方(南グジャラート地方)である。

この「インド西部」地方には、「ガート」(マラーティー語で山脈の意。ベンガル湾沿いの山地と区別するために、西ガートとも呼ばれる)と呼ばれる山脈が、アラビア海に沿って南北に走り、海岸の平野部とデカン高原部とを分けている。海岸の平野部の北半分(ほぼボンベイ以北の部分)は南グジャラート地方であり、南半分はコンカン地方と呼ばれる。

一九世紀前半に、イギリス植民地支配が始まるまで、この地域の大部分はマラーター王国の支配下にあった。マラーター王国は、シヴァージー・ボーンスレー(一六二七―八〇年)が中心となって樹立した国家である。一四世紀前半に成立したバフマニー朝以来、デカンの各地はしだいにムスリム(イスラム教徒)を支配者とする国家の領土にくみこまれていった。一五世紀末、バフマニー朝は衰退し、デカン・ムスリム五王国と称される五つの王国に分裂した。そのうち、マラーター王国の建設に関係が深いのは、デカン北部のアフマドナガルを都としたニザーム・シャーヒー王国（―一六三六年）とデカン南部のビジャプルを都としたアーディル・シャーヒー王国（―一六八六年）である。シヴァージーの父、シャーハジー・ボーンスレーは、ニザーム・シャーヒー王国に仕える武将であったが、一六三六年、その滅亡後アーディル・シャーヒー王国に移り、後のマラーター王国の首都プネーの一帯を封土（ジャーギール）として授与された。シヴァージーはこのプネーの封土に育ち、一六四〇年ごろから、ガートの山深い谷あいに蟠踞する「郷主」たちや「山の民」を糾合して、独立の国家の建設にのり出した。シヴァージーはアーディル・シャーヒー王国や、アウラングゼーブ帝の下デカン征服戦を推し進めていたムガル帝国と戦いながら、領土を拡大し、一六七四年マラーター王国を樹立した。一六八〇年、シヴァージーは死に、その長子サンバージーが王位を継いだが、一六八九年、サンバージーはムガル軍に捕えられ、ビーマ河畔に惨殺された。サンバージーの異母弟ラージャラームは、南方カルナータカ地方のジンジーに逃れて王位に即き、そこからデカン各地のマラーター豪族に檄をとばして、ムガルへの抵抗を呼びかけた。マラーター王国はしだいに失った領土を取り戻し、ムガル軍を北に押しもどした。一七〇七年、アウラングゼーブ帝が死去すると、ムガル軍はデカン征服をあきらめ、捕虜としていたサンバージーの息子シャーフーを釈放した。シャーフーはラージャラームの後継者と争った末、一七〇八年マラーター王位に即いた。しかし、長くムガル軍営に捕われの身であったシャーフーは、王国統治になじまず、マラーター王国の実権は宰相（ペーシュワー）、バーラージー・ヴィシュワナート（宰相在任一七一四―一七二〇年）の手に移った。彼はコンカン地方出身のバラモン（コンカナスタあるいはチットパーワン・バラモンと呼ばれる)で、その後、マラーター王国宰相の職は、彼の家系によって世襲されることになった。宰相はプネーに宰相府を置いたから、その後はプネーがマラーター王国の中心地となった。このプネーの宰相政府の下、マラーター王国は強大になり、ムガル帝国の領土を次々に奪い取っていった。一八世紀後半、こうしてインド各地に進出したマラーターの武将たちは、そこで半ば独立の侯国を樹立し、プネーの宰相を盟主とする同盟関係をつくり上げた。それが、いわゆるマラーター同盟である。マラーター同盟は、一八世紀末になると結束が乱れ、マラーターの侯国は次々とイギリス東インド会社軍に敗れ、滅ぼされたり、その支配下に藩王国 Native States になったりしていった。一八一八年、最後の英・マラーター戦争の結果、マラーター宰相政府は崩壊し、インド西部地方一帯はイギリス植民地支配下にくみこまれた。

本書が直接に対象とするのは、このような歴史の変動を経験してきた一六―一八世紀の「インド西部」地方、なかでも、とくにマハーラーシュトラ地方である。前述のような本書の意図からすれば、一三世紀にまでさかのぼることが望ましいのであるが、史料上の制約によって、それは困難である。それで、豊富に存在する一六―一八世紀の史料に依拠して、一三世紀にまでさかのぼる中世社会の骨格を復元し、同時にその枠組の内部で続いていた社会的変動の方向性を捉えるという方法をとることにした。(植民地支配下の社会変動については、拙著『大地の子《ブーミ・プトラ》』東京大学出版会、一九八六年、参照。)

2 史料

本書の依拠する史料は、主として、一六―一八世紀のマハーラーシュトラで書かれ、今日まで残されてきた厖大な量のマラーティー語文書である。

マラーター宰相政府を滅ぼして、プネーを占領したイギリス人は、そこに厖大な量のマラーター政府の文書が残されているのを発見した。これらの文書は、征服地の支配のために必要なものであった。例えば、村々からどのくらいの税を徴収することができるかを知るには、マラーター政府の徴税記録を調べればよかった。また、ヒンドゥー寺院などが自分のものだと主張する賜与地が、本当にそうであるかということを調べるのには、土地賜与にかんするマラーター政府の文書を調べねばならなかった。とくに土地所有権をめぐる問題は、イギリス人にとってもっとも重要と考えられたから、これらのマラーター政府の文書は、プネーに置かれた「土地譲渡局」(Alienation Office、すべての賜与地の正当性を調査する機関)が管理することになった。

二〇世紀に入り、マラーター政府の文書が、行政上の現実的な役割を終えると、これらの厖大な文書の中から、マラーター史の研究にとって重要な史料となるものを選び出して、史料集に編纂するという事業が開始された。その中で、次のような重要な史料集が刊行された。(各史料集の最初にかかげた略号は、本書で出典を示すのに使用するもので、その略号の後に、ローマ数字で巻数を、アラビア数字で史料番号を表示する。)

SSRPD:G・C・ワード編『サタラーの王および宰相の日録選』、全九巻、一九〇六―一一年、プネー。(3)

この史料集は、シャーフー王およびプネーの歴代の宰相たちが発行した命令書、保証書などの内容を、政府の書記が、場合によっては要約しながら、一日ごとに記録した『日録』(ローズ・ニシー)から、重要と思われる部分を選び出したものである。

SGRAO：G・C・ワード選『土地譲渡局所蔵文書選』、全四巻、ボンベイ。

1 『領主たちの家の歴史』(一九〇八年)

2 『裁判集会記録』(一九〇九年、本書では SGRAO - Decisions と略記する)

3 『保証書、命令書』(一九一三年、本書では SGRAO - Sanads and Letters と略記する)

4 『条約集』(一九一四年)(4)

この史料集は、前述の「土地譲渡局」に保管されていたマラーター王国の公文書を、内容ごとに四巻に分けて編纂したものである。

SPD：G・S・サルデサイ編『ペーシュワー文庫所蔵史料選』、全四五巻、一九三〇―三四年、ボンベイ。(5)

「土地譲渡局」に保管された公文書は、一般には「ペーシュワー文庫」Peshwa Daftar と称されたが、この史料集は「ペーシュワー文庫」の中から、とくに政治史に関係の深いものを中心に選び出したものである。

これらはいずれも、イギリス植民地支配機関であるボンベイ政府によって刊行されたものであるが、それ以外に、インド人自身によって自主的に編纂され、刊行された史料集もたくさんある。一九世紀後半になると、マハーラーシュトラではナショナリズムが高揚しはじめ、マラーターの栄光の歴史を振りかえろうとする機運が高まって来た。その中で、プネーに、完全に民間の歴史研究機関として、「インド史研究所」Bhārat Itihās Sanshodhak Mandal が設立された。研究員たちはマハーラーシュトラの村々を歩き回って、中世文書を収集し、それを史料集に編纂、公刊するという仕事を粘り強く続けた。その中で、次のような重要な史料集が刊行された。これらの史料集に収録されている史料は、郷主、郷書記、村長、村書記などの家に伝えられた公、私文書が中心であるが、それ以外に、ヒンドゥー寺院に伝わる文書、「ヒンドゥー法官」の家の文書など多種多様である。

MIS：V・K・ラージュワデー編『マラーター史史料集』、全二二巻、一八九六—一九一五年、プネー。(6)

SCS：『シヴァージー時代の史料』、全一三巻、一九二六—六五年、プネー。(7)

ASS：『歴史史料雑集』、全一三巻、一九三四—六七年、プネー。(8)

Otūrkar：R・V・オートゥールカル編『ペーシュワー時代の社会、経済文書』、一九五〇年、プネー。(9)

その他の史料集については、本文中に注記する。

これらの文書で使用されている暦は、シャカ暦(西暦より七八年ないし七九年少ない)、シュフール暦(イスラム暦で、西暦より五九九年ないし六〇〇年少ない)など、さまざまである。これらを西暦に換算するには、特別の対照表が必要であるが、信頼できるものは、G・S・カレー『カレーの年数表あるいはシヴァージー時代のすべての暦』(10)しかない。これは西暦一六二九年から一七二八年までの九九年間について、シャカ暦、イスラム暦、西暦を対照させて表示したものである。したがって、この対照表に出ていない年代については、例えばシャカ暦一七〇〇年＝西暦一七七八―七九年といったように、ある程度の幅をもって表記せざるをえない場合がある。

なお、本書Ⅲ－三－3「在地領主の土地経営」だけは、南グジャラート地方の事例で、史料はペルシャ語の史書や公文書とグジャラーティー語の地方文書である。

3 主　題

本書は「インドの中世社会」と題されているように、「社会論」を主題としている。社会とは、人と人とがとり結びあう多種多様な諸関係の総体のことである。だから、本書の主題は、インドの中世という時代に、人々はお互いにどのような諸関係をとり結びあいながら、それぞれの生活を形づくっていたのかということを明らかにすることである。

しかし、社会というものは、ほとんどの場合、国家によって総括されているものであるから、社会は国家と分かち難く結びついている。いわば社会＝国家体制という形を取って、相互に規定しあっているのである。それを図式化して示せば、左のようになるであろう。

図示したように、社会には社会に固有の領域(国家と重ならない部分)があり、それが社会論の固有の認識領域であることはいうまでもない。しかし、社会論にとってより重要な認識領域は、社会が国家と重なりあっている領域である。この領域で働く二つの力、二つの方向への規定性を、社会の側から捉えること、それが社会論の立場である。

一例として、身分制というものを考えてみよう。身分制は何も国家が勝手につくり上げて、社会に押しつけたものではない。社会そのものが、その内部から絶えず階層的、序列的編成を生み出すのであり、それを国家が吸収して、再編成したのが身分制なのである。しかし、一度国家が身分制として法制化すると、それは社会関係を固定化する機能をもつ。そこでは、社会が生み出す階層的、序列的編成と身分制とが相互に規定しあっているのである。この相互規定関係を国家論の立場から捉えるならば、国家が社会の生み出す階層的、序列的編成をいかに身分制へと再編成するのか、その際どのようなイデオロギー的操作が用いられるのか、そのようにして法制化された身分制を社会に強制するための国家的装置にはどのようなものがあるのか、といったことが主題となるであろう。しかし、この相互規定性を、社会論の立場から捉えようとするならば、国家的制度として強

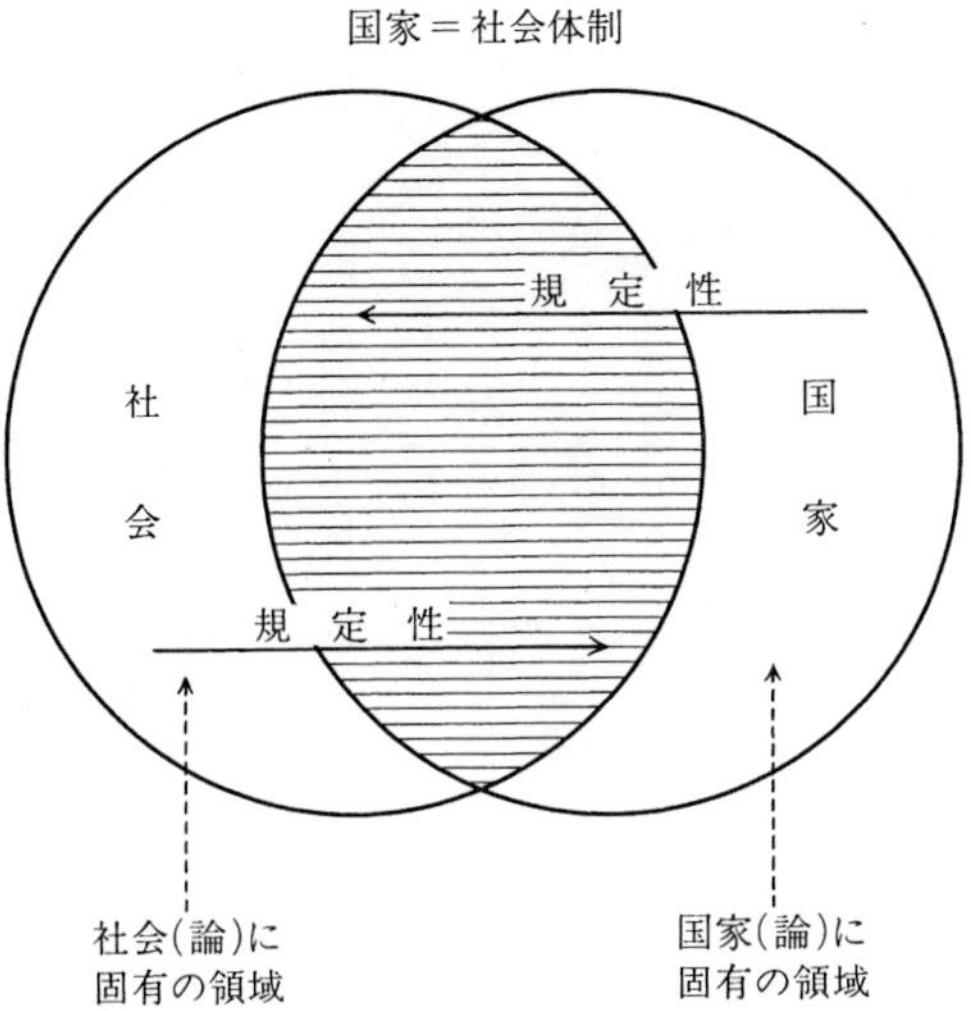

制されてくる身分制がどのように社会を拘束し、社会関係の展開のしかたにどのような影響を与えるのか、それにもかかわらず絶えず続く社会の変動は、既存の身分制との間にどのような矛盾を生み出すのか、といった問題が主たる課題となるであろう。

このように、国家論と社会論では、認識対象はかなりの部分で重なり合っているのだが、認識の視角が異なるのである。本書は社会論であるから、国家と社会とが重なり合う領域についても、あくまでも社会論の立場から捉えようとしている。したがって、国家論に固有の領域や、国家と社会が重なり合う領域についての国家論的把握は、本書の範囲外ということになる。

(1) 近年のインド史研究では、このいわゆる「ポスト・グプタ期」(グプタ王朝が滅亡した後の時期)に始まる社会変動を重視する考え方が、多くの研究者によって共有されるようになって来た。この点については、山崎利男「十一—十三世紀北インドの国家と社会」(岩波講座『世界歴史』第一三巻所収)を参照。

(2) 七—一三世紀については、主要な史料はサンスクリット語の「銅板文書」(これについては前掲の山崎利男氏の論文を参照)であるが、南インドではタミル語などの石刻文が重要な史料である。辛島昇氏の研究は、このタミル語石刻文にもとづくもので、*South Indian History and Society*(Oxford Univ. Press, India, 1984)にまとめられている。一三世紀以降になると、デリーを中心とする北インドではペルシャ語の史書や文書が中心となる。ただムガル以前の時期については、ペルシャ語の史料も少く、荒松雄氏のように、歴史考古学的方法を使うことも必要となる(荒松雄『インド中世の権力と宗教』岩波書店、一九八九年刊行予定)。ムガル期については、未公刊のペルシャ語史料がかなり多数あるが、日本ではこのような史料を使った本格的研究はない。ムガル帝国と同盟関係を結んだラージプート諸王朝の文書は、未公刊のまま大量に文書館に収蔵されている。佐藤正哲『ムガル期インドの国家と社会』(春秋社、一九八二年)は、その一つであるコタ王国のラージャスターニー語文書に依拠している。一六—一八世紀のデカン地方については、本書の依拠するようなマラーティー語の公、私文書が厖大に存在し、その主要な部分はかなり公刊されている。深沢宏氏の研究は、このマラーティー語公刊文書に依拠するもので、『インド社会経済史研究』にその大部分が収録されている。

(3) G. C. Vad ed., *Selections from the Satara Rajas' and the Peshwas' Diaries*, 9 vols, 1906–11, Puṇe.

(4) G. C. Vad ed., *Selections from the Government Records in the Alienation Office Poona*,

1. *Kaifiyats, Yadis, &c*, 1908.
2. *Decisions from the Shahu and Peshwa Daftar*, 1909.
3. *Sanads and Letters*, 1913.
4. *Treaties, Agreements and Sanads*, 1914.

(5) G. S. Sardesai ed., *Selections from the Peshwa Daftar*, 45 vols, 1930–34, Bombay.

(6) V. K. Rajvade ed., *Marāṭyānchya Itihasachin Sādhnen*, 22 vols, 1896–1915, Puṇe.

(7) *Shiva Charitra Sāhitya*, 13 vols, 1926–65, Puṇe.

(8) *Aetihāsik Sankīrṇa Sāhitya*, 13 vols, 1934–67, Puṇe.

(9) R. V. Otūrkar ed., *Peshve Kālin Sāmājik va Ārthik Patravyavahār*, 1950, Puṇe.

(10) G. S. Khare, *Khare Jantrī athavā Shivakālīn Sanpūrṇa Shakāvalī*, 1923, Puṇe.

目次

序
1 時代と地域
2 史料
3 主題

I 村の生活 …… 1

一 デカンの村 …… 3
1 孔雀《モール》の村《ガオン》 …… 3
2 土地を測る …… 10
3 村の土地 …… 17
4 村にかかる税 …… 24
5 税の配分 …… 34

二 農民――所有と経営 …… 40

1 農民と土地……40
2 農民のワタン……43
3 農民の経営……53
4 政府の勧農……66

三 村の中の分業……71
1 ワタン分業……71
2 祭りと分業……81
3 市場の形成……87

四 地母神の世界……108
1 村境争い……108
2 「鎮め《シャーンティ》」……116

五 共同性と序列性……120
1 村の集会……120
2 村長と村書記……124

II カーストとカースト制……147

目次

一　カースト集団……149
1　結合の二つの次元……149
2　婚姻と共食……155
3　カースト集会……163
4　カーストの頭《かしら》……166
二　規範と制裁……170
1　罪と罰……170
2　穢れとものいみ……188
3　規範と制裁……194
三　カースト制――序列と差別……199
1　カースト序列……199
2　不可触民……205
3　「山の民」……217
四　カーストの流動性……225
1　分離と融合……225

2 「サンスクリタイゼーション」……234
五 カースト制と国家……241
1 序列的社会編成と身分制……241
2 社会的制裁と刑罰……251
III 「地域社会」と在地領主……261
一 「地域社会」……263
1 ワタン体制社会……263
2 郷主と郷書記……266
3 「ワタン安堵状《アバヤ・パトラ》」……272
二 「地域社会集会」……277
1 「地域社会集会」……277
2 「神裁《ディウヤ》」と誓文……289
3 「地域社会集会」と国家……298
三 在地領主……312

目次

1 「一二谷」の郷主たち……312
2 在地領主層の形成……336
3 在地領主の土地経営……352
おわりに……387
あとがき……391
参考文献……一四
マラーティー語原綴表……一

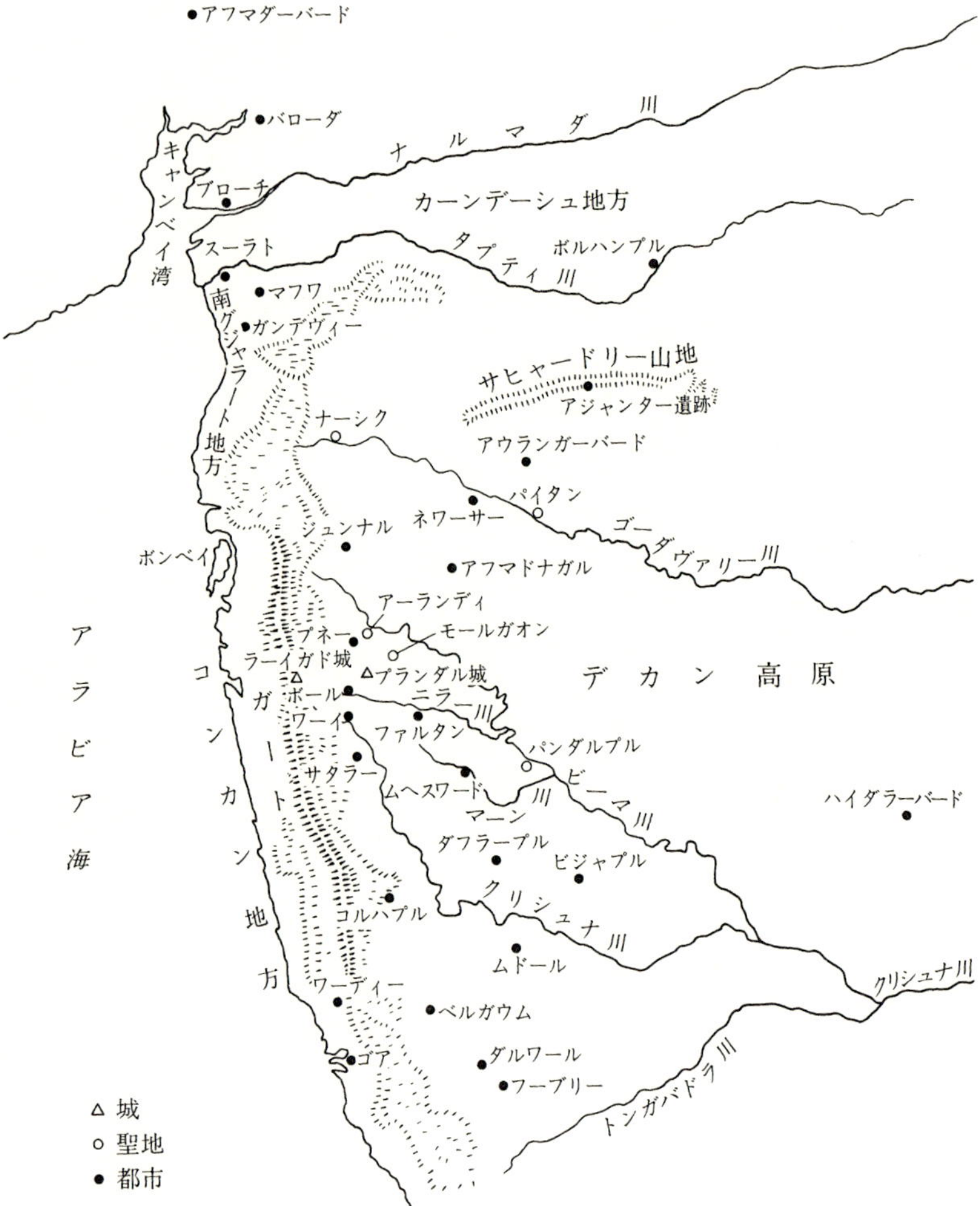
アフマダーバード
バローダ
ナルマダ川
キャンベイ湾
ブローチ
カーンデーシュ地方
スーラト
タプティ川
ボルハンプル
マフワ
南グジャラート地方
ガンデヴィー
サヒャードリー山地
アジャンター遺跡
ナーシク
アウランガーバード
パイタン
ネワーサー
ゴーダヴァリー川
ジュンナル
ボンベイ
アフマドナガル
アーランディ
モールガオン
プネー
ラーイガド城
プランダル城
デカン高原
アラビア海
コンカン地方
ガート
ボール
ニラー川
ワーイ
ファルタン
パンダルプル
サタラー
ムヘスワード
ビーマ川
マーン川
ハイダラーバード
ダフラープル
ビジャプル
クリシュナ川
コルハプル
ムドール
クリシュナ川
ワーディー
ベルガウム
ゴア
ダルワール
フーブリー
トンガバドラ川
△ 城
○ 聖地
● 都市

中世のインド西部地方

I 村の生活

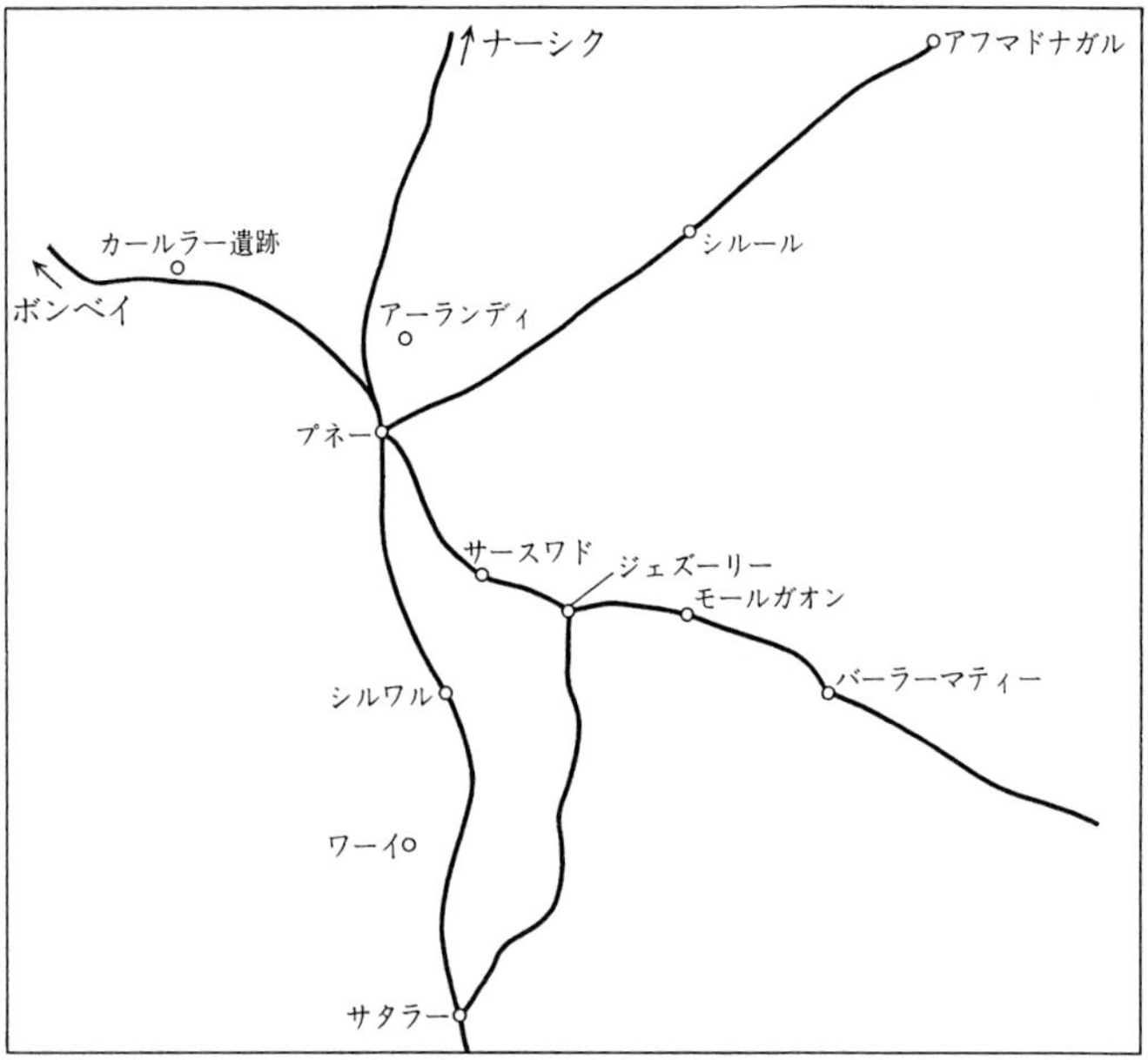
ナーシク
アフマドナガル
カールラー遺跡
ボンベイ
シルール
アーランディ
プネー
サースワド
ジェズーリー
モールガオン
バーラーマティー
シルワル
ワーイ
サタラー

モールガオン周辺図

一　デカンの村

1　孔雀の村《モール・ガオン》

孔雀の村

モールガオン、訳せば「孔雀の村《モール・ガオン》」という小さな田舎町は、マハーラーシュトラの人々にはよく知られた町である。それは、この町にガネーシャと呼ばれる、象の頭をした布袋腹の神様の有名な寺院があるからだ。ガネーシャは、マハーラーシュトラではきわめて人気のある神様で、ガネーシャをまつった寺院はどこにでもある。その中でも、とくに人々の尊崇を集めている八つの寺院を「アシュタ・ヴィナーヤカ」(アシュタ＝八、ヴィナーヤカはガネーシャの別名)と呼ぶが、孔雀の村のガネーシャ寺院は、この「アシュタ・ヴィナーヤカ」の一つである。この八つのガネーシャ寺院をすべて参拝すれば、よい事があったり、願いごとがかなうと信じている人々がたくさんいるから、孔雀の村のガネーシャ寺院にも多くの参拝者が訪れる。

ガネーシャ神の年大祭は、ヒンドゥー暦(1)バードラパド月陽半月四日(西暦ではだいたい八月末から九月中頃)に行なわれ、この日は「ガネーシャの四日」(ガネーシャ・チャトゥルティー)と呼ばれる。神々の年大祭の時には、大きな寺院の前に市が立つのが普通だが、孔雀の村でも、「ガネーシャの四日」から一ヵ月間、年市が立ち、たくさんの人々で賑った。その様子を、一七六三―六四年の一史料は次のように伝えている。孔雀の村の年大祭の時には、「諸所方々から商人たち（ワーニー・ウドミー）が品物をもって市にやって来る。ところが、昨年、ムガル[2]軍の侵入があり、農民たちは略奪されてしまった。そこで、市を繁栄させるために」、政府は「通関税（ザカート）を四分の一」だけ免除することにした(SSRPD VII-471)。

ガネーシャ寺院では、「ガネーシャの四日」の年大祭の他に、ヒンドゥー暦の各月の陽半月四日に祭礼が行なわれる。この日のことを「ヴィナーヤカ・チャトゥールティー」と呼ぶ。一九八二年一二月一九日、私が知りあいのインド人家族三人とともに、孔雀の村のガネーシャ寺院を訪れた日は、ちょうど「ヴィナーヤカ・チャトゥールティー」の日であった。寺院の奥の壁面にはめこまれたガネーシャ神像の前では、数人のバラモンが「ガナパトャタルヴァシールシャ」と呼ばれるお経をくりかえし唱えながら、神像の頭に牛乳を振りかけていた。参拝者がひきもきらずに訪れて、バラモンに供物を渡して、神前に捧げてもらっていた。橙色のガネーシャ神像の頭から流れ落ちる牛乳の白さと、参拝者が寺院のしきいをまたぐ時に発する「オーム」の声が印象的だった。

マハーラーシュトラの中心都市プネーから孔雀の村に行くには、まず南下してサースワド町を通り抜け、ジェズーリーに行く。ジェズーリーには、デカンの土着神として強烈な個性を放つカンドーバーの有名な神殿がある。小高い丘の上に立つ神殿へ上る参道の両側には、さまざまな神像や動物の像が並び、ハラド（あるいはバンダール）と呼ばれるウコンの黄色い粉を、大きなザルにいくつも山盛りにして売る店などが立ち並んでいる。参拝者は、自分の額にハラドをつけ、また、立ち並ぶ神像などの額や体にもハラドをつけながら、山上をめざす。このジェズーリーから道を左にそれて、バスで小一時間も行くと、孔雀の村に到着する。孔雀の村の人口は、一八八一年の国勢調査で一六三二人だから、本書で取り扱われる一六―一八世紀では、一〇〇〇人ほどであろうか。ガネーシャの有名な寺院をもつ、比較的大きな村といったところであろう。

ところで、ヒンドゥーの寺院は日本の仏教寺院のあり方と比べると、いくつかの点で顕著な相違がある。一般的に、本山―末寺という教団的な階梯制はなく、すべてのヒンドゥー寺院は、いわば独立した存在である。しかも、いわゆる檀家制度にあたるものはないから、ヒンドゥー教徒たちは、自分が尊崇する神様のまつられている寺を選んで、好きな時におまいりをする。いつもきまった寺に行くわけでもないのである。ヒンドゥーの寺院は、一般的には個人(家族)の所有物で、信者が神前に捧げる供物やお賽銭などによって「経営」されている。孔雀の村のガネーシャ寺院は、デーウ家という有名なバラモン家族の所有である。デーウ家は、以前は、孔雀の村に住んでいたが、今ではプネー市のそばのチンチュワドというところに住んでいる。毎年の年大祭の日、すなわち「ガネーシャの四日」には、デーウ家の当主が壮麗な行列をつくって、チンチュワドから孔雀の村にやって来る。この行列も、孔雀の村の「ガネーシャの四日」の見ものの一つである。

表1　「孔雀の村」のタル構成　(1698年)

タル名	全ルカー数	国庫地ルカー数	賜与地ルカー数
ターヴィール	35	28.5	6.5
パチャム	36	36	0
チャーハール	32	25	7
カド	32	28.5	3.5
コールター	39	39	0
パーチュパトャー	48	44.5	3.5
トーパター	15	8	7
コームナー	19	12	7
マーニャー	15	6	9
プサーラー	12	0	12
カーウジー・ボーパージー	12	5	7
計	295	232.5	62.5

(SCS Ⅲ-564. 誤記と思われる数値は訂正した)

村の構成

中世インドの村の具体的な姿は、史料があまり残されていないこともあって、なかなかわからないのだが、この孔雀の村については、ガネーシャ寺院に関連する史料などがかなり多数公刊されていて、だいたいの様子を知ることができる。

中世マハーラーシュトラの村は一〇—二〇ぐらいの「タル」[3]に分けられていた。それぞれの「タル」には名前がついていて、各「タル」ごとにルカー(あるいはタカー)という単位で表わされる数値がきめられていた。孔雀の村の場合には、表1のように、一一の「タル」に分けられ、ルカーで表わされる数値は、全村で二九五であった。表中、国庫地(ハーリサー)とは租税が国家に納入される土地で、賜与地(イナーム)とは、土地を賜与された寺院などが、国家に代

表2　パーチュパトャー・タルの内部構成　(1776年)

(a)	23ルカー	230ビガーの一地積	一等地 180ビガー	
			二等地 40ビガー	
			岩地および三等地 10ビガー	
(b)	6ルカー	145.25ビガーの一地積	二等地 50ビガー	
			三等地 95.25ビガー	
(c)	3.5ルカー	23.75ビガーの一地積	1.5ルカー，一等地	57.5ビガー
	(賜与地)	33.75ビガーの一地積	2ルカー，二等地	
(d)	3.5ルカー	64.5ビガーの一地積	一等地 35ビガー	
	(賜与地)		二等地 20ビガー	
			三等地 9.5ビガー	
(e)	12ルカー	194.75ビガーの一地積	一等地 120ビガー	230.25ビガー
	(賜与地)		二等地 74.75ビガー	
		35.5ビガーの一地積	非現作地・岩地・山地	

(SCS Ⅲ-575. こまかい端数は調整した)

って租税相当分を徴収する権利をもつ土地のことである。このそれぞれの土地のルカー数値が各「タル」ごとにきめられていた。

このルカーという単位は、後に詳しくのべるように(I－一－5)、面積の単位ではなく、それぞれの「タル」が負担すべき税などの割合を示す比率の単位である。例えば、「ターヴィール」という「タル」は、孔雀の村全体に一括して課せられる税(後に示すように、中世マハーラーシュトラでは、税は「村請」で、村全体に一括して課せられた)などの二九五分の三五を負担すべき「タル」だということである。

それでは、各「タル」の内部はどうなっていたのであろうか。表2は、時代は少し新しくなる(一七七六年)が、孔雀の村の一一の「タル」のうちの一つ「パーチュパトャー・タル」の構成を示したものである。表からわかるように、この「タル」は五つの単位(a)～(e)から構成されているが、これらは後に示すように一つずつの農民経営をあらわしている。だから、それぞれの農民経営には、それぞれに固有のルカー数値がきめられていたのである。例えば、この「タル」内の(a)の農民経営は、この「タル」が負担すべき租税などの四八分の二三を負担する義務を負っていたということである。(c)、(d)、(e)は賜与地とされているが、表1の一六九八年の史料では、この「タル」の賜与地は三・五ルカーのみであるから、その後さらに二つの農民経営が賜与地として誰かに与えられたということになる。後に示すように、これらの農民経営の経営地は一まとまりの大きな地積をなしていたが、(c)と(e)の農民経営の場合には、経営地が二つの地片に分かれていたと考えられる。

表2には、ルカーという単位とは別に、ビガーという単位が見られる。このビガーという単位は、インドでもっとも一般的な面積の単位である。マハーラーシュトラ地方では、一ビガーは約三分の二エーカー(約二・五反)であるが、この点については、次節で詳しくのべることにする。また、各農民経営地の内訳のところに、一等地(アワル)、二等地(ドゥーム)、三等地(シーム)、非現作地(パド・ザミーン)、岩地(カダク・マール)、山地(パタール)といった等級・地目が見られるが、これらは後にのべるように検地によってきめられたものである。

ルカーとビガー

このように、各農民経営は、それぞれに固有のルカー数値と面積(ビガー)という二つの単位で表示されていたのであるが、表2について、この二つの単位の間の関係を見てみると、そこには比例的な

表3　「孔雀聖人」の賜与地　　(1647–54年)

村名		タル名	面積(チャーワル)	ルカー数	耕作者名
モールガオン	①	トーパテー	1	7	記載ナシ
	②	トーパテー	$\frac{1}{2}$(?)	3.5	記載ナシ
マーエワーディー	③	ワーグテンビー	$\frac{1}{2}$	6	マルハールジー・ジャグタープ
ナーエガーンウ	④	パリートドゥネ	$\frac{1}{2}$	6	ナーゴージー・ボールカル
パンダル	⑤		1	1	ゴーヤージー・ダンガル
ローニー	⑥		1	6	エスー・バープカル
カージャド	⑦		1	?	記載ナシ
セールガーンウ	⑧		1	?	記載ナシ

(SCS Ⅲ-532, 533, 544, 553, 558, 571)

対応関係がないということに気がつく。例えば、(a)と(e)の農民経営を比べてみると、経営地の面積は二三〇ビガーぐらいでほぼ等しいのに、ルカー数値の方は二三と一二というように、(a)は(e)のほぼ二倍である。その点を確認するために、孔雀の村の聖者モーレーシュワル・ゴーサーヴィー、いわば「孔雀聖人」に与えられた八つの賜与地(各賜与地は一つずつの農民経営に対応している)の内容を整理したのが、表3である(表中の面積の単位はチャーワルで、一チャーワル=一二〇ビガーである)。表3からも、各農民経営のルカー数値と経営地面積との間には比例的対応関係がないということがわかる。それでは、この両者はなぜ対応しないのであろうか。一つ考えられることは地味の相違ということであろうが、両者の非対応性は、それだけではとうてい説明できないほどに大きい。だから、そこには何か別の要因があったと考えねばならない。

だいたい、一つの農民経営がルカー数値と面積という二つの異質な単位によって、同時に表示された、あるいは表示されねばならなかったということは、一体どういうことであろうか。なぜ、二つの単位で表示する必要があったのだろうか。この点を追求することが、中世マハーラーシュトラの村や農民経営の特質を捉えることにつながるであろう。

2　土地を測る

土地測量の単位

前節でのべたように、中世マハーラーシュトラでは、各農民家族の経営地は、検地によっていくつかの等級に分けられ、それぞれの面積が測られていた。それでは、検地(ジャリーブ、モージュニー、パーハニー)は具体的にはどのように行なわれたのであろうか。

土地測量の単位

長さ	1カーティー＝「腕《ハート》5本とこぶし《ムート》5個」の長さ≒2.5m 1ドーリー＝20カーティー≒50m
面積	1パーンド＝20平方カーティー 1ビガー＝20パーンド＝400平方カーティー≒2,500m²≒0.62エーカー 1チャーワル＝120ビガー

検地の基本単位となる長さはカーティーと呼ばれる単位である。一カーティーは、腕(ハート)五本分と握りこぶし(ムート)五個分の長さとされ(SSRPD IV-69)、人によって多少の差はあろうが、腕一本、四〇センチ、握りこぶし一個、一〇センチとすれば、ほぼ二・五メートル(四〇センチ×五＋一〇センチ×五)といったところであろう。マラーター王国初代王シヴァージーの時に、この一カーティ

ーの棒を検地尺として使用するようになったとされている。(4)

面積の最小単位はパーンドで、一パーンドは二〇平方カーティーである。最も一般的な面積の単位はビガーで、一ビガーは二〇パーンド、すなわち四〇〇平方カーティーである。一カーティーを一・五メートルとすると、一ビガーは二五〇〇平方メートル、約三〇〇〇平方ヤード。一エーカーは四八四〇平方ヤードであるから、一ビガーは〇・六二エーカーほどになる。前述のように、マハーラーシュトラの一ビガーは、一般に、三分の二エーカーといわれているが、中世マハーラーシュトラでも、ほぼその位であったということができる。ところで、一ビガーは四〇〇平方カーティー、すなわち二〇カーティー四方であるから、実際に土地の面積をビガーを単位として測るには、二〇カーティーという長さが便利である。この二〇カーティーの長さを一ドーリーと呼ぶ。だから、一ドーリーは約五〇メートルで、一ビガーは一平方ドーリー、約二五〇〇平方メートルということになる。後に見るように、表2の中の七つの地片の辺の長さは、このドーリーを単位としている。ドーリーという言葉はもともと縄、ロープを意味するから、五〇メートルほどの縄が検地に用いられたのであろう。

表4　経営地 表2—(a)の面積

幅		長さ	
北	15.75	西	15.5
南	18.5	東	11.5
	34.25		27
半分にして		半分にして	
	17.125		13.5
以上から		230(ビガー)	

土地測量の方法

土地測量の単位は以上のようなものであったとして、それでは、土地

図1

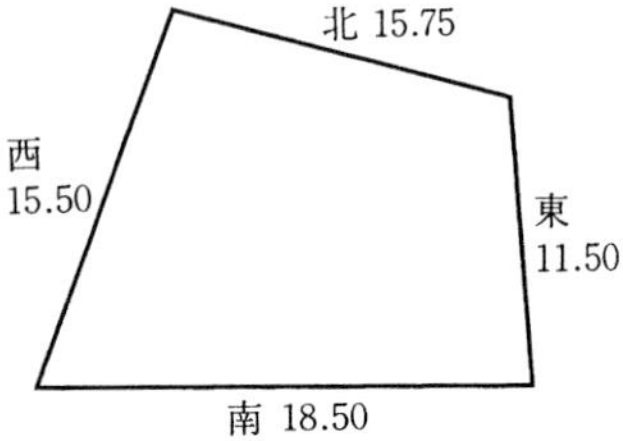

図2

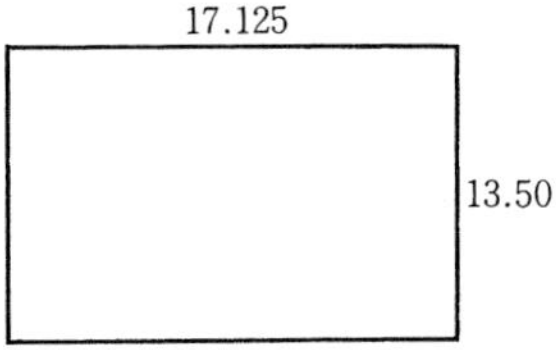

測量の具体的な方法はどのようなものだったのであろうか。一般に土地の面積を測量するには、三角測量法といわれるものが古くから使われてきたのであるが、中世マハーラーシュトラにおける土地測量の方法は、この三角測量法とは大分ちがうものであった。表2「パーチュパトャー・タル」内のいくつかの地積について、その面積の算出方法を見てみよう。まず、二三ルカーと表示されている(a)の土地の面積(二三〇ビガー)は、表4のようにして算出されたと記されている。この一見不思議な感じのする面積算出のしかたをどう理解したらよいであろうか。二三〇(ビガー)という数値は一七・一二五と一三・五を掛けたものの概数(正確には二三一・一八七五)である。したがって、この土地は一七・一二五の幅で、一三・五の長さの長方形として面積が算出されているわけである。(この幅と長さの単位は、史料には記載がないが、掛けてビガーという面積になるのだから、ドーリーである。)
このように、この面積算出法では、ある土地を長方形の土地と見なして面積を出していると考えられるが、その具体的手続きは次のようなものであろう。まず、ある土地の北側の辺の長さと南側の辺の長さを測り、その平均値を出す。次に、西側の辺の長さと東側の辺の長さを

測り、その平均値を出す。そして、その両者を掛けて面積を出す。これを図に描いてみれば、この地片は図1のような不規則な形をした四辺形なのであろう。その対応しあう二辺の平均値を取り、それらを二辺とする長方形をつくると図2のようになる。だから、この面積算出法では、図1のような形の土地を図2のような長方形に置きかえて(あるいは、そのような長方形と見なして)、その面積を算出しているのである。すなわち、実際に長さを測るのは、この不規則な四辺形の各辺の長さで、それを操作することによって、この地片のだいたいの面積を算出しているのである。

それでは、地片が四辺形ではない場合には、どうしたのであろうか。表2の中の(b)の経営地(一四五・二五ビガー)は、五辺形の土地で、その面積は表5のようにして算出されている。これは、図3のような不規則な五辺形の土地の面積を、図4のような長方形に置きなおして算出したということを意味している。六辺形の土地の場合には、幅の方にも「中」が加わるわけである。こうして、何辺形の土地であれ、いずれにしろ、それに近似した長方形に置きかえて面積を測ったのである。(5)

表5　経営地 表2—(b)の面積

幅		長さ	
東	18.5	北	10.1
西	21.1	南	5.3
		中	6.7
	39.6		22.1
半分にして		$\frac{1}{3}$にして	
	19.8		7.366……
以上から 145.25(145.859……)			

検地の目的

このような面積算出法では、三角測量法とは異なり、正確な面積

図3

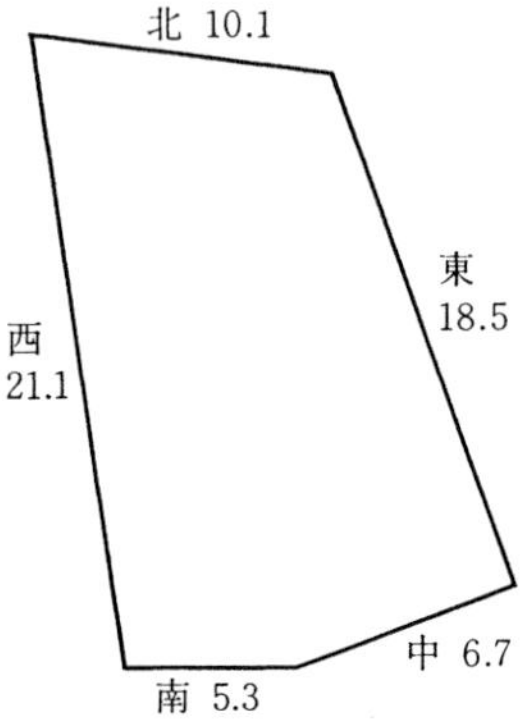

図4

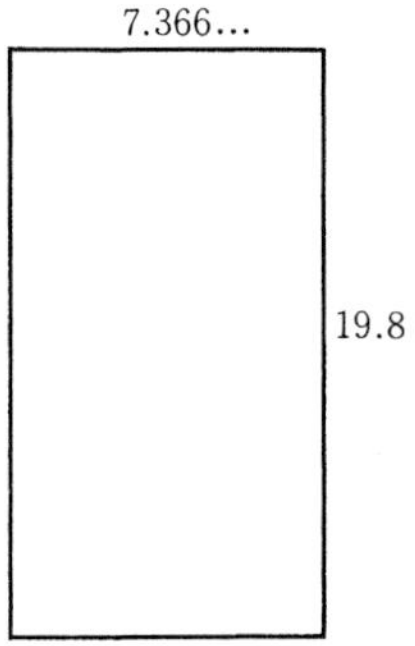

を出すことはできない。地片の形が長方形から遠ざかれば遠ざかるほど、誤差は大きくなるであろう。それでは、中世マハーラーシュトラにおいては、なぜ、このような精度の低い面積算出法がとられたのであろうか。当時、三角測量法が知られていなかったという可能性もあるが、古代以来数学の発達したインドであるから、そのようなことは考えにくい。とすれば、他に何か理由があったにちがいない。それは、だいたい次のように考えられるであろう。三角測量法に比べれば、土地の各辺の長さを測るということはずっと容易なことであろう。この容易な方法で、地片のだいたいの面積を知ることができれば、検地の目的が達せられたとするならば、何もより困難な方法をとることはなかったのである。その場合、これらの地片の面積の大きさに注目してほしい。(a)の地片は、ほぼ二三〇ビガーであるから、約一四〇エーカーすなわち五六ヘクタール、日本流にいえば五六町歩である。この巨大な一かたまりの土地を一つの農民家族が経営していたということにも驚かされるが、そ

の点は後に(I－二－3)検討することとして、ともかく、この巨大な地片の面積を測るというのであるから、容易なことではない。(b)の地片にしても、一四五ビガーほどであるから、八七エーカーすなわち三五ヘクタール、三五町歩ほどである。ともかく、日本的農業とは、はるかにかけ離れた巨大な面積であることに注意しなければならない。このような巨大な地片の面積を測る場合には、多少の誤差は問題とならず、だいたいの面積をつかめれば、検地の目的は達せられたとしても、不思議ではないであろう(6)。

それは、検地の目的にもかかわることである。中世マハーラーシュトラにおける検地は、それによって個々の農民経営を直接的に掌握することを目的として行なわれたのではない。検地は、ある村全体から徴収することのできる最大の税額を把握するために行なわれたのである。中世マハーラーシュトラにおいては、ニザーム・シャーヒー王国の宰相、マリク・アンバルが一七世紀の初めに実施した検地が有名であるが、その具体的な内容についてはよくわからない。マラーター王国では、前述のように、その創始者シヴァージーの時代に、検地が実施され、その際に、「腕五本とこぶし五個」の長さを一カーティーとし、四〇〇平方カーティーを一ビガーとする検地の単位が確立されたとされている(7)。このシヴァージーの検地に関連して残されている唯一の史料とされているのは、ローヒダー谷(ローヒドコール)郡の郷主(デーシュムク、後述)、郷書記(デーシュパーンデ、後述)、村長および農民宛に出された、シヴァージーの代官アンナージー・ダットーの「保証書」(カウル・ナーマー)、一六七八年)である。この史料は欠損部分が多く、内容がやや明瞭ではないのだが、検地が村単位の徴税額を確定するために行なわれたものであることは、以下の引用からもほぼ確実である。

郷主、郷書記、村長および重だった四人の農民(四は象徴的な数で、何人かのというほどの意)が集り、心を一つにして、村から村へと回って、次のような作業をせよ。ある村の納税額(ラカム)はどのくらいであるか、その村の土地(の面積)はどのくらいであるか、(村の土地を)一等地(アワル)、二等地(ドゥーム)、三等地(シーム)……に分け、(それぞれの土地の)収穫(ピーク)を算定し、努力をするならばどのくらいの収穫が得られるかを調査し、それを土地ごとに記入せよ。……(村人の)証言をきき、マリク・アンバルの徴収額(ラカム)はどのくらいであって、一等地、二等地、三等地、四等地(チャーラム)のそれぞれについて、秋作(カリーフ)はどのくらいで、春作(ラビー)[8]はどのくらいであるかを調査し、各作物ごとの耕作面積を調べよ。……そして、各地所(セート)ごと(の徴収額)に従って、村全体の納入額(ガーンウ・カンドニー)を決定し、……(さらに)当郡全体の納入額(アーカール)を算出せよ。(MIS XV–340)

この史料から、シヴァージー王の検地は、(1)郷主、郷書記、村長などに行なわせたものであること、(2)検地では、土地を一～四等級に分け、それぞれの面積を測量し、作物の種類を調査したこと、(3)こうした「地所」ごとの調査にもとづいて、村全体が納入すべき租税額が算出され、(4)さらに、この郡内全村の租税額を総計して、郡全体として納入すべき租税額が算出されたこと、以上を知ることができる。この検地の際に用いられた土地面積算出法は先にのべたようなものだったと考えられる。

しかし、シヴァージーが即位したのが一六七四年、この史料が一六七八年で、シヴァージーが死んだのが一六八〇年、その後マラーター王国はムガル帝国との戦いの中で混乱に陥るから、このような検地が画一的にマラーター王国全体にわたって実施されたのかどうか疑わしい。

マラーター王国では、その後、一七六〇年代に、宰相(ペーシュワー)政府の下で、かなり徹底した検地が行なわれた。この検地によって、各村が支払うべき最高の租税額(これをカマール・ジャマーという)が確立され、毎年の収穫時に、検見(パーハニー)によって作柄を調査し、「最高租税額」からの減免額を決定するという制度がとられるようになった。

このように、中世マハーラーシュトラにおける検地は、いずれにしろ、村ごとにその村が支払うことのできる租税額を確定することを目的として行なわれたのである。そのかぎりで、個々の農民の経営地の面積を、厳密に測量する必要はなかったのであろう。その上、各農民家族の経営地の面積は、我々の常識を越えるような広さであった。これらの事情から、土地の四辺の長さを測ることによって、その土地のおよその面積を算出するという、いわば便法が採用されるようになったのであろうと思われる。

3　村の土地

村の耕地

中世マハーラーシュトラの村は、どのくらいの広さだったのであろうか。村の土地の広さを、例えば郡を単位として、統計的に示す史料は今のところ公刊されていない。それで、いささか断片的だが、

表6　村の耕地の面積

ラヒマトプル町					
	全耕地面積	110チャーワル	3ビガー		
	一等地	58チャーワル	41ビガー	5パーンド	
	二等地	31チャーワル	81ビガー	15パーンド	
		うち6チャーワルは荒蕪地・放牧地として除外.			
		したがって,25チャーワル	81ビガー	15パーンド	
	三等地	20チャーワル			
		うち，13チャーワルは荒蕪地・放牧地として除外			
		したがって，7チャーワル			
マノーリー村					
	全耕地面積	12チャーワル	2ビガー	10パーンド	
	一等地	2チャーワル	60ビガー		
	二等地	4チャーワル			
	三等地	5チャーワル	62ビガー	10パーンド	
		うち，荒蕪地　1チャーワル	61ビガー	10パーンド	

(SCS Ⅷ-84, Ⅶ-50)

村の耕地の広さについて知ることのできるいくつかの史料をあげておく。前節でのべたように、村の耕地は検地によって一〜三等地、その他の地目に分けられて、それぞれの面積が測量されていた。表6はそれを一つの町(カスバー。市場をもつ大きな村で、地方行政の中心地となっているようなものをいう)と一つの村について示したものである。ラヒマトプル町の耕地は、全体で約一一〇チャーワルであるから、ほぼ三三〇〇ヘクタール(三三〇〇町歩)で、マノーリー村の方は、ずっと小さく、その約一〇分の一、三五〇ヘクタールほどである。このように、村の耕地の広さはかなりマチマチなようだが、だいたい一般的には一〇〜四〇チャーワル(三〇〇〜一二〇〇ヘクタール)ぐらいである。表7には、三つの

表7　村の耕地面積　(単位　チャーワルービガー)

	全耕地	畑　地	灌漑地	市場地
マードキー村	29—0	27—90	0—30	1—0
ナーヴィー村	41—0	38—97.5	2—22.5	
ナーイガーンウ村	12—5	10—60	0—20	(他は賜与地)

(MIS XX-58, 55, 57)

村の耕地の面積と地目ごとの内訳を示した。

後にのべるように、村には耕地の他に、居住区および市場地があった。さらに、ラーンと呼ばれる林地あるいは放牧地と、シワールと呼ばれる村境の土地があって、ともに村の共有地だったと考えられる。今までのべて来た村の耕地の面積には、これらの土地は入っていないと考えられるので、村全体の土地の広さはもっと大きかったであろう。この村の広さは、例えば日本の近世村落などと比べた場合、はるかに大きかったのではないだろうか。

マードキー村

表7に示されたマードキー村の事例(一六九四—九五年)を、もう少し詳しく見てみよう。表8に見られるとおり、マードキー村は全部で二七の「タル」に分かれていた。そのうち、㉑は「パーンダル」とされていることから、村落の居住区であろう。中世マハーラーシュトラの村は、一般にいわゆる集村形態を取っており、居住区はパーンダルと呼ばれていた。パーンダルとは「パーンダラー」(白)という形容詞から派生した言葉で、「白い土地」を意味する。マハーラーシュトラでは、地味のよい「黒い土地」(カーリー)を耕地にし、地味の悪い「白い土地」を居住区として利用するのが普通だったために、パーンダル(白

表8　マードキー村のタルとその面積（チャーワルービガー）

	タ　ル　名	面積		タ　ル　名	面積
①	パ ー プ カ ル	3—30	⑮	ラ ー レ ラ ー ウ	1—5
②	ガ ー ナ ー	0—60	⑯	ハールニーシーム	1—0
③	シ ド バ ン	0—110	⑰	チャンバールダウサー	0—90
④	ニ ン ブ	1—113	⑱	パ ー ワ カ ー	0—66
⑤	フ ァ テ カ ー ネ	1—90	⑲	ポ ー カ ル ニ ー	1—23
⑥	サンガメーシュワル	1—92	⑳	バ ー ガ ー イ ー ト	0—30
⑦	ヴ ェ ー タ ー ル	1—83	㉑	パ ー ン ダ ル	0—15
⑧	ヴェールジャーイー	1—15	㉒	ナ ー ク カ ー テ	0—40
⑨	バ ル ヴ ィ ー ル	1—90	㉓	パ ド ガ ン	1—91
⑩	ラ プ タ ル	1—12	㉔	ワーフメーワート	0—60
⑪	ケ ー ド ャ ー チ ェ	0—90	㉕	タ レ ー	0—20
⑫	サ ウ ダ ン ド	0—70	㉖	ベ ー ラ ー チ ェ	0—90
⑬	ラ ウ ロ ー ジ ー	0—61	㉗	カ エ ラ ー ド	0—100
⑭	マ ワ リ ー ク	1—0		計	9—30
	計(約)	18—90		総計	29—0

(MIS XX-58)

い土地）という言葉が村の居住区を意味するようになったのである。さらに、パーンダルという言葉は、村の居住区に住む人々、すなわち村民をも意味するようになった。中世史料には、「サマグラ・パーンダリー」という言葉がしばしば出てくるが、これは「全村民」という意味である。

一方、これに対応して、「黒い土地」＝カーリーという言葉は、村の居住区から区別された「耕区」を意味するようになった。後にのべるように、村の居住区と耕区とは厳密に区別されており、勝手に耕区を居住区とすることはできなかった。マードキー村の居住区は、表8にあるように、一五ビガー、約三・五ヘクタールの広さで、村人はすべてこの中に居住していた。

⑳の「タル」は「バーガーイート」すなわち菜園地＝「灌漑地」とされている。中世マハーラーシュトラでは、水路などによる大規模な灌漑は少なく、もっとも一般的だったのは井戸水による灌漑である。表7にあるように、この村の灌漑地面積は三〇ビガー、七ヘクタールほどであるが、それはすべてこの⑳の「タル」内に位置していたと考えられる。この「タル」内に灌漑用の大きな井戸があり、それによって、この七町歩ほどの土地が灌漑されていたのであろう(灌漑地については、I－二－3、4を参照)。

⑦の「タル」は「ヴェータール」、すなわち「悪霊」と名づけられているが、ここには市場(ペート)ができていた。この村の市場地の面積は一チャーワル、約三〇ヘクタールであるから、この「タル」の半分以上の土地が「耕区」からはずされて、市場地に変えられていたということになる。この市場地の広さは、居住区の八倍であるから、かなり大規模な市場だったといえよう(村市場についてはI－三－3を参照)。

㉕の「タル」は「タレー」という名前からして、貯水池ではないかと思われる。洗濯などのために利用される、二〇ビガー、五ヘクタールほどの池があったのであろう。

以上の居住区、市場地、灌漑地、貯水池を除く他の土地は、総計二七チャーワル五〇ビガー、およそ八二〇ヘクタールであるが、すべて天水農法に依拠する畑であったと考えてよい。村の土地の約九五パーセントは、このような畑だったのである。

居住区と耕区

前述のように、中世マハーラーシュトラの村では、居住区と耕区は厳密に区別されていた。村の人口が多くなって、居住区を拡げる必要が生じた時も、政府の許可を得なければ、耕区を居住区に変えることはできなかった。ワーイ郡パルカンディー村では、バラモンの居住区をつくるために、村の共有地として小作に出されていた土地のうち二ビガーを居住区に転用することになった(一七六三―六四年)が、その二ビガー分の租税(アーカール)は免除された(SSRPD VII-434)。ジュンナル州(プラーント)のウォートゥル町では、人口が増えて家がたてこんで来たため、居住区の東側の耕地六〇ビガーを居住区に変えることになった。この土地は「ワタン持ち農民」(これについてはI-二-2を参照)の土地だったので、そのかわりとして、その農民には、「消滅家族地」(ガトクール。後述)六〇ビガーを与えた。この町の場合には、居住区に転用された六〇ビガーの土地に今まで課せられていた税は免除されず、残りの耕地に割り振って徴収された(SSRPD VI-748)。租税が免除されなかったのは、これが町(カスバー)で、六〇ビガーという広大な土地が居住区に転用されたためであろう。このように、耕区を居住区に変える際に、政府の許可を必要としたのは、この二種類の土地が税制上、別の扱いを受けていたからだと考えられる。

林地と村境の土地

村には、耕区、居住区、市場地の他に、ラーンと呼ばれる林地あるいは放牧地(ガーイ・ラーンとも呼ばれた)があった。この土地は村の共有地で、建築用の材木や薪を採取したり、家畜用の乾草を刈るために利用された。ポーンマーワル郷アードレー村およびカータル村の村長宛に、次のような命令書が出されている(一七五五―五六年)。

書記官ジャナルダン・バッラールの配下の者が、例年どおり林地(ラーン)で薪(ジャラーウー)を採取しようとしたならば、採取させよ。それを妨害してはならない(SSRPD III-402)。

この二つの村には、村の共有地としての林地(ラーン)があり、ある政府の役人が、その林地から薪を取る権利をもっていたが、村民の方はそれを嫌い、妨害をすることがあったのであろう。このように、林地に関しては、村は独占的な処分権をもっていたのではなく、政府による制約を受けていたようである。例えば、ヒルダス谷郡のコールレー村とワドトーンビー村の林地は、マンモーハン城の城兵たちに、開墾するために政府によって与えられた(一七六四―六五年。MIS XV-300)。また、ダバイ城の城兵たちは、城の維持のために割り当てられた村々の林地から、薪を取る権利を認められており、村民たちはそれを城まで搬送する義務を負わされていた(一七五三―五四年。SSRPD III-315)。

村境、あるいは境界の土地をあらわす言葉としては「シワール」という言葉が一般に使用されていた。これは、境界を意味するシーウあるいはシーム(いずれもサンスクリット語のシーマーから派生したもの)に関係する言葉と考えられる。この言葉の用法には、いささか理解の難しいところがある。例えば、一七五一―五二年の一史料には次のように書かれている。

ジュンナル州のタレーガーンウ町では、ムガル軍が宿営したため、シワールが行ってしまい、村

の家や家畜も燃えてしまった。そのため、農民たちは四散した。(SSRPD III-390)

この史料にあるように、軍隊が駐屯したために、「シワールが行ってしまった」、「シワールが燃えてしまった」という表現がしばしば史料に見られる。同じ年の他の史料には、次のように書かれている。

コンカン地方で、軍隊が宿営したため、ジャングルに火事が起り、そのために二、三の村のシワールも燃えてしまった。(SSRPD III-367)

この「シワールが行く」とか「シワールが燃える」ということの意味は、いま一つよくつかめない。ともかく、シワールと称された土地が、村の居住区や耕地とは明確に区別される土地であったことは、他の史料に、シルワル郡で山羊の群が「耕地(シェート)とシワールに被害を与えている」(一七七〇―七一年。SSRPD VII-497)と記されていることからも明らかである。

以上のように、ラーンとシワールについては、史料が乏しく、よくわからないことがきわめて多いといわねばならない。

4 村にかかる税

検地と検見

前述のように、中世マハーラーシュトラにおいては、租税は村を単位として一括して課せられたが、村全体で納入すべき租税額は検地と検見とによって決定された。

ワーン郡およびディンドーリー郡の郡役人宛に出された命令書(一七六〇―六一年)には、次のように書かれている。

上記郡の村々で検地(ジャリーブ)を行なえ。土地を上級地(ウッタム)、中級地(マドヤム)、下級地(カニシュト)に分け、畑地、菜園地(灌漑地)、水路灌漑地(パート・スタル)、井戸水灌漑地(モート・スタル)ごとに測量を行ない、それぞれの土地の(最高)租税額(アーカール)を(農民に)知らしめよ。査定役人(アミーン)がそれを考慮に入れて、税額を決定するであろうから、それに従って徴税せよ。(SSRPD III-431)

すでにのべたように、このような検地によって決定されるのは、ある村が全体として納入すべき「最高租税額」(カマール・ジャマー)で、実際の徴税額は、その年の作柄などを考慮して、年ごとに決定された。ワーン郡のラージャプル村では、徴税官(カマーヴィースダール)が耕作の状態を考慮せずに、「最高租税額」をそのまま徴収した上、この年、モンスーンの雨が降らなかったので、農民たちは困窮してしまった。そこで、村長、村書記が政府に訴え出たので、徴税官が変えられ、次のような命令書が出された。

耕作地、非現作地(パド・ザミーン)を調査し、村民の立会いの下で、最高租税額を決定し、それをもとにして、年々の減免額(サールバンディー・イスターワー)を決定せよ。(一七七六―七七年。SSRPD VI-714)

インダープル郡では、一七七三―七四年に旱魃が起り、秋作(カリーフ)も春作(ラビー)も実らなかった。そこで、当郡の徴税官に対して、「(村々を)回り、土地ごとに検見(パーハニー)を行ない、旱魃のために作物に被害があったならば、その被害額を算出せよ」(SSRPD VI-722)という命令が出された。

一七七〇年の一史料には、郡、郷全体の耕作地、非現作地を調査して、村々に役人(カールクーン)を派遣し、作柄の検見を行ない、その上で税額(ジャマーバンディー)を決定するのが正しいやり方であるとくりかえしのべられている(SPD XXXIX-134)。

ワーイ郡カタープル村は、一七四六—四七年、旱魃に襲われたので、検見が行なわれ、村全体で以下の税(現物税)が減免された(SSRPD III-360)。(9)

ジュワーリー(四国ビエ)　三四カンディー
バージュリー(アワ)　一〇カンディー
ラーラー(キビの一種)　二カンディー

本金納税と本現物税

村にかかる租税の根幹をなすのは、本金納税(アエン・ナクド)と本現物税(アエン・ジンナス)の二つで、これを合せて本税(アエン)とも呼ぶ。他に数多くの附加税が課せられたが、それらは多くの場合、この本税を基準として課せられた。

プネー郡コール村に課せられた本税は次のような構成であった(一六八九年)。

本金納税
靴税(パーイポーシー)と接待税(カルチュ・パッティー)　七〇ホーン(10)
荷役牛税(セール・バエル)　二五ホーン
金貸税(サラーフパッティー)　〇・五ホーン
本現物税
穀物(ガッラー)　二九カンディー二マン三・二五シェール
{本税(アエン)　二八カンディー四マン二二シェール
{秤量税(マーパーウー)　一七マン二二・二五シェール
藁(カドバー)　六一四〇束
精製バター油(トゥープ)　一・七五マン
(SCS VII-67)

本金納税としては、この他、村によっては「井戸税」(ヴィヒール)などが課せられ、また本現物税としては、「タバコ税」(タンバークー)が課せられている場合もある(SCS VII-54)。このように、本税に含まれる税目には、それぞれの村の状況に従って、いくらかの異同があった。

前節で見たマードキー村の場合(一六九四—九五年)は次のとおりである。

重量・容量の単位

1 カンディー＝20 マン

1 マン＝40 シェール

貨幣の種類と交換比

1 ルピー＝16 アーナー

1 アーナー＝12 パエサー

1 タカー＝48 ルカー

1 ホーン≒3.75 ルピー≒12 タカー

本金納税

ホーン金貨で一六・六二五ホーン

タカー貨で一三七二タカー(11)三八・五ルカー

- 本　税　一二二九タカー四ルカー
- 附加分　一四三タカー三四・五ルカー

本現物税

穀物(ジュワーリー)　四四カンディー九マン一〇・七五シェール

- 本　税　四一カンディー一七マン
- 附加分　二カンディー一二マン一〇・七五シェール

精製バター油　一マン二八・四五シェール

(MIS XX-58)

このように、村全体に対して、一定額の金納税と一定量の現物税が本税として課せられていたのであるが、それでは、この本税の額および量はどのようにして決定されたのであろうか。以下のマノーリー村の事例(一六六四―六五年)は、その手続きの典型を示していると考えられる。

本金納税

一等地、二チャーワル

一ビガーあたり一タカー二七ルカーを課して、合計三七五タカー
二等地、二チャーワル
一ビガーあたり一タカー一二ルカーを課して、合計三〇〇タカー
三等地、四チャーワル一一〇ビガー
一ビガーあたり四二ルカーを課して、合計五一六タカー一二ルカー
以上、総計一一九一タカー一二ルカー
本現物税
穀物(ガッラー)
一等地、二チャーワル
一ビガーあたり一二シェールを課して、合計四カンディー一〇マン(三カンディー一二マンの誤か)
二等地、二チャーワル、三等地、四チャーワル一一〇ビガー
合せて、一ビガーあたり一〇シェールを課して、合計一〇カンディー七マン二〇シェール
以上、総計一四カンディー一七マン二〇シェール
精製バター油
一チャーワルあたり六マン九シェールを課して、合計二カンディー一四マン九シェール

(SCS VII-50)

ここから明らかなように、村全体の本金納税、本現物税は、検地によって算出された村全体の土地に対して、土地の等級ごとに単位面積(ビガー)あたりの金額および量をきめ、それを、それぞれの面積に乗じて算出されたのである。このような方法がもっとも一般的だったと考えられる。
ラヒマトプル町の場合(一六七五年)は、これとは若干異なる方法がとられている。

荒蕪地、「バルテー職人」(後述)の職地、国有地などを除外した課税地総計八二チャーワル二五ビガー

一等地、四九チャーワル六三・二五ビガー

一チャーワルあたり一二〇タカーを課して、合計五九四三タカー一二ルカー

二等地、二五チャーワル八一・七五ビガー

一チャーワルあたり九〇タカーを課して、合計二三一一タカー一五ルカー

三等地、七チャーワル

一チャーワルあたり六〇タカーを課して、合計四二〇タカー

以上、総計八六七四タカー二七ルカー

このうち、一チャーワルあたり三カンディーを穀物で徴収すると、現物税は二四六カンディー一二・五マンとなる。穀物一カンディーは一〇タカーに相当するから、この現物税は二四六六タカー一二ルカー分になる。この分を上記の総税額からさし引いて、

本現金税　六二〇八タカー一五ルカー
本現物税　二四六カンディー一二・五マン

(SCS VIII-84)

この町の場合には、検地で算出された町全体の土地に対して、土地の等級ごとに単位面積(チャーワル)あたりの現金税の額をきめ、それを、それぞれの等級の土地面積に乗じて、現金税の総額を決定した上で、その一部分を現物(穀物)に換算して、現物税として徴収しているのである。

このように本税は現金と現物とによって徴収されたが、現物税を金納にかえることは政府の利益に反したようで、現物税の金納化を禁止する命令がしばしば出されている。マーワレー郷に出された命令書(一七四二―四三年)は、現物税の金納を禁止した上で、もし穀物が本当に欠乏している時には、金納を許すとして、次のような換算表を示している(SSRPD III-356)。

米一カンディー	二五ルピー
ナーグリー(ヒエ)一カンディー	二五ルピー
ジュワーリー(四国ビエ)一カンディー	三五ルピー
小麦一カンディー	四〇ルピー
豆一カンディー	四〇ルピー
油	一ルピーあたり一パーイリー
精製バター油	一ルピーあたり二シェール

このように、納税者にとっては、逆に現物よりも現金で納税する方が有利だったようで、例えばバラモンには現物税を金納する特権が認められていた(SSRPD VII-413, 419)。

附加税と附加徴収

村には、前述の本税の他に、さまざまな附加税が課せられた。附加税は一般に、サーイル・ジャマーとかバーブ、バーブティーと呼ばれた。ジュンナル州アエカトプル村の本税と附加税(一七九一―九二年)は次のとおりであった。

土地税(本税)　六五〇ルピー

附加税

市場への税　一〇〇ルピー

バルテー職人への税　一八ルピー

家屋への税　一六ルピー

村長、村書記などワタン持ちへの税(ただし三年に一度)　一七ルピー

(SSRPD IV-79)

このように、附加税には村市場への税(ペーテーチャーリー・アーカール)、家屋への税(ガル・ジャマー)、バルテー職人への税、「ワタン持ち」への三年に一度の税などがあった(ただし、この村の附加税の比率は一般より少し低いのではないかと思われる)。

村からは、この本税と附加税の他に、さまざまな権利所有者によりさまざまな得分が徴収されていた。ジュンナル州のティファンワーディー村について、それを見てみよう(一七二九年)。この村はマラーター宰相政府とムガル政府との二重統治を受けていたので、税その他も二分されており、マラーター政府分(スワラージュヤ)四五ルピー、ムガル政府分(モーグラーイー)二九ルピー、合計七四ルピーであった。そのうち、マラーター政府分四五ルピーの内訳は次のとおりである。

本税	一四・五ルピー
附加税	一四・五ルピー
総郷主得分(サルデーシュムキー)	七・五ルピー
六%附加分(サホートラ)	一・七五ルピー
挨拶料(ベーティー)	二ルピー
精製バター油料(トゥープカーヌー)	一ルピー
徴税請負料(マクター)	三・七五ルピー

(SPD XVII-20)

この総郷主得分(これについてはIII-三-2を参照)以下が、権利所有者(ハックダール)たちの得分である。総郷主得分は、この郡の総郷主職ワタン(サルデーシュムキー)をもっている人物が徴収する得分で、一般的には、村全体の租税額の一〇パーセントであった。「六%附加分」とされているのは、パント・サチーウという役人がこの村から取る権利をもっていた得分である。「挨拶料」というのは、多分、徴税役人の得分であろう。精製バター油料というのは、よくわからないが、村の寺院の燈明料であろうか。「徴税請負料」というのは、いわゆる徴税請負制（マクター）が導入されている地方で、ある村からの徴税を請負った人物が、その村から徴収することのできる得分と考えられる。

このように、村からは本税、附加税の他に、さまざまな得分が徴収されていたのである。

5 税の配分

カース・タカー、カース・ルカー

前節でのべたように、村が納入すべき「最高租税額」（カマール・ジャマー）は、検地によって確定された村全体の耕地面積に従って算出された。検地の際には、個々の農民家族の土地が、一等〜三等地その他に分けられて、それぞれの面積が測量されたのであるから、個々の農民家族が分担すべき租税の額も、それぞれの農民家族の経営地の面積に応じて、決めればよさそうなものである。ところが、村に一括して課せられた村請の租税を、村を構成する各農民家族に配分するに際しては、それぞれの農民家族の経営地の面積とはまったく関係のない基準によって行なわれた。その基準が、I−一−1でのべたルカーという比率の単位で表わされた数値である。このことは、検地とそれにもとづく課税という論理がもっぱら国家権力の側の論理であって、村の側の論理は、そのような国家権力の論理とはまったく関係のない、村に固有のものであったということを示している。前述のように、各農民経営が、ビガーという面積の単位と、ルカーという比率の単位によって、二重に表示されていたのは、このように、国家の論理と村の論理とが相互に独立して、併存していたからである。

先にのべたように、中世マハーラーシュトラの村では、農民経営ごとに固有のルカー数がきめられており、そのルカー数によって、村に一括して課せられた租税のうち、どのくらいの部分を負担すべきかということが示されていた。例えば、村全体のルカー数が一〇〇で、ある農民家族のルカー数が五であるとしたならば、その農民家族は村請の租税の五パーセントを負担するということになるのである。ルカーというのは、もともとは銅貨の単位であるが、このような比率の単位としてのルカーを、貨幣の単位としてのルカーから区別するために、正確にはカース・ルカーという表現を用いた。ルカーの上位の単位はタカーで、一タカーは四八ルカーであるが、この場合も、比率の単位としてのタカーは、正確にはカース・タカーと表現された。しかし、カースという言葉をつけないで、比率の単位を表す場合も多いので、本書でも簡単にルカー、タカーと表記する。

プネー郡ナハタニー村にかんする史料（一六七一年）は、村に一括して課せられた租税を、各農民家族に配分する手続きをよく示している。この村は全体で六二五ルカーから成っていたが、その内訳は次のとおりであった。

国庫地	三三二ルカー
菜園地	三〇ルカー
畑　地	二八六ルカー
牧草地	一二ルカー

（居住区　　　　　　　　　　四ルカー
賜与地・免税地　　二九三ルカー
これに対して、村全体に課せられた租税は次のとおりであった（細かい端数は省略し、調整した）。

本金納税	一九一・七五ホーン
（靴税	九二・五ホーン
荷役牛税	五ホーン
井戸税	一九・五ホーン
タカー貨幣で七四八・七五タカー、すなわち	七四・七五ホーン
本現物税（代金納）	三〇六・七五ホーン
（穀物（一四九カンディー）	二九八・七五ホーン
（乾草（八一七〇束）	八ホーン
タバコ	八ホーン
以上総計	五〇六・五ホーン

この年は、この総額から四六ホーンが減免され、実際の課税額は、本金納税一四五・七五ホーン、本現物税三〇六・七五ホーンとされた。さらに本現物税からはシャイフ・サラー（イスラムの聖者か）の賜与地分三二ホーンが控除されたので、二七四・七五ホーンとなった。

村全体のルカー数は六二五であるが、本金納税については、このうちからマハール(「バルテー職人」の一人で、いわゆる不可触民、II-三-2を参照)の免税地一一ルカー、牧草地一二ルカー、シャイフ・サラーの免税地一五ルカー、計三八ルカーが税負担を免除されていたから、本金納税を分担するルカー数は五八七ルカーである。したがって、本金納税は一サジュガニー(＝六ルカー)につき、一・五ホーンとなる。

一方、本現物税については、郷主賜与地六ルカー、村長賜与地一二ルカー、居住区四ルカー、計二二ルカーがさらに税負担を免除されていたので、本現物税を分担すべきルカー数は五六五ルカーである。したがって、本現物税は一サジュガニー(＝六ルカー)あたり、二・七五ホーンとなる。

以上のような手続きをへて、例えば、この村で六ルカー(一サジュガニー)と表示される土地をもっていた農民は、本金納税一・五ホーン、本現物税二・七五ホーン、計四・二五ホーンの租税を分担する義務を負っていたということになるのである(SCS VII-54)。

それでは、村請の租税を配分するのに、各農民家族の経営地面積ではなく、各農民家族ごとにきめられた固有の比率の数値であるルカー(あるいはタカー)が基準とされたのはなぜであろうか。史料によって確証することは難しいが、このルカー数値は、検地という国家の論理が侵入してくる前から存在した、村に固有の論理であったと考えられる。検地が一般化するのは、せいぜい一七世紀の前半であるから、それ以前にすでに、村請の租税を配分するための基準としてのルカー数値が各農民家族ごとにきめられていたのであろう。この村の論理が、検地という国家の論理の侵入の後も、生きつづけていたのである。

それでは、ルカー数値という村の論理は、検地の導入の後でも、なぜ生きつづけえたのであろうか。それは、人口に比して、耕作可能な土地の方がはるかに広大に存在し、農民経営地の規模が、我々の想像を超えるような広さであったという、中世マハーラーシュトラの状況、いいかえれば、土地そのものには、一般的にあまり価値がなく、土地を耕作する労働力の方が決定的であったという状況によるものと考えられる。この点については、次章で詳しく分析することにしたい。

カース・カンディー、カース・マン

比率の単位としてのルカー、タカーと同じように、カンディー、マンという重量および容量の単位も、比率の単位として用いられ、その場合には、正確にはカース・カンディー、カース・マンと呼ばれた。例えば、ムテー谷《コール》郡バフリー村は、村全体で三〇カース・カンディーで、一カース・カンディーあたりの租税額は四タカー(クルダー・シャーヒー・タカー、これは貨幣の単位)であったから、この村の総税額は一二〇タカーであった(SPD XXXI-10)。

チャーカン町に与えられた一チャーワルの面積の賜与地は、ナーネカルという「タル」内にあったが、この「タル」は全体で九カース・カンディー、そのうち賜与された土地は三カース・カンディー分の土地であった(MIS XV-437)。

チンチュワド村で、村長から村書記に授与された「ミラース地」(これについてはI-二-1を参照)

は次のように表示されていた(一六八二年)。

耕地、「(史料欠損)・タル」内に一カース・カンディー七・五マンの土地。そのうち流失した土地二・五カース・マンを除外して、残り一カース・カンディー五マン。(SCS VII-63)

このように、カース・カンディー、カース・マンという比率の単位も、カース・タカー、カース・ルカーとまったく同様の機能を果していたのである。

その他、一九世紀初頭のイギリス人植民地行政官の報告によれば、ビガーという面積の単位も、同じように比率を表わすのに用いられ、カース・ビガーと呼ばれていたという(12)。

以上のように、租税を各農民家族の経営地の面積(ビガー)に従って配分する(これをビゴーティーという)のではなく、カース・ルカーやカース・カンディーによって表わされる比率の数値によって配分する方法を、一般に、カース・バンディーと呼ぶ。このカース・バンディーという租税の分担方法は、中世マハーラーシュトラの村の特徴をよく示している。

二　農民——所有と経営

1　農民と土地

中世マハーラーシュトラの農民は、自分の耕作する土地に対して、どのような権利をもっていたのであろうか。『サタラーの王および宰相の日録選』一七七〇―七一年の箇所に、農民の間で土地が売買されたことを示す、次のような記載が見られる。

スパ郡カレーパタール郷コータレー村に現在居住《ハーリー・ワスティー》しているヴァンカトラーウ・カージー・ドゥルヴェーに対して、以下の証書が発行された。

「その方は、プネー(の宰相)の御前に来て、次のように申し立てた。『カレーパタール郷ダーレワーディー村の農民《クンビー》でタルカリー・ミラースダール(これについては後述)のマールジー・ビン・ジェーバージー・ナールヴェーは、この村のタナプリーという「タル」内に三ルカーの土地をもっており、そのなかの七ビガーの土地に井戸を掘って、菜園《マラー》地にしていました。ところが、彼は重い借金を負い、返済する能力がありませんでした。そこで彼は、自分の意志で、タナプリー・タル内の七ビガーの土地を、井戸や樹木とともに、四囲を確定して、二五〇ルピーを私から取って、私に代々世襲で享受するために譲渡いたしました。政府の税は、以前から課せられていたところに従って私が支払うという取りきめになりました。この旨、この村の村長、村書記および(この土地の)周辺のワタンダールたち(これについても後述)の署名によって、売却文書を作成して、私に与えました。これに従って、私はこの土地を享受しておりますので、この売却文書を考慮して、私に政府からの証書をお与え下さい。』以上のように申し立てて、売却文書を提示した。……それに従って、上記の如くに政府の側でも決定し、この証書を作成して、与える。それゆえ、その方は、……上記の土地に他にも井戸を掘り、政府の税を支払って菜園地を耕作し、子々孫々代々世襲でこの土地を享受し、幸せに暮せ。(13)」(SSRPD VII-433)

この史料から、中世マハーラーシュトラの農民は、自分の耕作している土地を売買する権利をもっていたということがわかる。この土地を買った農民は、この土地を「代々世襲で享受する」権利を獲得したのであるから、売り手の農民が自己の土地に対して、世襲的権利をもっていたことも疑いのないところである。ところで、土地を代々世襲的に相続する権利および自由に売買する権利ということになれば、それは前近代社会という条件の下においては、ほぼ完全に発達した「私的土地所有権」といいうる権利をもっていたことは、この史料一つのみによっても疑いのないことである。(14)「私的土地所有権」ということができる。だから、中世マハーラーシュトラの農民が、自分の耕作する土地に対して、

しかし、農民が自己の耕作地を自由に売買しえたということは、土地の売買が一般的に広く行なわれたということを意味するわけではけっしてない。実をいうと、すでに公刊されているかなり大量のマラーティー語史料のなかで、このような明確な土地売買文書は、管見のかぎり、前引のものだけな

のである。たしかに、史料の選択には、編纂者の問題関心が強く反映するであろう。その点で、インドの歴史研究者たちの関心が、多くの場合、政治史、それもかなり狭い意味での政治史に集中していたことを考えると、土地売買にかんする史料があまり収録されていないことは、ある意味では当然かも知れない。しかし、明確な土地売買文書がたった一例しか出てこないということは、やはり土地売買が一般的に広く行なわれていたのではないということを示していると考えるべきであろう。

このように考えたとき、前引の史料において売買された土地が、畑(ジラーイト)ではなくて、菜園地(マラー)であったということに注意を惹かれる。史料中にあるように、この土地には井戸が掘られ、灌漑がほどこされていた。中世マハーラーシュトラのみならず、インドの多くの地方において、大きな河川を利用する灌漑は稀で、灌漑の主要な形態は井戸水灌漑であった。直径五、六メートルもある大きな掘り抜き井戸を掘って、皮製の容器を牛に引き上げさせて水を汲み上げては、畑の中の水路に流しこむのである。このような井戸水灌漑施設は、個々の農民が私的に建設したのであるが、それにはかなりの出費を要した。前引の史料で、売り手の農民が「重い借金を負い、返済する能力がありませんでした」とされているのは、井戸建設の際に借金をした結果であろう。このように、畑に井戸を掘り、菜園地にするということは、かなりの「投資」を必要とし、それゆえに負債を抱えこむ危険性のあることだったのであるが、その代り、菜園地では、甘蔗(サトウキビ)、キンマ、油菜、花など高価な商品作物を栽培して、高い収益をあげることができた。それで、井戸つきの菜園地は、畑とは比較できないほど高い商品価値をもっていたのである。

前引の土地売買文書は、このように高い商品価値をもつ菜園地の売買にかんするものであることに注意しなければならない。前章でのべたように、中世マハーラーシュトラにおいては、人口に比して、耕作に適する土地の方がはるかに広大に存在していた。このような条件下においては、土地そのものが売買されるということは、一般的にはあまり行なわれなかったであろう。しかし、土地のなかでも、井戸を掘り、菜園地とされた土地には、売買されるに価する商品価値が生じたのである。

2 農民のワタン

前節でのべたように、中世マハーラーシュトラにおいては、土地の売買は一般的ではなかった。その時、土地の売買という意味は、一片の土地の所有権が一人の農民の手から他の農民の手に移ったということ、ただそれだけのことを意味する行為ということである。こんなあたりまえのことを、わざわざことわらなければならないのは、中世マハーラーシュトラにおける「土地売買」、「土地譲渡」には、このようないわば「近代的」な意味での「土地売買」とはまったく異質な種類のものがあったからである。しかも、そのようないわば「非近代的」な土地売買、すなわち、一片の土地の所有権の移動ということよりも、はるかに広い社会的意味あいを含んだ「土地売買」の方が、中世マハーラーシュトラでは一般的だったのである。そこで、以下では、このような「近代的」ではない「土地売買」や「土地譲渡」の事例を検討することによって、中世マハーラーシュトラの農民と土地との特質的な関係をさぐってみたいと思う。

「ワタン証書」

サースワド町のある土地が、二人の兄弟の農民に譲渡(授与)されたことを示す次の史料(一七五二年五月九日付)は「ワタン証書」と呼ばれているが、このような点について考えるよい手がかりとなる。

サースワド町の郷主、郷書記、村長がビカージー・シンデーの息子バーブーラーウとトゥコージーに与えた「ワタン証書《バトラ》」。

「この町に現在居住している(ハーリー・ワスティー)バーブーラーウとトゥコージーが来て、次のように請願した。『私たちはこの町に長い間居住し、居住地《ワーダー》もいただいております。しかし、ミラース地(これについては後述)としての耕地をもっていませんので、お与え下さい。』そこでアンベーという『タル』の中に、二・五カンディーの土地を、四囲を確定して与えることにした。(以下、四囲の説明、省略)政府の税を定められたとおりに納めて、幸せに耕作し、居住し、享受せよ。このミラースを代々世襲で授与する。」サースワド町の書記と郷書記の筆によって(このワタン証書を作成した)。(ASS V-72)

この史料を読んで、何か不思議な感じがしないであろうか。ある町に住む二人の農民が、自分たちには「耕地」がないから授与して下さい、と町の責任者に願い出たところ、無償で土地を与えられたという内容なのである。このちょっと考えたところでは、不思議にも思えることの意味を、どう読み解いたらよいであろうか。

まず、この耕地をもらった二人の兄弟の農民が「この町に現在居住している《ハーリー・ワスティー》」農民と表現されていることが目につく。前節で引用した土地売買文書の場合も、七ビガーの菜園地を買った農民は「コータレー村に現在居住している」農民と表現されていた。それに対して、この七ビガーの土地の旧所有者である売り手は「農民《クンビー》でタルカリー・ミラースダール」と書かれている。これから、同じ農民といっても「タルカリー」あるいは「ミラースダール」と称される農民と、ある村に「現在居住している」と表現される農民では、階層が異なるのではないか、ということが考えられる。まず、この点から考えていくことにしよう。

「ワタン持ち農民」

マハーラーシュトラ地方では、農民はクンビーと呼ばれ、一つのカーストを形成していた。『サタラーの王および宰相の日録選』一七四二—四三年の箇所には、アフマドナガル町の市場長、市場書記（これらについてはI-三-3を参照）など宛の、次のような政府書記局からの命令書が載っている。

その方たちは、マルハール・ジャーダウなる者をカーストの仲間に入れていないが、彼は罪のないクンビーであり、カーストもクンビーでありながら、カーストの仲間に入れないのはなぜか。それゆえ、彼をカーストの仲間に入れよ。もし、この命令に背くものがあれば政府の下に連行せよ。（SSRPD I-382）

このように農民はクンビーという一つのカーストだったのであるが、このクンビーというカーストは均質な集団だったわけではない。その中にはいろいろな階層があり、階層によって享受することのできる権利に大きな差があった。クンビー・カーストの中でも、村(町＝カスバーは村の大きなものである)の正規の構成員である農民は、ミラースダール、ワタンダール、タルカリー、タルワーイークなどと呼ばれた。ミラースダール、ワタンダールという言葉は、いずれもアラビア語とペルシャ語の混成語で、ミラースあるいはワタンと称される世襲財産、家産を「持つ者《ダール》」という意味である。このとき、ミラースあるいはワタンという言葉は、村の正規の構成員としての資格のことを意味している。だから、ミラースあるいはワタンはある村の「農民株」といってもよいようなものだったのである。

ミラースダール農民(ワタンダール農民)は、自分の耕す土地を「ミラース地」として私的に所有し、村の居住区の中には、「ミラース居住地」(ミラース・ワーダー)と称される、私的所有地としての屋敷地をもっていた。前章でのべた、ルカー数あるいはカンディー数で表わされる土地というのは、このミラースダール農民(ワタンダール農民)の所有する「ミラース地」だったのである。

このように、ミラース、ワタンという言葉は、「株」のようなものを意味していたので、ある農民が「農民株」をもつ、村の正規の構成員であることを証明する書類のことを「ミラース証書」あるいは「ワタン証書」と称した。前引の二人の兄弟の農民がサースワド町から土地を譲渡されたことを示す史料は、この「ワタン証書」なのである。このことの意味は、後により詳しく検討することにしよう。

ミラースダール、ワタンダールという言葉は、前述のように外来語で、それとまったく同じことを意味する言葉に、サンスクリット語の「スタラ」(場所)という単語を語源とする「タルカリー」、「タルワーイーク」という言葉があった。その場合には、ミラース、ワタンといった「株」を表わすのには、「ヴリッティ」という言葉が用いられた。これらのサンスクリット系の言葉の方がより古くから使われていたのであろうが、一七世紀ぐらいになると、ミラース、ワタン、ミラースダール、ワタンダールという言葉の方が一般的になって来た。それで本書でも、後者の系統の言葉を用い、できるかぎり「ワタン」、「ワタンダール」(「ワタン持ち」)という表記に統一することにした。

ウパリー農民

ところで、中世マハーラーシュトラの村には、このような「農民株」(クンビー・ワタン)をもっていない農民も存在していた。ある村に「現在居住している《ハーリー・ワスティー》」農民某《なにがし》と表現される農民は、このような村の正規の構成員ではない農民なのである。このような農民は、一般的には「ウパリー」(よそ者)農民と呼ばれたが、その中にもいろいろな階層差があった。前引の「ワタン証書」では、土地の下附を願い出た二人の兄弟の農民は「私たちはこの町に長い間居住し、居住地《ワーダー》もいただいています」とのべている。彼らはこのような農民、すなわち、村の正規の構成員ではなく、したがって、「ミラース地」としての耕地はもたないが、その村の居住区の中に居住地を所有し、その村に永住する権利をもつ農民だったのである。このような農民は、「ウパリー」(よそ者)農民の中でも、とくにめぐまれた条件をもつ農民であった。「ウパリー」農民の中には、村に永住する権利をもたない、より権利の薄弱な農民も存在した。

「ウパリー」農民は、一般的には何らかの土地を借地して耕作する小作農民であった。彼らの多くは、「消滅家族地」(ガトクール)と呼ばれる、ワタンダールの家系が絶えてしまったために村に帰属することになった土地を、村から借りて耕作していたものと考えられる。その場合には、彼らはいわば村の共有の小作人だったのである。このような村の小作人からの小作料は、もちろん、村に帰属し、村請の税の支払いなどに充当された。しかし、寺院その他のもつ賜与地などを小作する、いわば私的な小作人も存在した。次の史料(一七五一年)は、そのような小作人の提出した契約書の例である。

サルヴォッタム聖者殿へ

スパ郡ローニー村に現在居住《ハーリー・ワスティー》しているサンバージー、サンタージーおよびヒロージーは、次の如き契約書(サルカト・ローカー)を書いて提出いたします。すなわち、貴殿の賜与地が当村にありますが、私たちはその小作人《アサーミー》になることを承諾いたします。その条件は、

シュフール暦一一六一年は小作料(文字どおりには政府取分《デイワーナーチャー》)は(現物で)三分の一

シュフール暦一一六二年は小作料五分の二、小作人取分五分の三

シュフール暦一一六三年以降は折半

以上によって、契約が続くかぎり、小作料を納入いたします。すべての土地を耕作するようにい

たします。

以上、当村の村書記の筆によって。署名。(SCS III-574)

この小作契約の場合は、小作料は政府に納入すべき税に相当する分とされたので、小作料が「政府取分」(ディワーナーチャー)と表現されているのである。[15]

ワタンの譲渡と売却

以上で、前引の「ワタン証書」における二人の兄弟の農民がどのような存在だったのかということは明らかになったであろう。それでは、このような存在であった二人の農民が、サースワド町に願い出て、「ミラース地」としての耕地二・五カンディー分をもらったということは、一体何を意味しているのであろうか。前述のように、この史料は「ワタン証書」、すなわち、この二人の兄弟の農民に、サースワド町の正規の構成員としての資格、すなわち「農民株」(クンビー・ワタン)を授与したことを証明する証書である。ということは、この二人の兄弟の農民が授与されたのは、本質的には「土地」ではなく、「農民ワタン」だったということであり、これによって、この二人の農民は、サースワド町の正規の構成員として迎え入れられたということを意味しているのである。

逆にいえば、サースワド町は「農民ワタン」を無償でこの二人の農民に授与したのであるが、それでは、それはサースワド町の側にとってはどのような意味をもつことだったのであろうか。この二人の農民に授与された土地は、消滅家族地(ガトクール)と称された、所有者のいなくなってしまった土地だったと考えられる。それは、この土地が二・五カンディー(カース・カンディー)という比率の数値で表わされる土地であったとされているからである。このような土地は、一般的には村(町)に帰属することになったから、サースワド町はこの土地を二人の農民に譲渡することができたのである。前章でのべたように、租税その他は村全体に一括して課せられ、それぞれの農民家族のルカー数、あるいはカンディー数に従って分担された。したがって、消滅家族地が増大すれば、単位ルカーあるいは単位カンディーあたりの負担は増大することになる。だから、例えば、二・五カンディーと表わされる消滅家族地を「ミラース地」として「ウパリー」農民に与えて、彼を村(町)の正規の構成員として迎え入れれば、他の農民たちの税負担はそれだけ軽減されるわけである。(16)

前引の「ワタン証書」で、二人の農民がサースワド町に願い出て、無償で土地を授与されたという、ちょっと考えると不思議な感じのすることがらは、以上のような意味を含んでいたのである。

前引の「ワタン証書」はこのような意味に理解されるから、そこで行なわれた行為は、本質的にいえば、「土地の譲渡」なのではなく、「農民ワタンの譲渡」、すなわち、ある村(町)の正規の構成員としての資格の授与なのである。(17)この点は、次のような「売買文書」の場合には、より明らかになる。この史料は、一九世紀初頭、イギリス人行政官が見出したもので、その英訳しか残されていないが、内容からいって信頼するに足るものである。

シュフール暦一二〇九年(西暦一七九九年)……プネー郡の郷主、郷書記はマウン村のパープージー・ビン・ゴーンダジーその他に、次の如き確認書を与える。

「君たちはプネーに来て、次のように申し立てた。『私たちは長い間、この村の幸せに住む《スク・ワスティー》農民(ウパリー農民)でしたが、この村のワタンをもってはいませんでした。この村は飢饉のため、税その他の支払いに困り、大きな債務を負いました。そこで、私たちは村に対して、耕地と居住地とをミラース地として授与し、他のミラースダールたちと同様の権利(ポールヌクと記されているが、正確にはパールヌーク)を許されるならば、この困難を乗り切ることに協力すると申し出ました。そこで、村の方では協議した結果、私たちにカラム・ダラとよばれる消滅家族地《ガトクール》(全体で八ルカーですが、そのうち〇・五ルカーが免除されて、七・五ルカーの土地)のうち六ルカーの土地を一五〇ルピーの価格で譲渡いたしました。そして、この土地にかんするミラース証書を授与してくれました。……』そこで、このミラース証書を調べ、また村民から事情を聴取したところ、村民がそれを確証したので、我々は君たちがこの土地を享受する権利をもつことを確認する」[18]。

ここでは、六ルカーと表わされる土地が村によって売却されたように見えるが、実は売却されたのは、この村の「農民ワタン」であった。この小作農民たちが、「耕地」の他に「居住地」を「ミラース地」として要求しているのはそのためである。また、「他のミラースダールたちと同様の権利」の授与を条件にあげているが、この「権利」には、例えば「他のミラースダールの場合と同様に、その妻が村の祭礼やミラースダールたちの家の婚礼の際に、招待を受ける権利」[19]があった。「農民ワタン」を買って、ある村の正規の構成員となるということは、このような社会的権利、社会的地位を獲得するということを意味したのである。

ある村の「農民ワタン」を購入したものは、その村の村仲間として認められ、受け入れられたということを、次の史料はよく示している。

シャカ暦一七〇七年(西暦一七八五年)……、エローナ村の村長および全村民はアフマドナガル町の書記ガネーシュ・コンヘレーに次の如きミラース証書を授与する。

「当村ではすべての村民の合意により、マールーティ神の神殿を建立することになり、そのための費用は村の土地をミラース地として売却することによって調達することになった。貴殿がその申し出を了承されたので、貴殿に六ルカーの土地を三〇一ルピーで売却することになった。貴殿は、その金額を支払ったので、二四ルカーからなるコーキルパティーという「タル」の中の、南側の土地六ルカー分をミラース地として所有することになった。(以下に四囲の表示)貴殿はそれとともに、村落居住区内に、長さ五〇ハート、幅二五ハートの下記の如き消滅家族居住地《ガトクール》を取る権利をえた。

上記の六ルカーの土地および消滅家族居住地はミラース地として貴殿および貴殿の子孫に譲渡された。貴殿はこの土地に課せられる税《サーラー》、村入費《グラーム・カルチュ》その他を支払って、この土地を享受せよ。

……我々は貴殿をミラース兄弟《バーウー》として受け入れる[20]。」

このように、「農民ワタン」を購入したものは、「ミラース兄弟」(ミラース・バーウー)として、その村の村仲間として受け入れられたのである。

以上の諸事例に見られるように、一般に「土地売買文書」であるかのように理解されてきたものの多くは、正確には「農民ワタン売買文書」というべきものだったのである。

前節でのべたように、中世マハーラーシュトラでは、土地そのものが「近代的」な意味で売買されるということはあまりなかった。一般的に広く売買されたのは、この「農民ワタン」のようなワタンであった。それは、中世マハーラーシュトラにおいて、財産として価値があったのは土地そのものではなく、何らかのワタンであったということを意味している。そこに、中世マハーラーシュトラ社会の独特の性格を見ることができるのであるが、この点についてはⅢ－三－２で詳しく検討する。

3　農民の経営

農民経営地の規模

すでに示唆したように、中世マハーラーシュトラにおける農民経営地の規模は、我々の常識を超えるような広さだったと考えられる。まず、この点をさらに多くの史料から確認しておこう。農民経営地の規模を知るための史料としては、すでに何度か出て来た「賜与地」(イナーム)の授与にかんする文書、すなわち「土地賜与文書」と呼ばれる文書がある。賜与地とは、国家がある一定の土地(大きな規模の場合には、一ヵ村全体という例もある)を指定して、その土地からの税収相当分を国家に代って徴収する権利を、寺院や個々の聖者などに授与したものである。この賜与地の授与の際には、賜与しようとする収入額に相当する税を支払っている農民経営を選んで指定した。次の史料(一六二二一二三年)は、賜与地の指定の具体的プロセスをよく示している。

ムドガルバット・ビン・クリシュナバット(聖者)は、御前に来て次のように言上した。「私にシャーヒー・ガズ(という単位)で測った一チャーワルの土地が、ベールワーディー村に授与されることになり、(役人に対して)土地を測量して、その四囲を確定せよという命令書が出されました。そこで、私はその村のある郡の役人《カールクーン》にその命令書を示したところ、郡役人が土地を測量して、この村の農民《ムゼーリー》バーバージー・ムラーナーを(私の)農民《プラジャー》として指定してくれました。」(MIS XV-394)

また、「孔雀聖人」に賜与された半チャーワルの土地にかんする文書には、地方役人(フッデダール)、郷主などが「孔雀の村」に行って、「ワーグテンビーというタルの中に、耕作者(キルド・カルデー)マルハールジー・ビン・カンコージー・ジャグタープの六ルカーの土地を、その周囲に境界のしるしを置いて、(賜与地として)確定した」(SCS III-555)とのべられている。

このように、賜与地の指定とは、具体的には、賜与すべき収入に見合った農民経営を指定するということだったのである。それは、多くの土地賜与文書に、指定された農民(プラジャー)の名前が明記されていることから明らかである。ということは、一つ一つの賜与地は、それぞれ一つの農民経営に対応していたということであるから、一つ一つの賜与地の規模は、そのまま農民経営地の規模を示しているということになる。そこで、指定された農民の名前が明記されている土地賜与文書を選び出し、その面積を表にしたのが表9である。この表中に見られる賜与地の面積は、半チャーワル(約一五へ

表9　耕作者名のある賜与地

	年(西暦)	面　積(チャーワル)	耕作者の名前	出　典
1	1592—93		マハーマド・パテール	MIS XV-366
2	1598—99	1.25	ラームジー・チカルターナー	MIS XV-367
3	1622	1	ターン・パテール・ベーダールカル	SCS XII-120
4	1622—23	1	バーバージー・ムラーナー	MIS XV-394
5	1627—28	2	ナーグ・パテール・カルパー	MIS XX-206
6	1641	3	ラクマン・ダンガル	SCS III-660
7	1644	1	クスーブダー・サトワージー	MIS XX-208
8	1646—47	1	エースー・ボーリー	SCS III-523
9	1647	0.5	マルハールジー・ジャグタープ	SCS III-532
10	1647	0.5	ナーゴージー・ボールカル	SCS III-532
11	1649	1	ダーロージー・カエラー	SCS II-152
12	1649	1.25	トゥコージー・カルパー	MIS XX-209
13	1649—50	1	ゴーパージー・ダンガル	SCS III-544

クタール、一五町歩)から三チャーワル(約九〇ヘクタール)で、一チャーワル(約三〇ヘクタール)ぐらいが多い。中世マハーラーシュトラの農民経営地の規模は、大体このくらいの広さだったのである。

このように、中世マハーラーシュトラの農民経営地の規模がきわめて大きかったことを示す史料は、他にもいろいろと見出される。六〇ビガーの土地(畑四五ビガー、菜園地一五ビガー)を耕作していたマーリー・カーストの農民の例(マーリーとは、野菜や花などの栽培を専業とするカーストである。SSRPD II-12)、一チャーワルの土地を耕作していた農民が村長職を購入したという事例(SCS I-81)、一チャーワルの土地を二人の小作人が借地した例(SCS V-802)などからも、当時の農民経営地の規模を推しはかることができる。

しかも、この広大な農民経営地は、基本的には、一かたまりの巨大な地積をなしていたのであって、各所に散在していたのではないと考えられることは前述(I－一－2)のとおりである。このことは、中世マハーラーシュトラにおける農業というものが、我々日本人が一般に思い浮べるような農業とはきわめて異なるものであっただけではなく、今日のインドにおける農業とも異なる面の多いものだったであろうことを推測せしめる。

農民の家族

中世マハーラーシュトラにおける農民経営地の規模が、我々の常識を超えるような広さであったとしても、もし、当時の農民家族がいわゆる単婚小家族ではなく、何らかの形の大家族であったとしたならば、それほど驚くことはないであろう。現代インドの家族形態は、一般に、数世代に亘る多数の単婚小家族を内包する「合同家族」(ジョイント・ファミリー)であるということが、社会学などでいわれたりしているから、中世インドにおいてもその可能性がまったくないとはいえない。しかし、この合同家族説は、主として二〇世紀におけるいくつかの調査にもとづくもので、現代インドについても一般化しうるものとは考えられないし、まして、歴史学的な根拠ということになれば、まったく何もないといってもよい。

家族の歴史的形態については、一般的にいっても、かなり研究が困難なのであるが、とくにインド史の場合は難しい。依拠しうる史料がほとんどないからである。中世インドの家族形態を推測させる史料として、一つだけ可能性があるのは、ムスリム国家によってヒンドゥー教徒など異教徒に課せられた人頭税(ジズヤ)にかんする史料である。人頭税は健康な成人男子にのみ課せられた税で、普通、被課税者の経済状態に応じて、一等〜三等に分けて課税された。中世インドでは、年額で、一等三ルピー、二等二ルピー、三等一ルピーが標準だったと考えられる。

中世マハーラーシュトラについても、人頭税の徴収にかんする文書がいくつか公刊されている。たとえば、ネワーサー郡の人頭税にかんする史料(一六八四—八五年。SCS IV-694)によれば、この郡に属する一四四カ村のうち、七四カ村は荒廃その他の理由で除外して、残り七〇カ村に人頭税が課せられた(課したのはアウラングゼーブ帝下のムガル帝国である)。この七〇カ村の家族総数は五六四家族、その男子人口は九五七人、そのうち、幼、病、廃疾者および極貧者を除く男子人口は、五二五家族に五六三人であった。このことから、一家族あたりの成人男子人数はだいたい一人であったということがわかる。さらに、女子人口を男子人口とほぼ同じとすれば、一家族あたりの人数は約四、五人というところであろう。中世マハーラーシュトラの家族というものは、ほぼこのぐらいの規模だったと考えられる。ということは、中世マハーラーシュトラの農民の場合、いわゆる合同家族ではなく、単婚小家族形態が一般的であったということを意味しているといえよう。もちろん、公刊されている人頭税関係の文書は断片的であり、厳密な意味での統計的処理を可能とするものではない。しかし、これらの断片的な史料からも、中世マハーラーシュトラの農民家族の規模と形態を、だいたい推測することができる。

農業と牧畜

一五町歩から九〇町歩にも及ぶほどの広大な土地を、単婚小家族の農民家族が経営していたということは、中世マハーラーシュトラにおける農業のあり方が、日本的農業(近世農業)などとはまったく異質なものだったことを示唆している。この点について、村ごとに課せられた税の構成や、賜与地からの収入の構成を手がかりとして考えてみよう。前述(I−一−4)のように、プネー郡コール村に課せられた現物税は次のような構成であった。

穀物　二九カンディー二マン三・二五シェール
藁　六一四〇束
精製バター油　一・七五マン

また、ワーイ郡パサルニー村の賜与地からの現物の収入(一六七六年)は次のような構成であった(MIS XX−151)。

穀物　一七マン二二シェール
精製バター油　四マン一九シェール
藁　一七六束

さらに、デーウジー聖者の一チャーワルの賜与地にかんする小作契約書(一七〇一年。SCS V−802)では、小作料は現物で収穫の半分とされているが、折半されるべき収穫物として、次のようなものが列挙されている。

穀物、藁(カドバー)、乾草(ガワト)、稈茎(ブサー)

このように、村々から徴収される税目や賜与地からの収入の中には、ほとんど必ずといってよいほど、現金、穀物の他に、精製バター油、藁、乾草、稈茎などが見出される。精製バター油(トゥープ)というのは、バターをさらに精製してつくったもので、常温では白濁色をした固体の油である。現在では一般的には「ギー」と呼ばれている。インドの高級な料理には欠かせないもので、植物性の油に比べると、かなり高価なものである。精製バター油が税目や賜与地からの収入の中に、ほとんど必ずといってよいほど見られるということは、中世マハーラーシュトラにおける農業が乳牛の飼育を重要な構成要素とするものであったことを示していると考えてよいであろう。税目や賜与地からの収入の中に、藁、乾草、稈茎などが見られるのは、このことと密接に関連することで、これらは牛などの飼育に不可欠のものであった。

前章でのべたように、中世マハーラーシュトラの村には、牛などを放牧したり乾草を刈ったりする土地として、村共有の林地(ラーン)、あるいは放牧地(ガーイ・ラーン)と呼ばれる土地があった。しかし、それだけではなく、個々の農民経営地の中にも、耕作されていない土地がたくさんあり、これを「パド・ザミーン」、「パディー」、「パディート」などと呼んでいた。いずれも直訳すれば、耕作から「落ちた《バド》」土地という意味である。このような「非現作地」もまた、牛などを放牧したり、牧草を採取するために利用された。

「孔雀聖人」に、「孔雀の村」の三ルカーの土地が新たに賜与地として与えられたことを示す史料（一六四七―四八年）には、次のようにのべられている。

モーレーシュワル聖地の聖者には、一〇ないし二〇頭の牝牛がいるが、牝牛に草を食べさせるための林地（ラーン）がない。……大王（マハーラージュ）は牛とバラモンの保護者であるから、上記の耕作されていない土地を賜与地として授与し、牛を保護するならば、大いなる功徳（プニャ）となる。……それゆえ、現在耕作されていない土地（パディー）、（孔雀の村の）トーパタール・タルの中の三ルカーの土地を、……賜与地として与える。（SCS III-534）

また、ワエジャープル郡の役人への命令書（一七八六―八七年）では、この郡内の村々の現在耕作されていない土地（パド・ザミーン）の中から、ドゥワルカーダース聖者の牝牛に草を食べさせるために適当な土地を与えよ、とされている（SSRPD VIII-1038）。

このように、中世マハーラーシュトラの村々には、「現在耕作されていない土地」が広く存在し、これらの土地は牛などの放牧や乾草の採取などのために利用されていたのである。

これらの事実から、次のようにいうことができるであろう。中世マハーラーシュトラにおいては、個々の農民の経営地の面積は我々の常識を超えるような広さであったが、この広大な経営地は、連年、すみずみまで耕作されていたわけではけっしてなく、その中には多くの「現在耕作されていない土地」があった。このような土地では、牛を中心とする家畜が飼育され、バター、精製バター油などの乳製品の生産が行なわれていた。すなわち、中世マハーラーシュトラの農業は牧畜と密接に結合された農業だったのであり、少し大胆にいえば、半農半牧といってもよいほど、牧畜の比重の高いものだったのである。

中世マハーラーシュトラの農業が、このような自然的、農法的条件の下にあったからこそ、前章でのべたように、検地における土地測量は、いささか大雑把なもので十分だったのであり、また、村請の税を配分する場合にも、個々の農民経営地の面積にではなく、それぞれの農民家族に固有のルカー数値あるいはカンディー数値に応じて配分する方が適切だったのである。さらに、灌漑地以外の一般の耕地(畑)が売買されることはあまりなかったということも、このような条件を考慮に入れれば、理解しやすいことであろう。

水争い

中世マハーラーシュトラの農業は、畑における雑穀生産を中心とするものであったが、小規模にしろ灌漑地も存在し、大きな経済的価値をもっていた。前述のように、中世マハーラーシュトラにおける灌漑は、主として井戸水灌漑で、このような灌漑地を「モート・スタル」(モート＝水桶、スタル＝場所)と称した。しかし、中小規模の河川に堰堤[21]を築いて、貯水池をつくり、そこから水路で水を引いて灌漑することも行なわれていた。このような灌漑地を「パート・スタル」(パート＝水路)と呼んだ。

サタラー郡カルジェー村が税の減免を願い出た文書には、次のようにのべられている。この村には、三〇ビガーの水路灌漑地があり、カールティク月(ヒンドゥー暦八月、西暦では一〇―一一月ごろ)まで水路に水が来て、一年に二度作物が穫れた。それで、この土地については、政府の税は一ビガーにつき一〇ルピーとされていた。ところが、今年は雨が少く、水路に水がまったく来なかったので、作物が穫れなかった。それで、税を一ビガーあたり五ルピー(一般の畑の課税額なのであろう)に減額してほしい(一七九二―九三年。SSRPD VI-721)。

このように灌漑地は二毛作が行なわれ、畑地に比べて生産性が高く、したがって、税も畑地よりはずっと高いのが普通であった。

水路灌漑地の場合には、水利権は村に帰属したものと考えられ、それゆえ、村と村との間に取水の権利をめぐって争い(水争い)が起ることもあった。一六七四年、ディドーリー郡モハーダー村の村長や農民たちは、政府に出頭して、次のように申し立てた。

私たちが、この村の村境近くを流れているバーンガンガー川に堰堤《バーンド》を築いて、この村のなかに水を引き、いくらかの菜園地《バーガーイート》をつくろうと作業をしはじめたところ、ジャーコル村の村長が来て、ここに堰堤を築かれると自分の村の方に来る水が少くなってしまうといって妨害をいたしました。しかし、私たちの村には川が無く、農民たちは労力をついやして井戸を掘っていましたが、このところ毎年雨が少く、井戸水が減少して、水桶《モート》を使用することができません。バーンガンガー川には、所々に堰堤が築かれていますが、その水は冷く、青くつねに流れています。それで、私たちもこの川から村に水を引いて耕作したいと希望しております。(ASS I-114)

そこで、郡の役人と郷主たちに対して、係争地に行って「地域社会集会」(これについてはⅢ－二を参照)を開き、決定を下すようにとの命令が出された。そのため「地域社会集会」が開かれ、その結果、モハーダー村に、堰堤を築いてもよいという許可が与えられた。しかし、それによってジャーコル村に損害が生じた場合には、ディドーリー郡の郷主が責任をとるということになった。

このように、中世マハーラーシュトラにおいても、中小規模の河川には、所々に堰堤が築かれ、そこから水路で水を引いて灌漑が行なわれていたのである。モハーダー村の村長たちの申し立てに見られるように、このような場合には、堰堤築造などの作業は、村の共同作業として行なわれ、したがって、水利権は村に帰属したのである。

前引の例では、いくつかの村が同じ川の別の場所に堰堤を築き、水を引いていたのであるが、同じ水路をいくつもの村が共有し、水を分配しあうということも行なわれた。カーンデーシュ州ソーンギール郷のジャーピー村とニンブケード村の二村は、パーンジャル川から共通の水路で取水していたが、水の配分をめぐって紛争が起った。そのため、「地域社会集会」が開かれ、ジャーピー村の主張の方が正しいとされ、その旨の裁定書が作成された。ジャーピー村の村長は、この裁定書をもって政府に出頭し、次のように請願した(一七七二―七三年)。

上記村と上記郷のニンブケード村の二村にパーンジャル川の水の水路が以前から来ています。その水はムリグ[22](ムリグ年の初め)からマールグシールシュ月(ヒンドゥー暦九月)陽半月五日まではニンブケード村民が利用し、マールグシールシュ月陽半月六日から(ムリグ年の)最後のローヒニー[23]までは、順番に八日間私達(ジャーピー村民)が利用し、四日間ニンブケード村民が利用するという慣行できましたところ、その間ニンブケード村民が水に関して紛争を起こし、水を止めました。そこで、調停のために私達は政府の文書を州長官のチンターマン・ハリ殿のところに持って行きました。そこで、彼はニンブケード村民をつれてきて、彼らからそして私達から保証人、供述書、同意書を取り、双方の合意により証人を集合させました。証人達はラリング郷デーワプル村のエクヴィーラーヴァワーニー神殿で沐浴し、神殿に入り神灰を(体に)塗り、真実の証言を書いて与えました。(その証言は次のとおり)

水路の水の利用は従来以下に従って行なわれてきた。

一　ムリグ年の初めからマールグシールシュ月陽半月五日、すなわちナーガディワーリー(24)の日までは、

すべての水はニンブケード村民の方に。

一　マールグシールシュ月陽半月六日からムリグ年(の終り)までは、

八日間は私達が水を満すこと。

四日間はニンブケード村民が水を満すこと。

前記のとおり水の分割が以前から行なわれてきたという証言が正しいとされたので、集会の意見により、ニンブケード村民が水路の水に関して紛争を起こしたが、それは間違っていた、私達が正しい、とされました。それで、ニンブケード村民は私達に敗北書を書いて与えました。そこで、州長官殿が私達から貢納金五〇一ルピーを取って州長官の裁定書を作成して与えました。そこで、(水

の)享受者(＝私達)に政府の証書がなければならないので、そのために州長官の裁定書とニンブケード村民の敗北書を考慮され、私達の上に恩恵を賜り、政府の証書を享受者にお与え下さい。(SSRPD VII-568)

申し立てを受けた政府は、ジャーピー村の村長の主張を認めて、その旨の政府の証書を作成して与えたが、その決定を地方役人に伝達した文書の末尾には、次のように記されている。

前記に従い、水路の水の分割に関してジャーピー村民の古くからの慣行どおり決定された。それ故、分割に従って水の享受が行なわれてきたとおり、ジャーピー村民およびその子々孫々の者達に、代々享受させよ。水路を修理したり、堰堤《バンダーレー》が決壊した時、それを修復するために費用がかかる場合には、双方の村から分割に従って支出させて、耕作を行なわせよ。

これから、堰堤や水路の維持は村の責任であったことがわかる。それは、築堤や水路の掘削が村の共同の労働によって行なわれ、それゆえに、水利権は村に帰属したことを考えれば当然のことであろう。

このように、村と村との間に水争いが起ったことは、中世マハーラーシュトラにおいて、灌漑地のもつ経済的価値が非常に大きかったことを示している。前述のように、中世マハーラーシュトラにおいては、全耕地面積に占める灌漑地の割合はきわめて小さかったと考えられるが、農民経営にとって灌漑地は、その面積比よりもはるかに重要な経済的意味をもっていたのである。

4　政府の勧農

灌漑地の増大は、市場経済の発展を促すのみならず、直接的には税収の増大をもたらしたから、政府にとっても利益になることであった。それで、政府の側からも、灌漑地の造成を奨励する政策がとられた。その一つの方法に、イスターワーと呼ばれた累増課税の方法があった。畑を灌漑地にかえた場合には、灌漑地としての重い税が課せられることになるのだが、最初の年から税率をいっぺんに上げず、例えば五年とか七年とかにわたって徐々に上げていくという方法である。

チャンドワド郡ピンパルガーンウ村に与えられた政府の保証書(カウル。一七四九―五〇年)は次のような内容である。畑地に井戸を掘り、灌漑地にした場合には、最初の年から一ビガーあたり五ルピーを課税することになっていたが、今回これを改め、一年目には一ルピー、二年目には二ルピー、三年目は三ルピー、四年目は四ルピー、五年目にはじめて五ルピーを課税することにした(SSRPD III-339)。このような措置によって、農民が畑に井戸を掘って、灌漑地とすることを奨励したのである。

このような「累増課税《イスターワー》」による奨励策は、「水路灌漑地」についてもとられたが、水路灌漑については、地方官に堰堤の築造を行なわせるといった、より直接的な政策もとられた。例えば、「バーグラーン州で、多くの堰堤(バンダーレー)が決壊し、灌漑地に水路の水が来なくなりましたので、堰堤を築造するように命令を出して下さい」という州徴税官の要請(一七五四―五五年)に対して、政府は、同州の租税から、五年間にわたって毎年五〇〇〇ルピー、合計二五〇〇〇ルピーを授与する、という決定を下した(SSRPD III–391)。

同様に、ダルワール郡コーパル郷の徴税官に対して、政府は次のような命令書を発した(一七七一—七二年)。

トゥンガバドラ川の流れに堰堤《ダラン》が築かれ、この郷の村々に(水が)来て、水稲《バート》耕作が行なわれていた。ところが、堰堤が雨で決壊してしまったので、(堰堤を)築造するために、二〇〇〇ホーンを授与した。それゆえ、堰堤を堅固に、十分に注意して築造せよ。上記金額を上記郷(の租税)のなかから控除するであろう。(SSRPD VII–428)

ジュンナル郡ナラヤンガーンウ村の徴税役人宛の、次のような命令書(一七七二—七三年)は、堰堤築造の方法にまで立ち入って、指示している。

この町の堰堤《ダラン》は、シュフール暦一一七三年に川に水が来て決壊してしまった。そのため、灌漑地が耕作できなくなった。それゆえ、上記年に堰堤の築造の工事のために、五〇〇〇ルピーを授与することに決定した。堅固な基礎《バーヤー》を築き、その(基礎の)上に(本式の堰堤を)築造する工事には時間がかかるであろうから、基礎ができたならば、その上に石や土や木材を積んで水を貯め、水路に水が流れるようにし、灌漑地を以前のとおりに(耕作されるように)せよ。村の(灌漑地からの)収入がただちに増え、(それだけの分の)税が入ってくるわけではないので、政府から五〇〇〇ルピーを授与することに決定した。それゆえ、この金額を受領して、堰堤の仕事を注意深く行なえ。(SSRPD VI–736)

このように、政府の命令によって、地方官が直接に堰堤の築造や修復を行なうということもあったのだが、村の側からの要請に応えて、堰堤築造を奨励する措置をとるということも行なわれた。その方法には、堰堤築造によって造成された灌漑地への課税を、前述のような「累増課税《イスターワー》」によって減免したり、村長などの土地の一部に免税特権を与えて、それによって堰堤築造や修復の費用を調達させるといった方法があった。

バーグラーン州の徴税官は、次のように政府に対して請願した(一七七〇—七一年)。

バーグラーン州ピソール郷ジャーヤケード町に、以前二つの堰堤《バンダーレー》が水路灌漑地にありました。そのうちの一つの堰堤はずっと前に(水で)流されてしまっています。その修復をすることを、上記町の書記ラーゴー・ナラヤンが希望していますが、堰堤を建設し、水路を掘るために、概算で八〇〇〇ないし一〇〇〇〇ルピーかかります。それ故、上記町に一四年間の累増課税の保証書をお与え下されば、堰堤が修復され、耕作が行なわれるでしょう。(SSRPD VII-426)

政府はこの請願を受け入れて、今後一四年間にわたって、毎年二五〇ルピーずつを増徴していき、一四年目に正規の税額にする、という「累増課税」の決定を下した。それと同時に、「バーグラーン州では、堰堤を築造し、新しい灌漑地をつくったならば、一〇〇ビガーの土地につき一〇ビガーを免税地として与えるという慣行です」という州徴税官の申し立てをも認めて、この村の書記ラーゴー・ナラヤンの四〇ビガーの土地について免税特権を与えた。そして、「年々、堰堤や水路を修理する時には、この免税地の収入によって行なえ」という命令が出された。

この史料からは、堰堤の築造が具体的にはどのようにして行なわれたのか、よくわからない。しかし、村の書記の申し出で築堤が行なわれ、その書記に授与された免税特権は、堰堤や水路の修理に要する費用を調達するためのものだったということから、この築堤は村の共同の作業として行なわれたと考えてよいだろう。それは、カーンデーシュ州ダヒワレン郷の徴税官が、政府に次のように願い出ていることからもうかがうことができる(一七八四―八五年)。

カーンデーシュ州バーグラーン郡ダヒワレン郷のダヒワレン町に、川の中に古い堰堤がありましたが、それが壊れました。そのために上記町の租税が減少しましたが、堰堤を築造するならば(租税が増え)政府の利益となりましょう。堰堤の修復に概算で三一六二ルピーかかりますが、そのうち二五〇〇ルピーは金貸しから借りなければならないでしょう。その金貸しに五ビガー、それから残りの工事には農民から労役を徴用しなければならないでしょうから、村長に五ビガー、合計一〇ビガーの土地を、堰堤(の築造)によってできる灌漑地の中から免税地としてお与え下さいますならば、堰堤を築造いたしましょう。(SSRPD VI-741)

この史料から、築堤工事は、実際には、村長を中心とした農民たちの「労役」(アングメーナト)によって行なわれたことがわかる。村長に与えられた五ビガーの土地についての免税特権も村長個人に与えられたのではなく、その収入のなかから、堰堤などの修理のための費用を調達すべき土地として、その意味では村全体に与えられた免税特権と理解すべきであろう。

以上のように、堰堤や水路など、水利施設の建造のために、政府はさまざまな奨励策をとっていたのである。ただ、それらはいずれも、せいぜい郡、郷の地方官が、村長などに村民を徴発させて行なわせうる程度の規模のもので、国家が自ら大河川に大規模な水利施設を建造するということはなかった。それは、デカン高原部のように、季節による川の流量の変化が非常に大きいところでは、大河川は水利に利用するのが困難だったからであろう(25)。

三　村の中の分業

1　ワタン分業

「一二種類のバルテー職人」

前にのべたように、村の正規の構成員である農民は、「農民ワタン」、いわば「農民株」をもち、それゆえ「ワタン持ち《ダール》農民」と呼ばれた。村の中には、「農民ワタン」の他にも、多種多様なワタンが存在し、農民以外の村の正規の構成員も、すべて何らかのワタンをもっていた。中世マハーラーシュトラの村は、このような「ワタン持ち」たちによって構成されていたのである。

中世マハーラーシュトラの村には、「一二種類のバルテー職人」(バーラー・バルテー)と呼ばれる、一群の「村抱え」(26)職人がいた。バルテーとは、村から支給される報酬のことで、したがって、バルテー職人というのは、バルテーと呼ばれる報酬を受け取って、村全体に対してサーヴィスを提供する人々といった意味である。「一二種類のバルテー職人」に何が入るかは、村によって多少の違いがあるようだし、だいたい一二という数自身象徴的な数で、すべての村に「一二種類のバルテー職人」(27)が必ず揃っていたわけでもない。しかし、一般的には、次のような人々がバルテー職人の中に含まれていたということができる。

手工業者――大工（スタール）、鍛冶工（ローハール）、陶工（クンバール）、金工（兼両替人、ソーナール）
職　人――床屋（ナーヴィー）、洗濯人（パリート）
不可触民――マハール、マーング、チャーンバール（皮革工）
宗教関係――占星師（ジョーシー）、ヒンドゥー堂守り（グラウ）、イスラム教師（ムラーナー）(28)

この「一二種類のバルテー職人」たちは、それぞれのワタンをもっていた。例えば、大工が「大工職ワタン」（スタールキー・ワタン）をもっていたように。このような、ある村の「大工職ワタン」をもつ大工を、その村の「ワタン持ち《ダール》大工」（ワタンダール・スタール）と呼んだ。ワタンは、前述のように、世襲的権益、家産だったから、ある村の大工職は、特定の大工の家族が代々世襲的に継承していった。ワタンの世襲性はきわめて強く、例えば、ある村の「大工職ワタン」をもつ家族が何らかの理由で、数世代にわたってその村を離れていても、その子孫がその村に帰って来て「大工職ワタン」を要求すれば、認められるのが普通であった。しかし、「ワタン持ち大工」の家族がどこかへ行ってしまった間、村の方としては大工なしにすますことはできなかったから、他のところから大工カーストの者を呼んで来て、臨時に大工仕事をさせたりした。このような「村抱え」ではあるが、「臨時雇い」で、その村の「大工職ワタン」をもたない大工のことを「ウパリー」（よそ者）大工と呼んだ。それは、村の正規の構成員ではない小作農民などが「ウパリー」農民と呼ばれたのとまったく同じである。

こうして、村には「ワタン持《ダール》ち」ではない職人、例えば、「ウパリー」大工などが存在することもあったのだが、これらの「ウパリー」職人も、その村に長期にわたって居住し、数世代を経るようになれば、段々と「ワタン持ち」職人に近い、ある種の権利をもつようになってくる。そんなところに、もともとの「ワタン持ち」職人の子孫と称するものが村に帰って来たりすると、もめごとが起ることになった。バルテー職人のワタンをめぐっては、そのような紛争がかなり多く発生したようである。

一七六三年、ジュンナル州コーラド村で起きた、鍛冶職ワタンをめぐる紛争は、そんな性格のものであった。この村の「ワタン持ち大工」の一族の者が、「鍛冶工職ワタン」も自分たちのものだといって、この村の「ワタン持ち鍛冶工」を地方官に訴えた。訴人の大工たちの主張は次のようなものであった。この村の「鍛冶工職ワタン」は自分たちの一族の者がもっていたが、ある時、彼は村民から修理を依頼されて、あずかっていた斧をなくしてしまった。それで、この村民から地方官に訴えられ、役所に呼び出されて棒打ちの刑に処され、その上罰金も取られた。それで、彼は怒りと失望からこの村の「鍛冶工職ワタン」を放棄して、近くの村に行ってしまった。村人たちが何度か村に行って、彼に帰村を求めたが、彼は「面目を失った」といって帰らなかった。しかし、だからといって、この村の「鍛冶工職ワタン」が自分たち一族のものであることにかわりはない。だから、今この村にいる「ワタン持ち鍛冶工」は、本当はこの村の「鍛冶工ワタン」をもってはいないのだ、というわけである。

それに対して、訴えられた側の「ワタン持ち鍛冶工」は次のように反論した。この村の「鍛冶工職ワタン」は自分の祖父のものだった。ところが、自分の父がまだ小さかった頃、飢饉が起り、そのため父たちは村を去って、他所に行き、そこで自分が生れた。父が死に、自分が一五歳になった時、この村の人々が自分のことを伝え聞いて、自分を「ワタン持ち鍛冶工」だといって、村に連れて帰った。それ以来、自分はこの村の「鍛冶工職」を行なって来たのだから、この村の「鍛冶工職ワタン」は自分のものだ。[29]

この紛争がどういう結末になったかということはともかく、ワタンという世襲的権益は、このように数世代を経ても主張されうるような、きわめて強固な権利だったのである。

「一二種類のバルテー職人と六〇人の農民」

中世マハーラーシュトラの村には、このように強い世襲的権益である「ワタン」をもつ「一二種類のバルテー職人」が存在し、彼らと「ワタン持ち農民」との間に、村を単位とする分業関係が成立していた。この「ワタン持ち」どうしの間の分業関係においては、個別に報酬の授受が行なわれるということはなかった。「ワタン持ち農民」たちは、秋の収穫時に、穀物などを村の広場に集め、その一部を、まず「バルテー職人」たちへの報酬用として取り分けた。こうして集められた穀物などの作物が、「一二種類のバルテー職人」に配分されたのである。その他、村の財源の中から、一定の金額が毎年「一二種類のバルテー職人」に支払われることもあったし、村の共有地が免税地として与えられることもあった。いずれにしろ、「一二種類のバルテー職人」への報酬は、そのサーヴィスを受ける人々全体によって支給されたのである。他方、農民の方は、大工に犂などの農耕具を修繕してもらったり、鍛冶工に犂の刃先を直してもらったりしても、個別に報酬を支払うことはしなかった。ただ、犂を新たにつくってもらう時には、鉄片、木材などの原料をもっていかなければならなかったようである。床屋に髪を刈ってもらったり、ヒゲを剃ってもらう時も、個別に報酬を支払う必要はなかった。

このように、「一二種類のバルテー職人」と「ワタン持ち農民」たちの間に成立していた分業関係は、金品などによる個別の報酬支払いを含まない分業関係だったのであるから、これを「直接に社会化された分業」ということができる。「ワタン持ち」たちは、農民であれ、職人であれ、はじめからその村の中に固有の社会的存在(社会的意味や役割)をもっていたのである。

この「ワタン持ち」たちの間に成立していた分業関係に関連して注目されることは、史料に「一二種類のバルテー職人と六〇人の農民」(バーラー・バルテー・ワ・サーティー・プラジャー、逆にいうこともある)という言葉がしばしば出てくることである。例えば、プネー郡チャーミリー村で「村長職ワタン」(これについてはI－五－2を参照)をめぐって紛争が起きた時、政府から地方官に対して、隣村の「六〇人の農民と一二種類のバルテー職人」を召集して、裁定を下せという命令が出された(SCS I-22)。また、パサルニー村の「村長職ワタン」をめぐる長期の紛争(これについては、III－二－3を参照)の際には、一方の側の提出した書類が「一二種類のバルテー職人と六〇人の農民の署名がない」という理由で、無効とされた(SCS VIII-70)。

このように「一二種類のバルテー職人と六〇人の農民」という言葉は、いわば一つのきまり文句で、村の正規の構成員全体のことを意味した。ということは、六〇家族の「ワタン持ち農民」と一二種類の「ワタン持ち職人」が一家族ずつという組み合せを、村の理想的な構成とする観念が、中世マハーラーシュトラには存在していたということを意味している。それは村の規模という点からいってもそうであり、農民と職人たちとの間の分業の比率からいってもそうであった。

もし大きな村で、農民が一〇〇家族以上にもなるようであれば、職人ワタンの数も増やすということになった。このようにワタンの数を調整することによって、農民と職人たちとの間の適切な分業の比率を維持することができたのである。

この「一二種類のバルテー職人と六〇人の農民」の間に成立していた分業関係が、中世マハーラーシュトラの村における本源的、あるいは一次的な分業関係だったのである。

商品生産者たち

中世マハーラーシュトラの村には、「一二種類のバルテー職人と六〇人の農民」という本源的な「ワタン持ち《ダール》」たちの他にも、何種類かの「ワタン持ち」がいた。例えば、「ワタン持ち油屋《テーリー》」などである。油屋(テーリー)というのは一つのカーストであったが、ある村の「ワタン持ち油屋」というのは、何も、その村の「村抱え」職人だったわけではない。油屋は農民、マーリーなどから、胡麻やヒマなどの油菜を購入し、それを搾油機(ガーニー)にかけて搾油し、その油を農民などに売っていたのである。

「ワタン持ち油屋」と同じような性格のものに「ワタン持ちターンボーリー」という存在があった。

ターンボーリーも一つのカーストで、キンマというこしょう科の植物の葉(パーン)に、びんろうの実(スパーリー)の粉末や石灰、香料などをくるんで嚙む嗜好品(パーン・スパーリーという)を作って売るのを職業としていた。ターンボーリーは、菜園地(マラー)の所有者からキンマの葉やびんろうの実を買い、村の居住区の中に小さな店を出して、客の注文に応じて、キンマの葉の上にいろいろなものをのせてくるんで売ったのである。だから、ターンボーリーも「一二種類のバルテー職人」のような「村抱え」職人だったのではない。

油屋にしろ、ターンボーリーにしろ、いわば商品生産者兼販売者だったのであるが、それにもかかわらず、村の居住区の中に店を出していた油屋やターンボーリーは「ワタン持ち」と呼ばれていたのである。それでは、彼ら「ワタン持ち油屋」とか「ワタン持ちターンボーリー」とはどのような存在だったのであろうか。彼らのワタン、すなわち「油屋職ワタン」とか「ターンボーリー職ワタン」とは、一体どのような世襲的権益だったのであろうか。

「ターンボーリー職ワタン」にかんする次の二つの史料は、その点を明らかにしてくれる。一七七〇年、カレーパタール郷ガラーデ村の村長に対して、政府の役人から次のような命令書が出された。

この村のターンボーリーであるアーバージーは次のように申し立てた。「この村の私のワタン地は村民が村書記に指定して、私に与えたものであるのに、ワタン持ち《ダール》の土地を他の者に与えるとは一体どういうことでしょうか」。それ故、彼の土地は彼に与えよ。あるいは上記のターンボーリーの意見をきいて、彼のために便利な土地を他の場所に指定して与えよ。ターンボーリーが村にいるのに、商人《ワーニー》がキンマの葉《パーン》を売っているが、商人に命令してキンマの葉を売らないようにせよ。この件について、再び苦情が出ないようにせよ。(Otūrkar, no. 63)

ガラーデ村の「ワタン持ちターンボーリー」が店を出していた、居住区内のワタン地をめぐって、何らかの紛争があったのであろう。この命令書にあるように、「ワタン持ちターンボーリー」は、村の中でキンマの葉を売る独占権(専売権)をもっていた。それを商人によって侵害されたことも、ターンボーリーが地方役人に訴え出た原因だったと考えられる。

この紛争に関連したことなのであろうが、一七八三年、ガラーデ村の村長は、カーシム・ビン・バージーなる者に、この村の「ターンボーリー職ワタン」を授与する、次のような保証書(アバヤ・パトラ)を発行している。(このカーシム・ビン・バージーなる者が、前の史料のアーバージーとどういう関係にあるのか、よくわからない。紛争に嫌気がさして、アーバージーは「タンボーリー職ワタン」を放棄して、村を去ったのであろうか。あるいは、アーバージーとバージーとは同一の人物で、カーシム・ビン・バージーはその息子で、息子に対してあらためてワタンの確認が行なわれたのかも知れない。)

君は私の前に来て、次のように申し立てた。

「この村のターンボーリー職のワタンを私に与えて下されば、私はこの村に居住し、店を出してワタンを享受して暮すでしょう。」それ故、この村の(ターンボーリー職の)ワタンを君に与える。そして、ワタン地としてラダーイー・ジャグダリー・ダーマダリーの隣りの空地、東の方向に長

> さ二七ハート(約一〇メートル)、幅一四ハート(約五メートル)、その周囲は、東に陶工の土地、南は村小路、北はサトオージー・ジャグダレーの土地、以上に従って土地を与える。君から役人《ハーキーム》への「ショールとターバン」(小額の貢納のこと)一五ルピーを取った。毎日、権利としてヴィダー(キンマの葉を巻いた粗製タバコのこと)にするためのキンマの葉五〇枚を与えよ。毎年、政府への税として二ルピーを納めて幸せに暮せ。それ以上の負担をかけることはない。
> 以上のような「ワタン証書」を君に与えた。それ故、この村のワタンを子々孫々享受して、幸せに暮せ。(Otūrkar, no. 71)

この史料から、「ターンボーリー職ワタン」を授与されると、村の居住区に、店を出すべき土地を与えられたということがわかる。この場合は、幅一〇メートル、長さ五メートルとして、五〇平方メートル、一五坪ぐらいであるから、かなり狭いといわねばならないだろうが。

これら二つの史料をあわせて考えると、ある村の「ターンボーリー職ワタン」をもつということは、その村の中でキンマの葉やパーン・スパーリーを売る独占権をもつということであり、具体的には、その村の居住区の中に、ワタン地を与えられて、そこにターンボーリーの店を出す権利をもつということなのである。

このことは、逆にいえば、ある村からその村の「ターンボーリー職ワタン」を認められないかぎり、ターンボーリー・カーストの一員であっても、その村ではターンボーリーの店を出すことはできなかったということを意味している。

以上、「ターンボーリー職ワタン」についてのべたことは、「油屋職《テーリー》ワタン」についても、そのままあてはまる。

これらの「ワタン持ち油屋」や「ワタン持ちターンボーリー」と、その他の村民たちとの間の分業関係は、「一二種類のバルテー職人」の場合のような「直接に社会化された分業」ではなく、商品交換に媒介された分業関係である。その意味で、この分業関係は本源的なものではなく、二次的に展開してきた分業関係ということができる。「一二種類のバルテー職人と六〇人の農民」のワタンを本源的、一次的ワタンとすれば、油屋やターンボーリーのワタンは二次的ワタンというべきものなのである。

中世マハーラーシュトラにおいては、このように、分業の展開や商品経済の発展にともなって、油屋やターンボーリーといった商品生産者兼販売者のカーストが新たに形成されてきたが、村は彼らに対して自由に「営業」することを認めたのではなかった。「油屋職ワタン」とか「ターンボーリー職ワタン」という新しい、二次的ワタンを設定することによって、商品交換関係が、村の中で無制限に展開することを規制していたのである。

このようにして、「一二種類のバルテー職人と六〇人の農民」の間に成立していた、本源的なワタン分業体制は、商品経済の発展にともなって新たに設定された二次的ワタンを次々と含みこみ、より拡大されたワタン分業体制となっていったのである。

しかし、前述の「鍛冶工職ワタン」をめぐる紛争にも見られるように、村のワタン分業体制は、飢饉などの天災や、「ワタン持ち」のライフ・サイクルにおける変動などをきっかけとして、時に欠落部分を生じることがあった。そんな時、その穴を埋め、ワタン分業体制の解体をふせぐ、いわば安全弁としての役割を果たしたのが、「ウパリー」(よそ者)農民や「ウパリー」職人たちであった。その意味で、この「ウパリー」たちは、村の正規の構成員ではなかったが、ワタン分業体制の安定的な再生産のために必要不可欠な存在だったのである。

2　祭りと分業

中世マハーラーシュトラの村の中の分業は、ワタン分業というべき形をとっていたのであるが、その場合の分業、「労働の分割」ということの内容は、今日、我々が一般にこの言葉で思い浮べるものとはだいぶ違っていたと思われる。例えば、前述の「一二種類のバルテー職人」の中にはつねに「洗濯人」(パリート)というカーストが見られるが、この洗濯人の「職」とは、具体的には、どのような「職」だったのであろうか。今日の「クリーニング屋」とはどうもだいぶ違いそうである。

チェーウル地方の「洗濯人の職務」についての規則を書いた一史料(年代不詳)には、次のような条項が見られる。

一　結婚式の会場への道に白布をしきつめること
一　結婚式場の天蓋を布でおおうこと
一　花婿、花嫁の布を洗うこと
一　シュードラ(Ⅱ－一－1を参照)の結婚式の際には、花婿の少年にローブとターバンを(洗っ

て)与えること

一　シュードラの結婚式の際に、歌をうたうこと

一　ダサラーの祭りの際に(神前で)ランプを振ること

(SCS X-4)

この史料には、よく意味のわからない項目もあり、解釈がかなり難しいが、ともかく、洗濯人という「バルテー職人」の職務は、日常的な衣類の洗濯ではなく、結婚式やダサラーのような祭りに深くかかわるものだったことはわかるであろう。村の中で結婚式がある時、結婚式の会場を飾る白布を用意すること、花婿や花嫁が結婚式に着る特別な衣類をきれいに洗っておくこと、「ワタン持ち洗濯人」とはそんな仕事を「職」とする存在だったのである。ワタン分業体制において、「ワタン持ち洗濯人」の分担する「業」は、その意味で、儀礼的、精神的な側面の強いものだったということができる。すなわち、中世マハーラーシュトラの村における分業とは、このような村民の精神的あるいは宗教的な生活領域における「業」の分担を重要な要素として含んでいたのである。

「バルテー職人」の職務に、日常的、物質的な仕事だけではなく、人々の精神的、宗教的活動にかかわる任務が含まれていたことは、村における祭りに際して、それぞれの「バルテー職人」が果たすべき役割を記した一史料(年代不詳)からも知ることができる。例えば、陶工(クンバール)という「バルテー職人」は、一般的には陶製の皿や壷などの食器や炊事用具をつくって、人々に供給するのが職務だったと考えられるが、村の祭礼の際には、次のような職務を果すべきだとされている。

一　「不滅の三日」(アクシャヤ・トリティーヤ)の祭礼には、陶製の水壺を家々に与えること
一　牛のポーラー祭の際には、陶製の牛を家々に与えること
一　「蛇の五日」(ナーガ・パンチャミー)の祭りの際には、陶製の蛇をつくること
一　ガウリー女神の祭りの際には、陶製のガウリー神像を家々に与えること
一　「ガネーシャの四日」の祭りの際には、郷主、郷書記、村長、村長補、役人(ハーキーム)に陶製のガネーシャ像を与えること
一　ダサラー祭の際には、村落神に供える陶製の水壺を与えること。家々に陶製の水壺を与えること

(ASS III–127)

このように、陶工という「バルテー職人」は、さまざまな祭礼の時に、陶製の神像、水壺などをつくって、家々に配ることを重要な職務としていたのである(これらの陶製の神像は、祭りの間、家々で拝礼され、祭りが終ると、川などに沈められた)。彼らのこのような精神的、宗教的生活領域にかかわる職務は、日常的、物質的生活領域にかかわる職務と、少くとも同等の比重をもつものだったと考えられる。

中世マハーラーシュトラの村における祭りには、このように、各種の「ワタン持ち」が、それぞれに固有の職務をもって参加した。例えば、インドの代表的な祭りであるダサラーの祭りを見てみよう。ダサラーの祭りは、アーシュウィン月(ヒンドゥー暦七月)の陽半月一〇日(西暦では一〇月はじめご

ろ)に行なわれる祭りで、インドの古代叙事詩『ラーマーヤナ』の主人公ラーマが、悪魔ラーワナに奪われた妃シーターを取りかえしたことを祝う祭りとされる。だから、この日を「勝利の一〇日」(ヴィジャヤ・ダシュミー)ともいうのである。しかし、それはいわば「正統ヒンドゥー教」的説明で、ダサラーの祭りにはもっと土俗的で、前アールヤ的(アールヤ人のインド進出以前から存在するものという意味)な性格が色濃く含まれている。例えば、ダサラーの祭りの際には、地母神(デーヴィー。詳しくはI－四－1、2を参照)に水牛、山羊などを犠牲に捧げるが、これはアールヤ的信仰よりもさらに古い、インド土着の祭りに起源をもつものである。前引の村の祭りにかんする史料は、このダサラーの祭りの時の「職務」の分担について、次のように記している。

陶工は水壺を与えること

一　村落神(グラームデーウ)に

一　家々に与えて祝儀を取ること

村落神の水壺の定置(の際に)

一　村長は拝礼を行ない、祭文を唱えること

一　占星師は……(史料欠落)し、次のものを取ること。現金の贈り物、供物、水壺の中の金やスパーリー。占星師は壺をもって村長の家に据えること。彼にシーダー(穀物か?)と祝儀を与えること

水壺にかんする規則

一　占星師が壺をもっていくこと
一　すべての村民は（占星師と）ともに行くこと
一　水壺には山羊（を犠牲に捧げること）
一　水壺には紙片をはりつけること
一　ココナッツの半切りを供えること
一　奏楽人が奏楽していくこと。村長は彼らに祝儀を与えること
ダサラーの日にはアプター樹の拝礼を行なうこと
一　祭文は占星師が唱えること。彼は祝儀と粗製タバコ（ヴィダー）とびんろうの実を取ること
一　堂守《グラウ》りは水と拝礼のための品物をアプター樹のところにもってくること
ダサラーの日には村から（犠牲に供する）山羊を取ること（以下略）

これはダサラーの祭りにおける「職務」の分担であるが、ホーリーの祭りについてはさらに詳しい記載がある。ホーリーの祭りは、ヒンドゥー暦の最後の月、ファールグン月陽半月一四日（西暦では三月なかば）に行なわれる祭りで、前アールヤ的な春の祭りにつながるものとされている。この祭りの時には、大きな祭火をたき、ヒマ油菜（エーランディー）の茎に祭菓（ポーリー）や供物を結びつけて、その火にくべて焼く。ホーリーは火の祭りというべきものであった。また、ホーリーの祭りの時には、さまざまな（性的なものを含めて）狼藉が大目に見られ、一種のオーギー的様相を呈した。今日でもホーリーの祭りの時に、色のついた粉や色水をかけあって遊ぶのは、その名残りである。前述の史料に

記された、ホーリー祭における「職務」の分担は次のようなものである。

一 コーリー(山間部族民的な性格の一カースト)は祭場に香料の粉をまくこと

一 洗濯人《パリート》がラチャーウィーをつくる時、粗製タバコ《ヴィダー》、びんろうの実を供えるが、それらは洗濯人が取ること

一 マーリー(菜園《マラー》地で野菜、花などを栽培するカースト)はサトウキビ、ヒマ油菜の茎を与えること

一 マハール(不可触民)はホーリーの聖火を運んできて、そこに粗製タバコ、びんろうの実、ココナッツの半切りを供えるが、それらはマハールの頭《かしら》(これについてはⅡ－一－4を参照)が取ること

一 ホーリーの祭菓《ポーリー》は村長のを運んで来て(ヒマ油菜の茎に)結びつけること

一 祭文は占星師が唱えること。祝儀、粗製タバコ、びんろうの実は彼が取ること

一 (祭りの)次の日に、家々でココナッツの半切りをあけるが、それは次のように(分けること)
ファドカリー(?)/踊りをおどった子供たち/役者を演じたバルテー職人/残りを村人で分けること

一 ホーリーの(祭火の)前に供物が供えられるが、それを次のように分けること
コーリー/陶工/大工/床屋/洗濯人/チャーンバール(皮革工、不可触民)/マハール

一 踊りは陶工がおどること

一　役者を演じるのは次のとおり
　大工／洗濯人／陶工／床屋／堂守り《グラウ》
一　ランプはチャーンバールがもつこと

このように、村の祭礼の際に、各種の「ワタン持ち」たちが果たすべき「職務」は、こと細かにきめられていた。

中世マハーラーシュトラの村における分業、「労働の分割」というものは、このような人々の精神的、宗教的な生活領域にかかわる「業」＝「労働」の分担という側面を色濃く含んでいたのである。(30)

3　市場の形成

中世マハーラーシュトラにおいては、前述のように、油屋《テーリー》やターンボーリーのような商品生産者のカーストが形成されていた。それは、商品経済の展開を示すもので、多くの市場（ペート）が建設されたのも、そのもう一つの現れであった。市場は、プネーやアフマドナガルといった既存の都市の郊外に、いわば都市の発展、拡大として形成された場合（「都市型」の市場）と、村の中にいわば「自生的」に形成された場合（村市場）とがあった。前者は、多くの場合、政府の役人や大商人によって建設され、後者は村長などが中心となって建設することが多かったようである。

「都市型」の市場

政府の役人や大商人が、どこかに市場を建設したいと考えた時には、まず、その旨政府に願い出て、市場建設の許可をもらうと同時に、市場建設にかんする条件を決定してもらった。例えば、プネー市の郊外に新市を建設したいと願い出た、ジーワンラーム・ガーシーラーム(名前からは商人だと思われるが、政府の役人になっていたのかもしれない)なる者に対して、次のような「証書」(サナド)が政府から下附された(一七八五―八六年)。

その方は「プネー市の東のバワーニープル市場の東に、ナワープルという市場を建設せよという命令を下さるならば、そういたします」と申し出た。それ故、上記の場所に市場を建設せよとの命令をその方に下す。その詳細は次のとおり。

一 (市場に)新しい家族がやって来て、居住するならば、その年から七年間、営業税(モーホタルファー)、無償労働(ヴェート・ベーガール)を免除する。その年限が過ぎた後、それらの税を徴収する。

一 この七年間は、(プネー市)警察長官(コートワール)および秤量器調査官(バトチャパーイー)は、何らの取り立ても行なわない。

一 この七年間は、政府および重立った人々が、この市場から買い付けを行なうことはしない。

一 この市場に家族がやって来て居住する場合、その家族が以前に負っていた債務の難儀がかかる時は、その取引の状態をよく見て、能力に応じて金を返済させること。

一 (市場の警固の)兵隊や役人《カールクーン》のために、あるいは市場の建物《チャーワディー》を建てるためなどに費用がかかる時は、注意深く支出し、その帳簿を政府に提出せよ。七年間が過ぎた後に、(市場にかかる税から、その分を)控除する。

以上、五項目を決定し、この証書を下附するので、上記の如く行動し、市場を建設せよ。

この件につき、命令書一通、および保証書《カウル》一通。

一 プネー市の徴税官バープージー・アーナンドラーウへの命令書。

道路の北に政府の林(ジャーディー)があり、そのそばに公園《バーグ》と果樹園《マラー》がある。その中に、一軒の店につき、六〇ハート(約二五メートル)の長さの土地を与える。その残りの土地は公園および果樹園として保護せよ。

二 商人などに対する保証書

七年間免税の保証書を与えて、ガーシーラームに新しい市場を建設するよう命令が下された。それ故、安心してこの市場に来て居住し、商売を行なえ。七年間は営業税、無償労働を課すことはない。その年限が過ぎた後は、他の市場の例にならって、営業税などを納入して、幸せに暮せ。(SSRPD VIII-1162)

この市場ナワープルは、プネー市の東のバワーニープルのさらに東に建設されたのであるが、このバワーニープルという市場も新しい市場であった。『サターラーの王および宰相の日録選』一七六七―六八年の箇所に、マハーダジー・リマエなる政府の役人の申請によって、プネー市の郊外にバワーニープルという新市の建設が許可され、七年間の免税が認められたという記載がある(SSRPD VII-780)。
このように、一八世紀には、プネー市の郊外には次々と新しい市場が建設されていったのである。ナワープル市場の建設にかんする史料に見られるように、新市を建設するには、まず政府に願い出て、市場を建設する場所を指定してもらわなければならなかった。アーナンドラーウ・ビカージーなる者が、プネーの郊外に新しい市場を建設するための土地を与えてほしいと願い出たのに対して、次に従って土地を与えよという命令書がプネーの徴税官宛に出された(一七八五—八六年)。

七ビガー一一パーンドの土地。モーロー・バッラール・ジョーシーの一〇ビガーの土地に、検地の結果、あまりがあったので、それを。

二ビガー一〇パーンドの土地。カビール・ファキールの(賜与)地の中から。

一〇ビガー一五パーンドの土地。トリンバク・マヒパトラーウの一六ビガーの土地に、検地の結果、あまりがあったので、それを。

四ビガーの土地。(内容の記載なし)

(SSRPD VIII-1161)

この市場地は合計二四ビガー一六パーンド、約六ヘクタール(六町歩)の広さである。

このようにして授与された市場地の周囲には壁が築かれて、それ以外の土地から明確に区別された。この壁が壊れたり、古くなったりした時には、政府の方から費用を支出して、修復させるということも行なわれた(SSRPD VIII-1056)。壁で囲われた市場地の内部は、一定の規準に従って割地され、店舗用地として商人や手工業者たちに配分された。前述のナワープル市場の場合には、「一軒の店につき、六〇ハート(約二五メートル)の長さの土地」とされている。この土地の幅を長さの半分と考えれば、約三一〇平方メートル、一〇〇坪ほどの土地である。この店舗用地が、商人や手工業者に無償で与えられたのか、あるいは何らかの対価が支払われたのか、という点については史料に記載がないので、よくわからない。

ナワープル市場にかんする史料にあるように、新しい市場が建設される時には、政府は、例えば七年間といった一定期間、市場に課せられる諸税を免除するのが普通であった。それによって、商人や手工業者たちが、新しい市場に定住するのを奨励したのである。

このように、プネー市などの大きな都市の郊外には、都市の拡大、発展の動きとみなしうるような新しい市場が、次々と建設されていった。新市の建設にかんする史料を表にしたのが表10であるが、この一五例のなかの、少くとも八例は、このような「都市型」の新市だったと考えられる。その他、二、三の例もこの型に入るであろう。

村市場

しかし、商品経済の発展は、村における「油屋職ワタン」や「ターンボーリー職ワタン」の成立に見られるように、農村社会をもまきこんでいたから、農村部にも、村市場といってよいようなものが形成された。表10の中では、一番目と一二番目の市場が村市場の典型と考えられる。一番目のナーデ

表10　市場の新設

	建設年代	場　　所	建設者	出　典
1	1717	ナーデーデ村	村長	SPD XXXI-187
2	1748—49	プネー市郊外か	商人	SSRPD II-342
3	1750—51	プネー市郊外	商人	SSRPD II-344
4	1750—51	ナーシク町郊外	政府の役人	SSRPD II-216
5	1753—54	ダルワール町郊外	商人	SSRPD II-219
6	1754—55	ナーヤガーンウ村	商人	SSRPD II-220
7	1759—60	アフマドナガル城下	政府の役人	SSRPD II-221
8	1767—68	プネー市郊外	政府の役人	SSRPD VII-780
9	1769—70	ワーモーリー町	政府の役人	SSRPD VII-712
10	1777—78	バールシー町	記載ナシ	SSRPD VIII-1066
11	1778	ムルティー村	この村の封土所有者	Otūrkar no. 106
12	1784	ワドゥレー・クルド村	記載ナシ	Otūrkar no. 109
13	1785—86	プネー市郊外	政府の役人	SSRPD VIII-1161
14	1785—86	プネー市郊外	政府の役人か	SSRPD VIII-1162
15	1790	村名欠落	村長	ASS I-141

ーデ村の村市場の場合には、その建設の過程は次のようなものであった。

ピラージー・ジャーダウなるものが、この村の「村長職ワタン」の半分を購入した。ところが、この村には市場がなかったので、市場を建設したいと考えた。それで、彼の兄弟シャンバージーがサタラー城に行き、シャーフー王のもとに伺候して、市場を建設するようにとの命令を下し、その市場の「市場長職ワタン」(シェートパン・ワタン)と「市場書記職ワタン」(マハージャンキー・ワタン)を与えてくれるように願い出た。この願い出は、上納金一五〇ルピーの支払いを条件として認められた(SPD XXXI-187)。この史料には、市場地についての記載はないが、村長が中心となって市場を建設したのであるから、村の「耕区」

の一部が市場地に転用されたのであろう。その際には、いわゆる「非現作地」(パド・ザミーン)などが利用されたのではないかと思われる。

ナーデーデ村の村市場建設に際しては、村長の家族のものが、王の下に出頭して、建設の許可を得たのであるが、村市場の中には、もっといわば自然発生的にできたものもあったようである。表10のうちの一二番目、ワドゥレー・クルド村の村市場の場合は、そんな例と考えられる。この村の村長は、アームラープル市場《ペート》の市場長、市場書記、村長、村書記に宛てて、次のような手紙(一七八四年一一月二日付)を送った。なお、これは完全な私文書で、国家とは何の関係もないものである。

私の村に新しい市場が出来ましたので、ここの村長、村書記、市場長、市場書記に権利《ハック》を与えねばならなくなりました。そこで、貴殿たちに手紙を出しました。ですから、貴殿らの村の市場で、どのような率で、誰に、どんな権利、役得《ウトパンナ》が与えられているかということを、明確にそして詳細に書いて送って下さい。(Otūrkar no. 109)

この場合には、誰がどのようにして村市場を建設したのか、一切記載がないのだが、先述のような「都市型」の市場とは、成立の過程がかなり異なるように思われる。

また、ある「半村長職《パーシーン》ワタン」売買文書には、次のような条項が見られる(一七三〇―三一年)。

村の(居住区の)近くに、新しい市場ができ、耕区《タル》内に居住地《ワスティー》ができる時には、それを妨げてはならない。市場からの権利《ハック》、役得《ラージマー》、特権《マーンパーン》は(村長職を二分した)両者が折半して取ること。(SSRPD I–289)

このように、中世マハーラーシュトラにおいては、村の「耕区」(タル)の中に、村市場が建設されるということは、予想されうる事態だったのである。Ｉ－一－３でとりあげたマードキー村の場合には、居住区から離れた、ヴェータールという「タル」の中に、一チャーワルという広大な市場地が形成されていた。これらの事例は、商品経済が村の中にまで、広く浸透しはじめていたことを示しているといってよいであろう。

市場のワタン

前引のいくつかの史料に見られるように、市場には、市場長と市場書記がいたが、その他にも、何人かのいわば「市場役人」がいた。ジジャープル市場にかんする史料には、次のような「市場役人」が見られる(SCS VIII–51)。

ビドワエイー(市場の警固役か)
コートワール(市場の警察役)
ダウハル(よくわからない)
パーンサル(通関税徴収人)
市場に住む各カーストの頭《かしら》(メータル)

最後の、市場に住む各カーストの頭については、ベールサル村の市場にかんする史料に、次のような記載が見られる(Otūrkar, no. 99. なお、カーストの頭については、Ⅱ－一－４を参照)。

ダンガル（毛布織工）の頭
コーシュティー（織物工）の頭
マーリーの頭
サーリー（織物工）の頭
シンピー（裁縫師）の頭

このように、市場にはかなりの数の「市場役人」のようなものがいて、市場を管理していたのであるが、彼らは実は政府の役人ではなかった。これら「市場役人」の職はすべてワタンで、したがって世襲的権益、家産であったから、代々世襲的に相続されていくものだったのである。例えば、「市場長」（シュート）というのは、「市場長職ワタン」をもつ「ワタン持ち《ダール》」であったから、その市場長の職は、同じ家系のものが代々継承していった。

新しい市場の建設者には、多くの場合、この「市場長職ワタン」が授与された。ハルシュートおよびソームシュート・ヴィールカルなる兄弟の商人は、新しい市場を建設したので、その「市場長職ワタン」を授与してほしいと、次のように政府に願い出た（一七四八―四九年）。

私たちは古くから、殿の政府の軍隊の出納係り（シェートパン）の仕事を二心なく勤めて来ました。また、これからもそうするよう望んでいます。ところで、上記の町に殿の直営地（シェーリー、国有地）がありますが、その中に「現在耕作されていない土地《パディート・ザミーン》」があります。そこに（人々を）居住させるようにと、故バージーラーウ（第二代ペーシュワー、在任一七二〇―四〇年）様が命令を下されました。命令にしたがい、努力をして、店持ち商人(ワーニー・ワカール)その他の商人を集めて居住させ、(その場所に)金曜市場(シュクラワール・ペート)という名前をつけました。その市場の市場長職(シェートパン)の新しいワタンを決定して、(私達に)お与え下さい。(SSRPD II-342)

願い出を受けた政府は、この二人の兄弟に「金曜市場」の「市場長職ワタン」を認め、その得分を詳細にきめた(市場長得分については後述)。このように、市場の建設者には「市場長職ワタン」が授与されるのが普通で、先に見たナワープル市場の場合には、建設者の息子であるサカーラームがこの市場の「市場長職ワタン」の授与を願い出て、五〇〇ルピーの上納金支払いを条件として許された(一七八五—八六年。SSRPD VIII-1163)。

市場長は、市場の秩序を維持する役割を果たすとともに、とくに国家との関係において、市場を代表する立場にあった。ダールワール町の「市場長、市場書記、すべての商人《サマスト・ベーパーリー》」が、町の東に新しい市場を建設したいと願い出たのに対して、政府から与えられた保証書(カウル。一七五四—五五年)には、次のような条項が入っていた。

市場内で犯罪が起きた時には、ゴート(「市場仲間」。なお、Ⅱの注(6)を参照)が集って決定を下すこと。どうしても決定が下せない場合にのみ、政府の方に(当事者を)送ること。(SSRPD II-219)

市場の中で何か事件があった時に、ゴート(「市場仲間」)を召集して、集会を開き、裁定を下すのは市場長の職務であった。

その他、市場書記は、市場における日々の取引の状況や価格などを記録したり、市場に住む人々から税を徴収し、その帳簿をつけることなどを職務としていた。市場から搬出されたり、市場に搬入されたりする商品から通関税を徴収するのはパーンサルの職務であった。コートワールやビドワエイーは市場の治安の維持にあたった。各カーストの長は、その市場に住む同じカーストの人々を統轄するのが役目であった。

これらの「市場役人」の職はすべてワタンであったから、彼らもまた、国家によって任命された役人ではなく、「ワタン持ち《ダール》」だったのである。このことは、ワタンの原理が市場にも浸透していたということを意味している。「市場役人」たちの職のように、商品経済の発展によって新たに形成されてきた職も、すべてワタンとなっていくところに、中世マハーラーシュトラ社会のきわめて特質的なあり方を認めることができる。

市場に住む人々

前述のように、新しい市場の建設者には、多くの場合、市場長のワタンが授与され、市場に住む人々から、さまざまな得分をとる権利が認められた。この市場長の諸得分から、逆に、どのような人々が市場に居住することを期待されたかということを知ることができる。前述のナーデーデ村の市場にかんする市場長の得分は次のようにきめられている。

一　ターンボーリーから店ごとに、一日にパーン・スパーリーを五個

一　マーリー（菜園地《マラー》の耕作を専業とするカースト）から、青物市で一籠（の野菜）につき、一日に一握り分

一　油屋《テーリー》から、一台の搾油機《ガーニー》につき、一日に油九ターンク（七二ターンクが一シェール）

一　屠殺人《カーティーク》、漁師《ボーイー》、塩造り人《カールカンデー》、ペンダーリー（山間部族民的なカースト）から、一週間ごとに、肉一・二五シェール

一　裁縫師《シンピー》全体から、ディーパーワリの祭日に、チョーリー（婦人用上着）を五枚

一　サーリー、コーシュティー（ともに織物工のカースト）の各家から、一年にアドファレー（一幅の布）一枚。モミーン（これも織物工のカースト）から、家ごとに一年に、グンダーレー（ターバンの一種か）を一つ

一　籠作り《ブルード》全体から、一年にスペー（?）を五個

一　チャーンバール（皮革工）全体から、一年に靴一足

一　サラークターンカリー（?）全体から一年に山羊の皮一枚

一　ダンガル・カーストの者全体から、一年に毛布一枚

一　羊毛梳き人《ビンジャーリー》全体から、フェルト一枚

一　商人《バカール》全体から、毎日スパーリー（びんろう子《じ》）九ターンクを順番で

一　灌漑地から、一畑ごとにココナッツの半切りあるいはキンマの葉《パーン》五枚

一　大工、陶工、洗濯人、カレーカル(錫細工師)、オーターリー(鋳物師)、床屋などの職人から、それぞれのサーヴィスを受け取ること

一　じゅず玉細工師《マネーリー》、香水屋《アタール》、真ちゅう細工師《カーサール》、ガラス細工師《カーチャーリー》から、ダサラーとディーパーワリの祭日に、ガラス玉のネックレス、じゅず、装飾綱、ガラスのブレスレットを取ること

一　靴工《モーチエカリー》全体から、一年に靴一足

一　堂守り《グラウ》は毎日、葉皿《パトラーワル》をもって来ること。ダサラーとディーパーワリの祭りの際には、楽器を奏すること

一　ダサラー、ディーパーワリ、ホーリーの祭りの際につかう葉皿《タリー》は農民から、農民の能力を見て適切にとること

(SPD XXXI-187)

この史料から、市場に居住して店を出すことの期待される人々には、すでにのべた油屋とターンボーリーの他に、次のような種類の人々がいたことがわかる。

織物関係――織物工(サーリー、コーシュティー)、ダンガル(毛布織工)、羊毛梳き工、裁縫師
皮革関係――チャーンバール、靴工
金属・ガラス加工――真ちゅう細工師、じゅず玉細工師、ガラス細工師
食品関係――マーリー、屠殺人、漁師、塩造り人

これらの人々は、前述のような市場内の店舗用地に住み、商品の生産を行なうとともに、そこに店

を出して売っていたのである。

市場で売られる商品

市場長は、市場に搬入されるさまざまな商品から、その一定部分を得分としてとることができた。ナーデーデ村の市場の場合には、市場長の得分は次のようなものであった。

一　穀物が入って来る時には、一袋《ゴーニー》につき二シェール

一　ターンボーリーからは次のとおり

(1)牛一頭の荷からキンマの葉一〇〇枚

(2)頭で運んだ荷につき同五〇枚

(3)肩で運んだ荷につき同二五枚

一　いろいろな商品が入って来る時に、一二マン入りの袋によって帳簿をつくり、(得分を取ること)

一　マンゴー、バナナ、ライムについて

(1)牛一頭の荷から一〇個

(2)一束の荷から五個

一　ブドウ、牛一頭の荷につき一・二五(シェールか)

一　石灰、炭について

⑴荷車一台につき一〇(シェールか)
⑵牛一頭の荷につき五
⑶一頭のロバの荷につき二・五
⑷一袋につき一・二五
一　なす、人参、タマネギ、にんにくなどの野菜について
⑴牛一頭の荷から五(シェールか)
⑵一束の荷から(記載欠)
一　サトウキビについて
⑴荷車一台につき五(シェールか)
⑵牛一頭の荷につき二
⑶頭で運んだ荷につき一
一　いろいろな穀物が入って来る時には、四マン入りの袋によって帳簿をつくり、(得分を取ること)
一　バター、油、精製バター油、粗糖《グール》、タバコ、ココナッツの実、ウコンの粉、なつめやしの実などについては、一袋の荷から一・二五シェール
一　ボーレー、アーレーについては牛一頭の荷につき二・五シェール
一　粗毛布、毛織物、ヒモ、綿糸、羊毛、塩、魚からは

(1)牛一頭の荷につき六ルカー
(2)頭で運んだ荷につき三ルカー
(3)肩で運んだ荷につき一・二五ルカー

一　布が入って来る時には

(1)牛一頭の荷につき一二ルカー
(2)馬一頭の荷につき九ルカー
(3)頭で運んだ荷につき六ルカー
(4)肩で運んだ荷につき三ルカー

一　藁《カドバー》、乾草《ガワト》について

(1)荷車一台の荷につき五束
(2)牛一頭の荷につき二束
(3)頭で運んだ荷につき一束

一　木材についても上記にしたがって取ること

（SPD XXXI–187）

この得分のリストを見て気づくことは、市場に搬入されるのが期待される商品には、穀物、野菜、果物、キンマの葉、タバコ、藁、乾草など、農産物が多いことである。これに、農・畜産加工品であるバター、精製バター油、粗糖などを加えると、農民の生産する商品がかなりの部分を占めていた。

このことは、中世マハーラーシュトラにおいて、農民が商品経済にかなりの程度まきこまれていたこと、市場は、そのような農民と市場に住む手工業者との間の商品交換の場であったことを意味していると理解される。

このような農民の生産物の他に、市場には、布、毛布、毛織物、綿糸、羊毛などの手工業製品の搬入が期待されたのであるが、これらは主として村に居住する手工業者たちの生産するものだったのであろう。

市場の「自由」

ところで、I－三－1でのべたように、村ではワタンをもたないかぎり、油屋にしろ、ターンボーリーにしろ、店を出して商売をすることができなかった。「油屋職ワタン」などの授与をとおして、村は商品交換関係の無制限な展開を規制していたのである。しかし、市場の場合には、より多くの商人や手工業者たちが集住することが求められたのであるから、村におけるワタンの体制と同じような規制が行なわれていたとは考えられない。市場では、市場長などに願い出て、店地を与えられれば、自由に「営業」することができたと考えられる。その点で、村と市場では相違があった。だから、何らかの理由で村を出ていった人々も、市場のある町に行けば生活することができたのである。

ただ、カースト間分業の原理は市場でも貫徹していたから、例えば、油屋(テーリー)カースト以外の者が油を販売することは許されなかった。一八〇六年、サースワド町の役人に宛てて出された、次のような命令書は、この点をよく示している。

サースワド町の油屋の商売がさびれ、商人《ワーニー》が油を売っているが、商人は油を売ってはならない。それにかんする細目は次のとおり。

一　プネー市の価格で(油を)売ること。それ以下で売ってはならない。

一　一パエサーから数千ルピーまで(いかなる量の)油でも村には充分あり、よそ者《パルキー》が村に行けば買い手《ギラーイーク》の手に入るが、サースワド町では買えないというようなことがないようにせよ。

一　プネー市の価格より高いか、あるいはそれと同じ価格で油を売ること。プネー市の価格以下で売ったり、(サースワド町で)油が手に入らないという苦情が(政府に)来た時には、処罰し、商人に油を売らせるようになるであろう。油屋は、(それに対して)苦情をいわないこと。

一　商人は油を売ってはならない。これに背く時は処罰されるであろう。商人の家で消費するために油が入用な時にも、油屋から買うこと。

一　穀物《ブサール》の取引は誰がしてもよいので、油屋が(穀物の)取引をしているのに対して、商人は(苦情を)いわないこと。穀物は誰でも取引せよ。

一　油屋は野菜《キラーナー》を売ってはならない。売った場合には罰金《グネガーリー》を徴収されるであろう。

以上七項目の決定を励行するという誓書《カトバー》を油屋から取り、商人に対しては油を売らないように厳《ター》命《キード》せよ。

(Otūrkar no. 119)

このように、市場における分業は、村におけるようなカースト間分業にさらにワタン分業が加重された、厳格なものではなく、単なるカースト間分業だったと考えられる。その点で、市場の方が村よりも「自由」だったといえよう。

大市

村市場や「都市型」市場の発達は、村々や町を結ぶ広域的な商品交換関係の発展を示すものであるが、このような常設の市場の他に、大きな寺院の前などでは、年大祭の時などに定期市が開かれた。「孔雀の村」で「ガネーシャの四日」から一ヵ月間市が開かれたことはすでにのべたが、このような市は一般にヤートラー（ジャトラー）と呼ばれた。ヤートラー（ジャトラー）という言葉は、本来は巡礼を意味する言葉であるが、年大祭の際には、多数の巡礼が集ってくるので、その巡礼めあての市もヤートラー（ジャトラー）と呼ばれるようになったのである。

プネー市の近くのアーランディーという町はヒンドゥー聖典『バガヴァト・ギーター』をマラーティー語に翻訳したことで知られる聖者ジュナネシュワラのサマーディ（入寂の記念堂）があることで有名な町で、このサマーディに詣でることを目的に、たくさんの人々が巡礼にやって来る。それで、この町にも市が立ったが、市の時には、警固のために兵が派遣された。『サタラーの王および宰相の日録選』の一七六三―六四年の箇所には、二〇〇人の兵士が政府から派遣されたと記録されている（SSRPD VII-472）。

大市の時には、たくさんの財貨が集ったから、略奪の目標にされることもしばしばあったようで、前述の「孔雀の村」の市は「ムガル軍」に荒らされている。カーンデーシュ州のシャンブー・マハーデーウ寺院の市も、何かそのようなことがあったらしく、人々が「恐れ」を抱いて来なくなってしまった。そこで、政府から「恐れを抱くことなく、市に来て、以前どおりに神の拝礼を行ない、商売《ウデイーム》・取引《ヴャワサーイ》きを行なえ。難儀のかかることはない」という「保証書」が出されている(一七四五—四六年。SSRPD I-387)。

定期市では、店を出す場所が指定されて、仮設の出店を張るわけだが、この出店を張る場所をめぐって紛争が起ることもあった。コーダンプル寺院の市では、各地の裁縫師(シンピー)カーストのものたちの間で、出店を張る場所にかんする権利をめぐって争いが起った(一七三〇年)。

この市では、一番目の列として、シヴァプル町のシンピーに出店五軒分の場所が与えられ、その隣りにサースワド町のシンピーが同じく出店五軒分の場所を与えられた。二番目の列には、ナラスプル町のシンピーが出店五軒分、その隣りにナラヤンプル町のシンピーが出店を出す権利を認められていた。この二列の前に、プネー市のシンピーとナーンデード町のシンピーがそれぞれ出店五軒分の場所を与えられ、もし、他の町からシンピーが来た時には、列を増やして出店を張らせることになっていた。ところが、サースワド町のシンピーがなかなか来なかったので、その場所に別の町から来たシンピーが店を出してしまった。それで、後れて来たサースワド町のシンピーとの間に争いが起ったのである(Otūrkar, no. 97)。

この史料に見られるように、定期市の場合には、誰にでも店を出すことが認められていたと考えられる。もちろん、その場合にも、カースト間分業の規制は働いていたのであるが。

四　地母神の世界

1　村境争い

中世マハーラーシュトラにおいては、村と村との間に、境界をめぐってしばしば紛争が起った。[31]村境争いは、時には暴力的な抗争にまで発展し、死者を出すこともあった。スパ郡のムドレー村とコールハレー村との間の境界争い(一七四八―四九年)では、後者の村の村民一人と一頭の馬が殺され、そのため、前者の村に五〇〇ルピーの罰金が課せられた(SSRPD II-62)。サーカレー村とカターリー村との間の境界争い(一七六四―六五年)では、前者の村民が後者の村長を殺してしまったために、政府から調査を命じる命令書が出された(SSRPD VII-588)。ワドネール町とシルワレー村との間の境界争い(一七五七―五八年)では、前者の村民が後者に火を放って燃やしてしまったため、前者に五〇〇〇ルピーの罰金が課せられた(SSRPD III-434)。

このように、中世マハーラーシュトラでは、しばしば村境争いが起こり、なかには、一〇〇年以上も紛争が続いた例もあった。プネー州のテーカウディー村とマールシラス村およびピサルヴェー村の間の境界争いはきわめて長期にわたるもので、その間何度も調停が行なわれたが、なかなか最終的な決着がつかなかった。その経過はだいたい次のようなものである。

この三つの村の間の境界争いは、一七世紀初頭、ニザーム・シャーヒー王国で宰相マリク・アンバルが実権を掌握していた時代にはじまった。まず、マールシラス村とピサルヴェー村との間に境界争いが起り、双方の村長がニザーム・シャーヒー王国のプネーの郡役所に裁定を願い出た。そこで、ハルスールという所(多分、霊験あらたかなヒンドゥー神の祀られていた場所であろう)に双方を送って、そこで「神裁」(ディウヤ。詳しくは後述)を行なうことになった。ハルスールに地方役人(カールクーン)や郷主、市場長、市場書記などが集り、「火による神裁」に使う油と精製バター油を用意した。ところが、原告側のピサルヴェー村の村長が「神裁はよしましょう。テーカウディー村の方から小川が流れていますが、その小川がいつも境界でした。そのとおりに今後もしましょう」と申し出た。そこで、地方役人に対して、申し出のとおりに村境を定めよ、その旨の勅令(ファルマーン)を発給するという政府の命令が出された。こうして勅令が出されたので、双方とも村に帰ったが、その後ピサルヴェー村が再び紛争をむしかえした。今度は、マールシラス村の方がプネーの郡役所に行き、再び裁定を願い出たので、サースワド町のワテーシュワル寺院で「神裁」を行なうことになった。そのため、地方役人、郷主などがサースワド町に派遣された。「神裁」はマールシラス村の「ワタン持ち」(マハールか)カーナーなる者が受けることになった。地方役人、郷主などが村境に行き、マールシラス村の主張する村境の標識二七個(石が多い)を書き取り、村境の土を取って、サースワド町のワテーシュワル寺院に行った。神裁は鍛冶工の鉄敷《かなしき》を使って行なわれることになった。まず、カーナーの手をきれいにして、手にある(ホクロなどの)印を書きとった。その上で、カーナーは作法どおり、炭で真赤に熱した鉄敷を手に持ち、地面に描かれた七つの円を走り抜けて、乾草の上に鉄敷を投げだした。その後、彼の手を布(直訳すれば「袋」＝カレーティー)で包み、封をした。それから三日目に、人々が集会を開き、封を切ってカーナーの手を検分したところ、手は焼けただれていなかった。それで、カーナーは神裁に成功した(神意にかなった)とされ、先にマールシラス村の主張によって書き取っておいた村境が正しいと認められた。それを確認するために、その旨の「集会証書」(ゴート・マフザル。詳しくはⅢ－二－1を参照)が発行された。そこで、マールシラス村の農民が、その村境の土地(シワール。前述Ⅰ－一－3参照)を耕し、バージュリー(アワ)の種子を播いていたところ、ピサルヴェー村の農民がそこに牛を放し、マールシラス村の農民の犂を折り、犂を引いていた牛の綱を切った上に、その農民の衣服まで奪い取った。それで、マールシラス村の農民が大声をあげて村にかけ戻ったので、村人たちは一体何の声だろうと走り出て来た。ピサルヴェー村の方からも、村民が群をつくってやって来て、村境にたちふさがり、マールシラス村の村民たちとにらみ合った。その時、ピサルヴェー村の方が「流れの神裁」(ダール・ディウヤ。聖なる川の中で神意を問う神裁であろう。Ⅲ－二－2を参照)をやろうといい出したが、マールシラス村の方は、もう村境の決着はついているといって拒否した。そうすると、怒ったピサルヴェー村の者が、マールシラス村の村民の背中をつかまえて、ひきずり、傷を負わせた。それで、マールシラス村の村民たちが「ケガをさせたな」といってやり返したので、激しい争いになり、ピサルヴェー村の二人の男が石にあたって死んでしまった。マールシラス村の人々が、その旨付近の駐兵所(ターナー)に知らせたので、役人が検分に来て、調査をした結果、マールシラス村の方に罪はないという決定を下した。

この二つの村の間の境界争いは、その後も続き、さらに、隣村テーカウディー村をもまきこんで、より複雑になっていった。この三カ村の一〇〇年以上にもわたる村境争いに決着をつけるために、マラーター王国宰相バージーラーウの「裁定書」(ニワード・パトラ)が発給された(一七二三―二四年。SGRAO – Sanads and Letters, II-39)。

「火の神裁」

このように、村境争いが起ると、「地域社会集会」(詳しくはⅢ-二-1、3を参照)が開かれ、裁定が行なわれたのであるが、双方の主張が対立して、なかなか決着がつかない場合が多かった。そういう時には、どちらかが「ディウヤ」と呼ばれる「神裁」を受けて、神意を問うということが行なわれた。神裁には、前出のような、真赤に焼けた鍛冶屋の鉄敷を手に取って、手が焼けただれなかったならば、神意にかなったとする方法の他に、器の中で、油(テール)と精製バター油(トゥープ)とをあつく熱し、その中に鉄片(ラワー)を入れて、それを素手でつかみ出しても傷がつかなかったならば神意にかなったとする方法もあった。これらの方法を「火の神裁」(アグニ・ディウヤ)と称した。

ガータン村とボーサル村との間の境界争い(一六〇八年)の際には、双方の村の「ワタン持ち」マハールが鉄敷による「火の神裁」を受けたが、それは次のようにして行なわれた。まず双方のマハールの手の爪を切り、シャボンを塗って洗浄した。手にある(ホクロなどの)印を調べて紙に書き出した。

それから、手に布(袋＝ピシュヴィー)をまいて封をした。神裁を行なう日をきめ、双方の村から立会人を出した。原告側の村はピンパル(インド菩提樹)の樹の葉、コーワリー(木の一種)の糸およびヨーグルトがゆ(炊いた米と凝乳をまぜたもの)にかけて誓うことにした。神裁の当日には、双方の村から炭をもって来て、鍛冶屋の鉄敷をあつく熱した。マハールの手から布をとり去り、沐浴をさせて浄めた。原告側のマハールが熱した鉄敷に手を出して触り、その後、政府の役人と「地域社会集会」参加者全員が、マハールの手にピンパルの樹の葉七枚とコーワリーの糸をつけた。それから、ヨーグルトがゆ一九シェールをはかって、マハールの手の上に広げ、さらにバター九シェールをその上につけた。そうして、その手に布をまいた。それから三日後に、マハールを連れて来て、布をとって手を調べたところ、原告側のマハールの手には神裁によって傷がついていた。左手の親指の内側もつぶれていた。それに対して、被告側のマハールの手はきれいだったので、神裁にかなったとされた。そこで、被告側の村のマハールが村境を歩いてさし示すことになった(SGRAO－Sanads and Letters, II-6)。

「大地の子」

このように、村境争いの際に、「火の神裁」を受けるのは、多くの場合、当該村の「ワタン持ち」マハールであった。それは一体なぜなのであろうか。不可触民として差別されているはずのマハールが、神裁によって神意をきく役割を果たしえたのはなぜであろうか。不可触民マハールが、その神意を問う神とは、一体どういう神なのであろうか。それは、マハールたちを不可触民として差別する、

「正統ヒンドゥー教」の神ではありえない。そこで想起されるのは、デーヴィー(デーヴァ＝神の女性形)と総称される地母神である。いわゆるヒンドゥー教の「基層」には、正統的なヒンドゥー教に、けっして完全には同化されない、独得のアニミズム的信仰世界がぶ厚く存在しつづけていた。それは、アールヤ的文化が上からおおいかぶさって来る以前から、インドの大地に根ざしていた信仰世界で、この信仰世界における神がデーヴィーと総称される神々、すなわち地母神なのである。

デカンの大地を支配していたのは、正統的なヒンドゥー教の神々ではなく、この地母神であり、したがって、村境を支配していた神も、地母神であった。村境争いの際に、神裁によってその神意を問われる神はこの地母神にほかならなかったのである。

それでは、地母神の神意をきく役割を、なぜマハールが果したのであろうか。マハール、あるいは一般に不可触民という存在は、アールヤ文化が広まる以前からデカンの大地に住み、アールヤ文化に完全には同化しないで、その独自の文化の多くを保持して来た人々、いわばデカンのもともとの住民の系譜を引く人々だったと考えられる。不可触民とされていたマハールが、一方では、人々から「大地の子」(ブーミ・プトラ)と呼ばれたのは、デカンの大地がもともとは彼らの土地であるという遠い記憶が伝えられていたからであろう。だから、デカンの大地を支配する地母神とは、もともとはマハールたち不可触民の神だったのである。村境争いの際に、村境を支配する神の神意を問うのが、マハールの役目であったのは、このような理由からである。

村境を歩く

村境争いの裁定の際には、どちらかの村長が、正しいと思う村境の上を歩くということも行なわれた。村境を歩いた村長およびその家族に、一定期間何も変事が起らなければ、その村長は正しい村境を歩いたとみなされたのである。ウルン村とボールガーンウ村の間に境界争いが起った時（一七七一—七二年）には、ウルン村の村長が自分の正しいと思う村境の上を歩くことになった。そこで、「地域社会集会」に集った人々の目の前で、ウルン村の村長が、頭から牛の皮をかぶり、小壺に聖なるクリシュナ川の水を満たして、それを右手に持ち、正しいと思う村境の上を歩いていった。ところが、その途中で、小壺が重くなり（重くなったように見えたということであろう）、さらに行く手に蛇が出て来た。ボールガーンウ村の者たちは、これは変事だといって騒ぎだし、ウルン村の村長の示した村境は神意にかなっていないと申し立てた。しかし、集会では彼らの申し立ては間違っているとされたので、ボールガーンウ村の村民たちは、今度は自分たちが熱した油と精製バター油による神裁を受けるといい出した。それで、パーシャン村のソーメーシュワル寺院に行き、ボールガーンウ村の村長が熱した油と精製バター油の中から鉄片を取り出す神裁を受けたところ、手に火ぶくれができたので、彼は間違っているとされた（SSRPD VII-563）。

このように、村長が正しいと思う村境を歩く時には、頭に牛の皮をかぶるのがきまりであった。正統的なヒンドゥー教においては、牛はもっとも聖なる存在であり、牛を殺すこと（ゴー・ハトャー）はバラモンを殺すこと（ブラフマ・ハトャー）と並ぶ二大罪とされていた。それにもかかわらず、村境を歩く際に、殺した牛の皮を頭にかぶることになっていたのは、村境を支配する神が地母神であり、地母神には牛などの動物を殺して犠牲に捧げることが求められたからである。牛を殺して地母神に捧げ、その牛の皮をはいで頭からかぶることによって、地母神の神意を体することができると考えられていたのであろう。

しかし、「牛殺し」はヒンドゥー教徒にとって、もっとも恐ろしい大罪であり、殺した牛の皮を頭からかぶるなどという行為は、正統的なヒンドゥー教の観念からいえば、救いがたいほどの「けがれ」が身につくような行為である(以上の点について詳しくは、Ⅱ−二−1を参照)。だから、牛の皮を頭にかぶって村境を歩いた村長は「けがれた」ということになってしまう。それでは、この「けがれた」村長は一体どうなるのであろうか。

ファテプル村と隣接する三つの賜与村との間の境界争い(一七四四—四五年)の際には、賜与村の村長ラーイバンジーが村境を歩くことになったが、それは次のようにして行なわれた。

「地域社会集会」参加者が、村長ラーイバンジーの頭に、牛の皮と穀物の束とトゥルシー樹の葉先でつくった環とパーンダリーの靴とを結びつけ、村境を歩くようにいった。それに従って、村長が古くからの境界線のとおりに歩いた。その後について、「地域社会集会」参加者が境界の上に大きな石を置いていった。五日間、一〇日間経っても、その村長に何も変事が起らなかったので、彼は神意にかなった村境を歩いたとされた。しかし、その儀式の際に、村長は牛の皮を頭からかぶったので、彼を浄めることが必要になった。そこで、集会に参加していたバラモンが彼に「浄め」の儀式を行ない、

「地域社会集会」がその旨を書いた「集会証書」を作成して、彼に与えた。(SSRPD I-280)

このように、牛の皮を頭にかぶった村長は、正統的なヒンドゥー教の観念からは「けがれた」とされたから、バラモンに「浄め」の儀式(これについては、Ⅱ-二-2を参照)を執り行なってもらわなければならなかった。そして、彼がたしかに「浄め」を受けたということを証明する「地域社会集会」の証明書を作ってもらわないと、後で問題とされる恐れがあったのである。なお、村長の頭に穀物の束やトゥルシー樹の葉先でつくった環を結びつけたのは、地母神信仰の世界と根を同じくする樹木崇拝にかかわることである。これらの穀物や木の葉には「精霊」が宿っており、それゆえに呪力をもつと考えられたのであろう。(「パーンダリーの靴」については、よく意味がわからない。)

2 「鎮め《シャーンティ》」

デカンの大地を支配する神が、ヒンドゥー正統の神々ではなく、地母神であったことは、「鎮め」(シャーンティ)と呼ばれる儀式において、より一層鮮明にあらわれた。「鎮め」は、コレラ、チフス、天然痘などの悪疫が流行しはじめた時とか、地震、落雷などの「天変地異」が起った時などに行なわれた儀式である。悪疫とか「天変地異」とかの異常な現象は、すべて地母神の怒りによって起ると考えられていたから、これらの異常な事態が起ると、地母神の怒りを鎮めるために、「鎮め」の儀式が行なわれたのである。

そのような異常な事態が起らなくても、例えばダサラーの祭りの時などには、いわば年中行事的に

「鎮め」の儀式が行なわれた。「鎮め」の儀式では、水牛、山羊などの動物が犠牲として、地母神に捧げられた。このように、「鎮め」という儀式は、地母神信仰の世界の儀式であるから、マハールやマーングなど不可触民が中心的な役割を果たした。

それでは、「鎮め」の儀式というのは、具体的にはどのようなものだったのであろうか。カラード町にかんする一史料(一七三五―三六年)は、「鎮め」の儀式の手順について、次のように記している(これは多分、ダサラー祭の時の「鎮め」の儀式についてであろう)。

一　森から切ってきた木の枝《イラド》を振り回しながら、村(町)の周囲を回ること。

一　マハール(不可触民の一カースト)が、砂糖菓子《ペダー》を入れた壺をもって進み、マーング(不可触民の一カースト)も壺をもってそれに従い、村の周囲を回ること。

一　牡水牛をウコンの粉《バンダール》や花環《マール》で飾り、村の周囲を回らせること。

一　森から切ってきた木の枝を先頭に立て、その次にマハールやマーングが壺をもち、次に牡水牛が歩いて、村の周囲を回ること。

一　大工の家で山車《だし》をつくり、きれいにして、奏楽しながら引っぱって陶工の家に行くこと。陶工が陶土でつくった神像を山車にのせ、奏楽しながらハヌマン神(猿神)の神殿の前につくった仮設の天蓋《マンダプ》のところまで引いていくこと。天蓋のなかに、神像を安置し、山車はきれいにして、神像のそばに置くこと。

一　村の周囲を回ってきた牡水牛が天蓋のところに来たならば、マハールが牡水牛の礼拝をすること。人々が牡水牛にそなえた供物やキンマの葉は、マハールとマーングとが取ること。

一　牡水牛を神像の前につれて来て、その首を、まずマハールがある程度まで切ること。残りをマーングが切り落すこと。

一　三日間、天蓋において神像の礼拝を行なうこと。老いも若きも、村人はすべて供物をもってくること。

一　神像の前に据えられた牡水牛の頭にのせられているランプをとって、村長・村書記の耕地のそばに土饅頭をつくって、埋めること。

一　四日目に、村境まで神像を運び、村の外に放り出すこと。天蓋には火をかけて燃すこと。

（MIS XXII-215）

このように、「鎮め」の儀式においては、マハール、マーングを先頭として、人々が行列をつくりながら、村の周囲をぐるりと回ってくることが重要な意味をもっていた。この行列の先頭で、森から切ってきた木の枝が振り回されるのは、樹木崇拝と関係することであろう。それにつづいて、不可触民が砂糖菓子《ベダー》を壺に入れてもって歩くのであるが、このとき、彼らは、この砂糖菓子を一つ一つ村外に投げながら進むのではないかと思われる。それは、この砂糖菓子といっしょに、村に巣くった悪霊が村外に出ていくと信じられていたのではないかと思われるからである(32)。

「鎮め」の儀式において、犠牲の水牛を引いた行列が村の周囲をぐるりと一周するのは、それによって人々の生活の場である村の土地を、それをとりまく村の外の土地から区別するためである。村落内部の土地は、人々に理解しがたい異常なことが起きてはならない、安心して生活しつづけられる土地として、村外の土地から明確に区別されねばならなかった。「鎮め」の儀式の最後に、地母神をのせた山車や犠牲にささげられた水牛の頭などが、村境から村外に放り出されるのも、同じように、これらといっしょに、悪霊のような悪しきものが村外に出ていくと考えられていたからである。

このように、中世マハーラーシュトラの村に生きた人々にとって、村の中の土地と村の外の土地とは明確に区別されるべきものであった。村とは、外の土地から切り離された特別の土地あるいは空間だったのである。その村の内と外との境目が村境なのであるから、村境というものは、当時の村に生きた人々にとっては、単なる「世俗的」な「テリトリー」、縄張りの境目だったのではない。それは、人々のいわば心的、精神的世界の境目でもあったのである。中世マハーラーシュトラにおいて、村境争いがしばしば起り、長期にわたって続くことが多かったのは、村境というものの、このような心的、精神的境界としての性格のためだったのであろう。

五　共同性と序列性

1　村の集会

前章まででのべて来たように、中世マハーラーシュトラの村は、場として見れば外の世界から明確に区別された特別の空間であり、社会関係として見ればワタン分業に立脚する共同社会、すなわち一つの共同体であった。

共同体としての中世マハーラーシュトラの村が、その共同性を実現する、あるいは表現するもっとも直接的な機会は村の集会であった。村の中で何らかの紛争が生じたような時、それが村だけで解決できるものであれば、村の集会が開かれて、裁定にあたった。また、村の中でワタンなどの権利が売買されたり、譲渡されたりする時にも、村の集会が開かれて、権利の移動を確認する証書を発行した。

村の集会

カレーパタール郷マーエワーディー村には、ハル・パテールとケーウ・パテールという二人の村長がいたが、村請の税を支払えなくなり、二人とも村から逃亡してしまった。その後、一六三三年、ハル・パテールの息子バーウ・パテールが政府の下に出頭して、「保証書」(カウル)を発行してもらって村に帰り、村長職を継ぐことになった。そこで、バーウ・パテールは、もう一人の村長であったケーウ・パテールの息子バープージー・パテールを呼び、自分が「本家格」(ワディール・パン。文字どおりには「年長性」)の村長となり、バープージーが「分家格」(ダークテー・パン。文字どおりには「年少性」)の村長になって、この村の繁栄につとめることにしようと提案した。バープージー・パテールもこれに賛成したので、村の集会が召集され、バーウ・パテールの「本家格」村長職ワタンとバープージー・パテールの「分家格」村長職ワタンの確認が行なわれた。この村集会には、隣村の村長なども参加しているが、それは、この村の村長職ワタンを確認するためであろう(SCS II-96)。

アーレー郷ボーリー・ボドゥルグ村で起きた村長職ワタンをめぐる争いは次のようなものであった。この村の村長カンドー・パテールには二人の妻がいて、最初の妻からヴィッタル・パテールが生れ、二番目の妻からはサンバージー・パテールが生れた。しかし、生れたのは二番目の妻の子サンバージーの方が早かったため、この二人の息子の間に、どちらが「本家格」をとるかということをめぐって争いが起った。そのため、この村の村民たち(パーンダリー)が村集会(パンチャーヤト)を開いて、年少ではあるが最初の妻の子ヴィッタルを「本家格」とする、という裁定を下した(一七八〇—八一年。SSRPD VIII-864)。

ラージャンガーンウ郷タードリー村の村書記兼占星師職ワタンが売却されたことを確認するための村集会(一六九〇年)には、この村の村長、「ワタン持ち農民」たち、「一二種類のバルテー職人」などの他、隣村の村長一八人、農民多数が参加した。この村集会によって、次のような「ワタン証書」(ワタンの所有を確認するための文書)が発行された。

この村の村長(二人)とすべての兄弟《サマスト・バーウー》と一二種類のバルテー職人とワタン持ち農民の名において、次の如き「ワタン証書」をニロー・ソーンデーウとアーバージー・ソーンデーウに与える。

この村の「ワタン持ち書記兼占星師」クマージーの家は絶えてしまった。そこで、その代理人を置き、村書記の仕事を行なわせ、また、結婚、再婚の儀式なども行なわせて来た。その後、我々《サマ》すべての兄弟《スト・バーウー》、一二種類のバルテー職人、ワタン持ち農民が集り、検討した結果、この村の村書記兼占星師のワタンを誰かに売却し、売却金を受け取った上で、(買った者を)自分たちのワタン兄弟(ミラーシー・バーウー)にすることを、我々すべての意志によって決定した。そこで、我々はラーエリー村に行き、(貴殿に会い)当村タードリー村の村書記職ワタン、占星師職ワタンおよびワタン地としての居住地《ガル・ワーダー》を、すすんで貴殿に売却した。……貴殿から一五〇ホーンを村書記兼占星師ワタンの代価として受け取り、当村の村書記職、占星師職、居住地を貴殿に与えた。貴殿はそれを子々孫々享受されよ。それに対して我々の側から不信の行為があるならば、神々が我々を破滅させるであろう。(SCS III-427)

「ワタン兄弟」

このように、村の中で何か紛争が起ったり、ワタンなどの権利の移動があった時には、村の集会が開かれた。村の集会を構成したのは、村長、村書記、「ワタン持ち農民」、「一二種類のバルテー職人」、その他の「ワタン持ち」たちであった。タードリー村の村書記兼占星師職ワタンの売却にかんする史料の中に見られる「ワタン兄弟」(ミラーシー・バーウー)という言葉は、これら村の「ワタン持ち」たち全員を表す言葉である。この言葉は、I－二－2で引用した、農民ワタンの譲渡にかんする「ワタン証書」にもすでにでてきたのであるが、村の正規の共同体成員としての「ワタン持ち」どうしの共同性あるいは連帯感を表現するものといえよう。したがって、この「ワタン兄弟」どうしの信義にもとることは、きわめて非難されるべきことと考えられていた。

サースワド郡ディエ村で、三人の「ワタン持ち農民」が、村の「ワタン持ち村書記兼占星師」に対して、役得か何かをめぐって紛議を起した時、この村書記兼占星師は、次のように三人の農民を非難した。

以前から君たちの父祖は、司祭職(ウパードェパン)を、私の父祖に行なわせてきた。……今日まで、君たちもそうしてきた。それなのに、今になって私に対して紛議(カッジャー)を起すとは一体どういうことなのか、私には意味がわからない。君たちと私はワタン兄弟(ワタンダール・バーウー)なのだから、父祖代々続けてきたように、今後も行動すべきである。(一七四六年。Otūrkar, no. 49)

「ワタン兄弟」とは、このように、村の共同性を表現するものであり、村の集会とは、このような「ワタン兄弟」たちの共同の意志を形成したり、確認するためのものであった。それゆえに、村集会は、村の中の秩序を維持し、共同体としての村社会を安定的に再生産する機能を果たすことができたのである。

しかし、中世マハーラーシュトラの社会における紛争には、一村の内部では決着をつけるのが難しいものも多かった。また、一村の内部におけるワタンなどの権利の移動にしても、その村の集会によって確認されただけでは不十分と考えられることもあった。そんな時には、その村の所属する郡あるいは郷の集会を開いてもらって、紛争の裁定や権利の移動の確認にあたってもらった。この郡、郷の集会のことを、本書では「地域社会集会」と呼ぶことにする。「地域社会集会」は郷主によって召集される大規模な集会で、中世マハーラーシュトラにおいてきわめて重要な機能を果たした(詳しくはⅢ－二を参照)。

2　村長と村書記

村の階層性

中世マハーラーシュトラの村は、社会関係という点から見れば、一つの共同体を構成していた。しかし、共同体であったということは、そこに形成されていた社会関係がすべて対等平等な関係であったなどということを意味するのではけっしてない。およそ、歴史上に存在した共同体なるものは、すべて階層的、序列的編成をもち、人々の間にはさまざまな程度において、支配＝従属関係や収取関係が存在していたのである。(33)

中世マハーラーシュトラの村では、村の正規の共同体成員は、必ず何らかのワタンをもつ「ワタン持《ダール》ち」であった。ワタンをもたない小作農民や「臨時雇い」の職人は「ウパリー」(よそ者)として、一人前に扱われなかった。「ウパリー」は、前節でのべたような村の集会にも参加する権利をもたないなど、共同体的な権利から排除されていた。この「ワタン持ち」と「ウパリー」が、中世マハラーシュトラの村における基本的な二つの社会階層で、両者の間には明確に上下の階層関係があった。

これら二つの基本的社会階層自体、均質な階層だったのではなく、それぞれの内部も階層的、序列的に編成されていた。すでにのべたように、「ウパリー」農民の中にも、永住権をもつ小作人とそうではない小作人といったような階層差が存在した。「ワタン持ち」たちの間には、そのような階層差はなかったと考えられるが、その代り、明確な上下の序列関係があった。「ワタン持ち」階層内部の序列的編成の一番上には、村長(パテール)がいた。中世マハーラーシュトラの村には、村長が数家族いることも多かったが、そういう場合には、同じ村長でも「本家格」村長と「分家格」村長という格の違いがあった。「ワタン持ち」たちの間の序列関係で、村長の次にくるのは村書記(クルカルニー)で、村によっては、村長補(チャウグラー)がその下に存在した。これらの人々がいわば村の支配階層をなしていたのである。

村長の職務

中世マハーラーシュトラの村の村長は、一方では村という共同体の代表者、首長であり、他方では、村を構成するすべての人々から、さまざまな得分をとることのできる村内小支配者であった。村の代表者としての村長は、さまざまな職務をもっていた。村長の職務としては、第一に、村の中で紛争などが起った時、前述のような村の集会を開いて裁定にあたるという、共同体的秩序の維持の任務があった。小さな紛争の場合には、村集会を開くことなく、村長が自分自身で調停にあたった。この点に関連して、コーラーレ郷ピンパルス村の村長は、徴税官の横暴を、次のように政府に訴えている。(一七七六―七七年)

　村の中で家の売買や(家と家との間の)壁、小路、道路について、あるいは土地の過不足について紛争が起った時には、私たち村長が調停してきました。……そして、政府の決定どおりに村入費《ガーンウ・カルチュ》を徴収するのも私たちがして来ました。ところが、(今度の)徴税官《カマーヴィースダール》殿は、そうさせてくれません。(SSRPD VIII-947)

このように、村長は村の共同体的秩序を維持する任務を負っていたのであるが、村長の共同体代表者としての側面は、国家との関係において、もっとも鮮明にあらわれた。

前述のように、中世マハーラーシュトラにおいては、すべての税は村請で、村長は村に一括して課せられた諸税を、とりそろえて国庫に納入する義務を負わされていた。一六七五年、サースワド郡コーリート村など九カ村の村長宛に、「所定の税をもって、村書記とともに出頭せよ」という命令が出された。その際には、各村の戸口や牛の数を調査して、書類(ジャーバター)にして提出することが義務づけられていた(SCS II-136)。

この村請の税を滞納すると、村長は逮捕されて、牢獄に入れられることもあった。キンガーンウ村では、一九二五ルピーの税を支払えなかったため、村長と村書記が逮捕されてしまった。それで、村長と村書記は、一九二五ルピーのうち、一六〇〇ルピーは努力して集めたが、残りの三二五ルピーはどうしても支払う能力がないので、この分は免除してほしいと願い出た。政府の方でも、村にそれ以上の支払い能力がないことを認めて、この分を免除して、村長と村書記を村に帰らせた(一七四八—四九年。SSRPD III-413)。

村が軍勢に荒されたり、旱魃のような天災に襲われた時には、村長は村を代表して税の減免を政府に要請した。ケード・ボドゥルグ村の村長は、シルワル郡の郡役所に次のように願い出た。ムガル軍が来て、農民の穀物や乾草や品物や山羊や牛をもっていってしまった。またムガル軍が来るという噂が立ち、農民たちはその恐怖により四散(パラーガンダー)してしまった。それで、政府から税を減免するという「保証書」が出されるならば、私は四散した農民を一人、二人と集めて、再び耕作するようにさせる、と(SCS I-39)。

ジュンナル州のタレーガーンウ村でも、連年ムガル軍が遠征に来て、この村に駐屯し、村を焼き、家々を焼くので、農民たちは四散してしまった。それで、村を復興させるために、税の減免をとりきめた「安堵状」(アバヤ・パトラ)が村長宛に発給された(一七五一—五二年。SSRPD III-390)。

ネワーサー郡では、一七九三—九四年、凶作となり、農民たちは四散して、村に残された牛なども死んでしまった。そこで、この郡の五—一〇カ村の村長たちがプネー市にやって来て、税の減免の「保証書」(カウル)と「耕作奨励金」(タガーイー)を与えてくれれば、他郷に去った農民たちを連れて帰り、耕作させると申し出た(SSRPD VI-735)。

ワーイ郡カタープル村の村長は、旱魃のために土地の力が失われたので、税率を下げてほしいと願い出て、一ビガーあたり三パーイリーを減免してもらった(一七四八—四九年。SSRPD III-338)。

村請の諸税を完納することができなかったり、村を略奪から救うために金が必要になったりした場合には、村長は時には自分の「村長職ワタン」を売却してでも、金を捻出しなければならなかった。サンガムネール郡カークジェー村の村長は、次のように政府に願い出た(一七五〇—五一年)。

当村では、ムガル軍の乱暴狼藉のため、耕作ができません。そこで、私の村長職ワタンの半分を政府の方で取って、(その金で護衛の兵士を置き)耕作ができるようにして下さい。(SSRPD III-520)

政府の方では、この願い出をききとどけて、この村の村長職ワタンの半分を受け取り、それを「親衛騎兵隊」(フズール・パーガー)にあずけて、この村の警固にあたらせた。

ジュンナル州パールネール村では、ムガル軍が来て、村を焼き村民を捕えて、二五〇〇ルピーの身代金を要求したので、村長が自分の村長職ワタンの半分を売却して、その支払いにあてた(一六二九年。SCS V-768)。

軍隊による乱暴狼藉が耐えがたかったり、激しい旱魃に襲われたりした時には、村長自身が村人たちと一緒に逃散してしまうこともあった。ジュンナル州のカーナプル、アーガル、シローリー・クルドの三つの村では、旱魃の上にムガル軍の略奪を受け、村長や「ワタン持ち《ダール》」農民たちが逃散してしまった(一七四一―四二年。SSRPD III-327)。

カームケーデー郡内の村々では、村長や農民たちが隣りのベールセー郡に逃亡してしまったので、彼らをもとの郡に戻らせるようにとの命令書が、ベールセー郡の徴税官宛に出された(一七五三―五四年。SSRPD III-372)。

村長は、最後には、村民たちを率いて小さな反乱を起すこともあった。ワーイ郡のチャンダク村では、村長と村書記が四〇―五〇人の村人をひきつれて、役人ラクシュマン・カーネールの家を襲って、「反乱」(ダンガー)を起した(一七七七―七八年。SSRPD VIII-987)。

ナンドゥルバール郡クラクワーデ村は、反乱を起して、税を納めるのを拒否した。政府から役人が派遣されたが、村人たちは銃を放って、役人の馬や配下の兵士に損傷を負わせた。そのため、政府の方から二門の大砲と一〇〇人の軍勢が急派された(一七八四―八五年。SSRPD VI-731)。

村長の得分

村長は、このように、村という共同体の代表者あるいは首長としての職務を果たしていたから、それにみあう報酬を得ることができた。この村長職にともなう報酬は、きわめて「実入り」のよいものであった。前述のように(I-二-2)、中世マハーラーシュトラでは、財産としての価値をもっていたのは土地ではなく、さまざまなワタンであったが、とくに「村長職ワタン」や後述する「村書記職ワタン」のように、「実入り」のよいワタンは、財産として高い価値をもっていた。そのため、村長職ワタンなどは、遅くとも一五世紀までには、自由に売買、譲渡などの処分をすることのできる「物件」となっていた。このワタンの物件化という現象は、中世マハーラーシュトラ社会の社会変動のダイナミズムを表現するものとして、きわめて注目すべきことである。(詳しくはⅢ-三-2を参照)

村長職ワタンは、このように、しばしばきわめて高い価格で売買されたが、その際に作成された「村長職ワタン売買文書」には、村長の得分がこと細かに列挙されている。ジュンナル郡バーンガーンウ村の村長が、税の支払いのために多額の債務を負い、自分の村長職ワタンの半分を「本家格」とともに、七七五一ルピーで売却したことを示す史料(一七四九年)には、「半村長職ワタン」の得分として、次のようなものがあげられている。

一　旧来の「ワタン持ち農民」からの得分として、一家族につき一マンの穀物
一　パールバーラー得分として、農民一家族から乾草二五束
一　綿を畑ごとに五(シェール)
一　チャーンバール(皮革工)は、毎年、靴を二足与えること
一　農民一家族から豆を一束
一　油屋《テーリー》から搾油機《ガーニー》一台につき、油を一日に九ターンク
一　ターンボーリーから店ごとに、キンマの葉《パーン》を一日に一三枚
一　製糖場《グラール》から(サトウキビの)畑ごとに以下の権利。(1)粗糖《グール》の塊り、(2)サトウキビの束、(3)壺入りの砂糖汁。上記は占星師の菜園地《マラー》からは取ってはならない。他の場所から取ること

一　ダサラーの祭日に山羊を一群れにつき一頭
一　サーリー、コーシュティー、モミーン(いずれも織工のカースト)から織機一台につき、年ごとに布を一枚
一　ダンガル(毛布織工)から織機一台につき毛布を一枚
一　供物のココナッツの分け前(婚約《マーグニー》、結婚式、再婚の儀式の際の)
一　マーリーはシェーウと呼ばれる得分を与えること
一　マーリーの菜園地から穀物以外の作物がとれる時、一畑(ワーファー)分の作物を与えること
一　市場《バーザール》のシェーウと呼ばれる得分
一　商人《ワーニー》の家がある場合、ウォータル・ガーターと呼ばれる得分を取ること
一　商人の野菜一袋につき、村長の権利は一・二五シェール
一　塩および穀物の袋から慣行どおりに村長の得分を取ること
一　バーへジャマーと呼ばれる得分を年ごとに二五ルピー取ること
一　商人からびんろう《スパーリー》の実を一日に一個取ること

(SSRPD I-289)

このように、村長は村を構成するすべての人々から、さまざまな得分をとることができたのである。これらの得分は、一つ一つをとってみれば、ささやかなように見えるが、この「半村長職ワタン」が七七五一ルピーという高額(おそらくこの村の村請の税の何年分かにあたるであろう)で売却されたこ

とに示されるように、全体としてはきわめて「実入り」のよいものであった。村長は共同体成員からさまざまな得分を徴収することができただけではなく、国家との関係においては、その納税義務のみかえりとして、村内にかなりの規模の免税地を与えられることが多かった。これも、村長職ワタンの価値の一部を占めていたと考えられる。

ところで、前述のように、中世マハーラーシュトラの村には、村長が数家族いることがかなりあり、そういう場合には、「本家格」の家族と「分家格」の家族という、格の違いが存在した。前出の「半村長職ワタン」の売買の場合には、売り手であるバゴージーは、買い手のゴールコージーに、「本家格」を譲渡している。この「本家格」と「分家格」の間の序列について、売買文書には次のような条項が列挙されている。

一　村長の署名を(書類に)する時には、(買い手の)ゴールコージーがはじめにし、次にバゴージーがすること

一　政府への贈り物《ベート》はゴールコージーがすること

一　政府から下賜されるターバン《シルパーウ》(34)とキンマの葉は、はじめにゴールコージーが取り、次にバゴージーが取ること

一　ポーラー祭の(飾りたてた)牛は、はじめゴールコージーの牛が村の門のところから来ること、次にバゴージーの家につけること

一　トーランはマーングが、赤粉はマハールが、はじめにゴールコージーの家につけ、次にバゴ

ージーの家につけること

一　ディーパーワリの祭りの時には、奏楽をはじめゴールコージーの家で行ない、次にバゴージーの家で行なうこと

一　コーリーははじめゴールコージーの家に水を運び、次にバゴージーの家に運ぶこと

一　ガネーシャ祭、ガウリー祭の時のガネーシャ像とガウリー像は、はじめにゴールコージーの像の前で奏楽し、ドゥルガー・マーターのそばに据えること、次にバゴージーのを奏楽しながら運んで来て、一緒にし、先にゴールコージーの、次にバゴージーのを運んで行くこと

一　ナウラートラ祭の紙片は、はじめにゴールコージーに、次にバゴージーに与えること

一　ホーリー祭の祭菓は、はじめにバゴージーのを奏楽しながら運んで来ること、次にゴールコージーのを奏楽しながら運んで来ること、バゴージーの祭菓をはじめに火にくべ、次にゴールコージーの祭菓を火にくべること

一　ダサラー祭の奏楽一日に一〇回、マーリーからの花、堂守り《グラウ》からのワーワリーは、はじめバゴージーの家に、次にゴールコージーの家に

一　ダサラー祭の時のアプター樹の拝礼は、はじめにバゴージーが行ない、次にゴールコージーが行なうこと

一　シラールシェート(伝説上の人物)の像は、はじめにバゴージーのを奏楽しながら運び、次にゴールコージーのを運んで、一緒にして、バゴージーのを前に、ゴールコージーのを後にして

行くこと

一　ティラー・ヴィダー（赤粉と粗製タバコ――小額の貢納を意味する）は、はじめにバゴージー、次にゴールコージーに与えること

一　カールティク月一二日のトゥルシー樹の拝礼は、はじめにバゴージーの家で、バラモンが行ない、次にゴールコージーの家で行なうこと

一　ハリジャーガル（カールティク月陰半月一日に、ハリ＝ヴィシュヌを迎えて一夜をあかす祭り）は、はじめバゴージーが行ない、次にゴールコージーが次の日に行なうこと

一　マハールはモーリーをはじめバゴージーの家に、次にゴールコージーの家に与えること

このように、「本家格」と「分家格」の格の違いは、得分の差ではなく、いわば社会的地位の違いであった。この両者の間の社会的地位の違いが、さまざまな祭りの際に、どちらが先に神像を据えるかとか、先に奏楽を受けるかといったことによって表示されていたのである。

このような社会的地位の表示のしかたは、なにも「本家格」村長と「分家格」村長との間の序列だけではなかった。「ワタン持ち」たちの間の序列関係は、すべて、このような祭りなどの際の順序によって表示されていたと考えられる。

村書記

村書記の職務は、すべての村民の納税の帳簿をつけたり、村の出納帳をつけたり、村集会の記録を

つけ、その集会証書を作成するなど、広範にわたった。その職務柄、読み書きの能力を必要としたので、村書記にはバラモンが多かったが、プラブーと呼ばれるカーストの者もかなりいた。この二つのカースト以外のものが村書記になることはまずなかった。

村書記の職務に対する報酬は村長のそれの半分とされているので、ここでは省略し、村書記の村内における社会的地位について見ることにする。ジュンナル州ケード村の「村書記兼占星師職ワタン」の半分が、二〇〇〇ルピーで売却されたことを示す史料(一七四〇年)には、村書記の社会的地位に関連する次のような条項が見られる。

一 政府から下賜されるターバンは、村長の次に受け取ること
一 コーリーの水は村長の次に受け取ること
一 ディーパーワリ祭およびダサラー祭に奏楽させる場合には、村長の次に(させること)
一 マーリーからの得分は、村長の次に(受け取ること)
一 マールタンド神の供物からの得分
(1) 祝福の(印として額に塗る)ウコンの粉は村長の次に
(2) アーシュウィン月の日曜日に、村長の次に月に一度乳香《ウード》を受け取ること

(SCS I-283. なお深沢宏『インド社会経済史研究』三二二―三三ページ参照)

この史料からわかるように、村長と村書記との間の序列関係も、祭りなどの際の順序によって表示されていたのである。

このような儀礼にかかわる序列はきわめて煩瑣なものだったようで、それをめぐって紛争が起ることもあった。チャーバリー村の村書記がヒワレー村の村書記に対して、次のような問い合せを行なったのも、それに関連している。

> 毎年の一月一日には、「パンチャーンガシュラワン」の祭り(占星師が人々の星座表=パンチャーンガを読みきかせる儀式)があり、人々は寺に集ります。その時、最初に占星師にガンド(額につける印)をつけ、次に、他にバラモンがいればそのバラモンにつけ、その後で村長につけるという慣行(チャール)が以前から今日まで続いてきました。それなのに、この度、村長が紛議を起し、堂守り(グラウ)に命じて、私にはガンドをつけさせず、村長が自分の額にガンドをつけました。そのために、村長と私の間に激しい紛争が生じました。それで、村長が近隣の村の慣行を調べるようにいいましたので、貴殿の村で、ガンドをつけたり、結婚式などの時にヴィダー(キンマの葉をまいたタバコ)を与えたりする時の慣行がどうであるか、書いて送って下さい。(Otūrkar, no. 80)

このように、中世マハーラーシュトラの村では、その正規の共同体成員である「ワタン持ち」たちの間に、きわめて煩雑な、儀礼上の序列関係があり、このような儀礼によって表現される上下の序列が村の秩序を支えていたのである。

I―三―1でのべたように、中世マハーラーシュトラの村における分業はワタン分業と呼ばれうるような形をとっていた。この分業体制の中には、祭りへの参加といった、村の精神的、宗教的生活領域にかかわる任務の分担も含まれていた。すべての「ワタン持ち」たちは、村の祭りの際に、それぞれに果たすべき固有の役割をもち、それが彼らのワタンの重要な一部分をなしていた。祭りは、共同体としての村の共同の活動であり、それゆえに、村の共同性を表現するものであった。しかし、そのような村の共同の活動そのものの中に村の序列性が貫徹していたのである。

このように、中世マハーラーシュトラの村における共同性は、序列性と表裏一体をなしていた。そこには、共同性の中に序列性が貫徹すると同時に、序列性をとおして共同性が実現されるという相互浸透的な関係を認めることができる。

社会というものは、それがどのような規模のものであれ、その秩序を維持し、自らを再生産していくために、何らかの序列的編成を自らの内部から生み出さざるをえない。中世マハーラーシュトラの村という共同体も、それが一つの社会である以上、やはり、共同性の裏側に、それに固有の序列性をつくり出していたのである。

（1）　ヒンドゥー暦は太陽暦と太陰暦とが合わさったものであるが、ヒンドゥー暦の月は太陰暦によっている。ひと月の前半、新月から満月までを「陽半月」(シュクラ・パクシュ)、後半、満月から新月までを「陰半月」(クリシュナ・パクシュ)という。ヒンドゥー暦の一二カ月は次のとおり。一月、チャエトラ月、二月、ワエシャーク月、三月、ジェーシュト月、四月、アーシャード月、五月、シュラーワン月、六月、バードラパド月、七月、アーシュウィン月、八月、カールティク月、九月、マールグシールシュ月、一〇月、パウシュ月、一一月、マーグ月、一二月、ファールグン月。一二カ月合計で約三五四日であるから、自然の一年よりも一一日と少し短い。それで、ほぼ二年半に一度「余り月《アディク》」(うるう月)を入れて調節し、季節と大幅にずれることを防ぐようになっている。ヒンドゥー暦を西暦に換算するのが、大変難しいのは、この「余り月」がどこに入ったかを正確に調べねばならないからである。ヒンドゥー暦については、井原徹山『印度教』四五三—四七〇ページ参照。

（2）ムガル軍と書かれているが、実体としては、ハイダラーバードに中心を置いたニザーム政権の軍隊である。ムガル帝国（一五二六—一八五八年）は、一七〇七年第六代アウラングゼーブ帝が死ぬと、急速に解体していき、帝国内の各州の長官（太守）が、それぞれに独立的な政権をつくっていった。デカンでもデカン太守であったニザーム・ウル・ムルクが一八世紀半ばまでには、ほぼ完全に独立した政権を樹立した。したがって、一八世紀中頃以降の史料に「ムガル軍」とある場合には、実際上はニザームの軍隊のことである。このニザームの国は、イギリス植民地支配下にも有数の藩王国（ハイダラーバード藩王国）として残り、一九四七年インド独立の際に廃された。

（3）「タル」thal という言葉は、「場所」を意味するサンスクリット語「スタラ」sthala から派生したものと考えられる。村の形成に参加した各家族が、村の土地をそれぞれに分けたのが「タル」のはじまりで、各「タル」についている名前は、その最初の家族の名前だといわれている。しかし、それを証明するような史料は、管見のかぎり存在しない。各「タル」は一まとまりの大きな区画をなしていたのであって、散在する多数の地片を、帳簿上で一つの「タル」にまとめたというものではなかった。それは、賜与地などの四囲が隣接する「タル」の名前で示されていることから明らかである。（SSRPD VIII-1049）

（4）S. Sen, *Administrative System of the Marathas*, p. 80.

（5）中世マハーラーシュトラにおける、このような土地面積の算出方法については、一九世紀、この地方の地租査定にあたったイギリス人行政官も注意を向けている。ロバートソンは、一八二〇年に書いた「報告」の中で、「テーク」と呼ばれる地片の面積は次のようにして算出されていると記した。この場合は六辺形の土地の例である。

幅	長さ
34	126
31	141.5
31	267.5
25	平均 133.75
121	
平均 30.25	

30.25×133.75＝4045.9375

（平方カーティー）

＝10 ビガー 2.5 パーンド

Report of Captain Robertson, Collector of Poona to Commissioner, dated 1st May 1820, *Selections of Papers from the Records at East India House, Relating to Revenue, Police and Civil and Criminal Justice, Under the Company's Government in India*, London, 1828, Vol. IV, p. 428.

（6） もっとも、こうした土地測量の方法は、かなり小さな土地についても、そのまま利用されていた。年に二度米の収穫のある（ドゥピキー）米作地八・五パーンド（約四分の一エーカー）の面積は、次のようにして算出されている。（SSRPD IV-74）

長さ	幅
18 カーティー	10 カーティー
	8.5
	18.5
	半分にして
	9.25

18×9.25＝166.5 平方カーティー
＝8.5 パーンド

(7) S. Sen, *op. cit.*, p. 80.

(8) 秋作(カリーフ)とは、七月ごろから降りはじめるモンスーンの雨を利用して播種し、一〇月から一一月ごろモンスーンが終った後で収穫する作物である。デカンの主要な穀物であるジュワーリー(四国ビエ)やバージュリー(アワ)は秋作である。春作(ラビー)は一二月ごろに播種して、翌年の三月ごろに収穫する作物で、小麦は春作である。

(9) カンディー khaṇḍi は重量および容量の単位で、重量をあらわす時にはワザニー・カンディー、容量をあらわす場合にはカエリー・カンディーあるいはマーピー・カンディーと称される。いずれにしろ一カンディーは二〇マン、一マンは四〇シェールである。

(10) ホーン hon はデカン高原から南インドにかけて流通した金貨である。この時代、多種多様な貨幣が流通したが、もっとも一般的だったのはルピーという銀貨で、一ルピーは一六アーナー、一アーナーは一二パエサーであった。ホーンとルピーとの交換比は、時代、場所によって異なるが、一般的には一ホーン＝三・七五ルピーであった。

(11)　タカー、正確にはクルダー・シャーヒー・タカーは、多分、銅貨であろう。一タカーは四八ルカーである。このタカー、ルカーという単位は、このようにもともとは貨幣の単位であったが、前述のように、村内の各「タル」や各農民経営が分担すべき租税の比率を示す単位として、きわめて一般的に使用されていた。今日のマラーティー語でも、タカーは比率をあらわす単位として使用されており、例えば一〇タカーといえば一〇パーセントのことである。このように、タカー、ルカーという言葉が出て来た時には、それが貨幣なのか、比率の単位なのかという点に注意しなければならない。

(12)　Report of Captain Robertson, *op. cit.*, pp. 428–429. ただし、マラーティー語の同時代史料には、カース・ビガーという表現は、管見のかぎり出てこない。

(13)　この史料を見つけ出し、その重要性を指摘したのは、故深沢宏氏である。同氏『インド社会経済史研究』二一七―二一八ページに、この史料の訳がある。ただし、深沢氏は「ルカー」という単位を面積の単位と考えて、「タナプリー耕区に三ルカー(約九ヘクタール)の耕地」と訳している。このため、氏は中世マハーラーシュトラの村の共同体的編成を読み解く手がかりを摑みそこねたといわねばならない。

(14)　このことは、インドあるいは一般に「アジア的」社会においては、土地の私的所有権は存在しなかったというヨーロッパ直輸入の「アジア観」が横行して来た、我が国の「社会科学」の状況を考えるとき、きわめて大きな意味をもつことである。このような、近代ヨーロッパの「アジア観」と、その日本における受容については、小著『マルクスとアジア』、『共同体と近代』(共に青木書店)を参照してほしい。

(15)　他に小作関係を示す史料としては、SCS V–802, SSRPD II–82, VIII–1091.

(16)「ミラース地」として譲渡しなくても、小作に出して小作料を取ることはできた。しかし、中世マハーラーシュトラでは、ワタンダール農民の負担は「ウパリー」農民の負担よりも重かったとされる。したがって、村(町)にとっては、ワタンダール農民が増えて、負担を共にしてくれる方がよかったのである。逆に「ウパリー農民」にとっては、負担は増えても、「農民ワタン」をもつ一人前の農民になることはきわめて魅力的なことだったと考えられる。
(17) 同様の「農民ワタンの譲渡」の史料としては、SCS VII-63, ASS III-306.「農民ワタンの売却」についてはSCS VIII-2, IX-36.
(18) Replies of Captain Robertson to Queries, dated 10th October 1821, *Selections of Papers from the Records at East India House*,……, Vol. IV, pp. 528-529.
(19) *ibid.*, p. 529.
(20) *ibid.*, p. 535.
(21) 堰堤を意味するマラーティー語には、バンダーラー bandhārā、バーンド bāndh、ダラン dhāraṇ、などがある。前二者は、止める、堰止めるという意味の動詞バーンドネン bāndhṇen から派生し、三番目は、持つ、保つという意味の動詞ダルネン dharṇen から派生した言葉である。
(22) ムリグ mṛig は二七星宿 nakshatra のうちの五番目の星宿。ムリグから新年の始まる年の数え方を「ムリグ年」という。
(23) ローヒニーは二七星宿の四番目。「ムリグ年」では、当然、一年の最後の星宿となる。
(24) この日に「ナーガ」(蛇)の祭りをしたので、「ナーガディワーリー」と呼ぶ。
(25)「アジア的国家」では、水利施設の建造といった「公共事業」の遂行が国家の不可欠の機能であったという「理論」は、一般にインドについては成り立たない。インドの大河川は、ほとんどの場合、灌漑には利用されなかったからである。

(26) 「村抱え」という言い方には、村というものがあって、それが職人を抱えているというイメージがつきまとい、必ずしも適切な表現ではないが、他に適当な言葉を思いつかないので、使用することにした。実際には、「村抱え」職人たちも村の不可欠の構成員なのである。

(27) インドでは、四とその倍数がきわめて好まれる。とくに四は象徴的な意味あいで使われることが多いので、額面どおりの四という数字と受け取ってはならない場合が多い。同様に、一二という数も象徴的な意味あいでよく使われる。

(28) 「一二種類のバルテー職人」については、深沢宏『インド社会経済史研究』中の第九論文「十八世紀デカンの村落における傭人について」に詳しくのべられている。氏の紹介している一史料によれば、「一二種類のバルテー職人」のなかにも、重要性の差があったようで、次の三等級に分けられ、現金による報酬の額(年額)が違っていた。

第一級(一〇ルピー)――大工、チャーンバール、マハール、マーング

第二級(五ルピー)――陶工、床屋、洗濯人、鍛冶工

第三級(二・五ルピー)――占星師、ヒンドゥー堂守り、金工、イスラム教師(同書、三二三ページ)

(29) 深沢宏前掲書、三一二―三一三ページにより詳しい経過がのべられている。

(30) ただし、このことはなにも中世マハーラーシュトラの村に固有のことなのではない。一般に、前近代社会の共同体における「分業」とは、このような性格を多かれ少なかれもっていたのである。

(31) 人口に比して、耕作可能な土地が広大に存在した中世マハーラーシュトラにおいて、村境争いが起ったということは、一見、不思議なようにも思える。しかし、土地がさしあたりあまっていても、共同体と共同体との間に「テリトリー」、いわば「縄張り」をめぐって争いが起るのは、一般にどこでも見られる現

象である。共同体的な土地占取としての「テリトリー」は、「土地所有」とはまったく次元を異にすることがらだからである。

(32) ホワイトヘッド『南インドの村落神』(H. Whitehead, *The Village Gods in South India*, 1916)には、悪疫が流行した際の「鎮め」の儀式に関する、次のような記述がある。疫病は村落神であるペダンマーの怒りのせいで起るので、怒りを鎮めるために、陶製の神像と、それをのせる山車がつくられ、犠牲にささげられる水牛がきめられる。その水牛を、家から家へと村中ひき回すが、そのときには、不可触民たちが奏楽しながら先導する。家々からは人々が水牛に祈りをささげる。村の中央広場に水牛を据え、犠牲に供する。その血と水が混ったものは、土で注意深くかぶせられる。その前に、犠牲にされた山羊の血にひたした米を家々に投げつけながら、行列が村中をねり歩く。そのとき、山羊の足などが空に向って投げられるが、それは村境に巣くう悪霊の餌になると信じられている。祭りの最後に、ペダンマーの像が山車にのせられ、不可触民たちが犠牲にささげられた水牛の頭にランプをともしてささげもち、村境に行く。村境をすこし越えると、村落神の像から飾りをとりはらい、そこに置き去りにする。水牛の頭の上のランプは消される。こうして、悪疫は村落神の像とともに村外に去る。(四六—五三ページ)

ここで空に向って投げられる山羊の足などと同じ役割を、カラード町の「鎮め」の儀式においては、砂糖菓子《ペダー》が果たしていたのではないかと思われる。

(33) いわゆる原始共同体なるものの存在は、歴史学的には十分にその実在を証明されたとはいえない。たとえ、そのような共同体、すなわち階級的収取関係を一切含まない共同体が存在したとしても、その内部に一切の階層性、序列性が存在しなかったということは考えられない。

(34) 郷主、郷書記、村長、村書記などには、栄誉のしるしとして、国家から「シルパーウ」と呼ばれるターバンが下賜された。また、「シェーラー」と呼ばれるショールや「ルグデー」と呼ばれる外衣(ローブのようなもの）が下賜されることもあった。このように、栄誉のしるしとして各種の衣料を贈るのは、インドに特徴的な習慣で、今日でも、国家的表彰の際には、ショールなどが贈られる。共同体成員からの、郷主、郷書記、村長、村書記、各カースト集団の「頭」などへの貢納にも、「シェーラー」がしばしば見られる。

II カーストとカースト制

一　カースト集団

中世マハーラーシュトラの人々は、Iでのべたように、村という共同体の中で、その一員として生活していたのであるが、それと同時に、村を越えて、他の村々の同じカーストの人々とつながりあっていた。カーストは、地縁的な結合としての村とは結合原理を異にする一つの共同体であった。だから、人々はその日常生活において村という共同体への帰属と、カーストという共同体への帰属という二重の帰属性(アイデンティティー)をもっていたのである。

1　結合の二つの次元

カーストとは、職業や階層や宗派の相違などを基にして形成される多種多様な人間集団のことである。カーストという言葉は、インド諸言語で一般に「ジャーティ」(生れ)と称される人間集団に、ポルトガル人が「カスタ」(生れ)という言葉をあてはめたことから派生した。よく知られた、バラモン、クシャトリア、ヴァイシャ、シュードラという四つの身分階層は「ヴァルナ」(「色」の意。種姓)と呼ばれ、これとカースト(ジャーティ)という現実的な人間集団とは、まったく別のものである。

それでは、カーストとは、具体的にはどのような人間集団だったのであろうか。カーストを日常的な生活をとおして緊密に結びつきあった人々の集団とするならば、そのつながりの範囲はそう広いものではありえないだろう。交通機関の発達していない中世のインドにおいては、広い範囲の人々が日常生活において密接に結びつきあうということは困難だったからである。例えば、クンビーという農民カーストを考えてみよう。前述のように、マハーラーシュトラの農民は、クンビーという単一のカーストを構成していたとされる。だが、例えばプネー郡とナーグプル郡といったように六〇〇キロメートルも離れた地域のクンビーどうしが、日常的に結びつきあって生活していたなどということは考えられない。ということは、カーストという人間集団を考える場合には、日常生活をとおして緊密に結びつきあっている集団、いわば「第一次集団」の次元と、そのような「第一次集団」が次々と結びついて、いわば網状をなした広域的カースト結合の次元との、二つの次元を考えねばならないということである。それでは、カーストという人間集団は、その「第一次集団」の次元では、どのような地域的範囲を単位として結集し、それらがどのようにして、より広域的なカースト結合を形成していたのであろうか。

シンピー・カースト紛争

サースワド郡とプネー郡のシンピー(裁縫師)・カーストの間で起った紛争は、これらの点を考える上で、多くの示唆的なものを含んでいる。サースワド郡のシンピー・カーストの頭《かしら》(これについてはII－一－4を参照)たちの申し立てによれば、この紛争の経緯は次のようなものであった。

サースワド郡のシンピー・カーストの一員であったガンガージーなる者が、結婚にかんするカースト規範を犯したため、サースワド郡のシンピー・カースト集団から追放された。それで、ガンガージーはプネー郡のシンピー・カーストのところへ行って、カースト仲間に受け入れてもらった。プネー郡のシンピー・カースト集団は、サースワド郡のシンピー・カースト集団に対して、「我々はガンガージーをカーストに受け入れたので、貴君らの方でも、そのように行動してほしい」と書き送った。サースワド郡のシンピー・カーストは、それに対して、「我々はプネーから八一一〇コス(二五一三〇キロメートル)も離れているので、貴君らがガンガージーはサースワド郡のシンピー・カーストから追放されたことを知らなかった。その上、(ガンガージーはサースワド郡のシンピー・カースト仲間に受け入れたことを知らなかった。その上、(ガンガージーはサースワド郡のシンピー・カーストから追放されたのだから、再度カーストに受け入れるには)聖地で「浄め」を受けなければならないのに、それもしていない。それゆえ、他の地域のシンピーから(カースト受け入れを)認められるはずがない。主だった地域のシンピーたちの承認を得るべきだ」と答えた。ところが、プネー郡のシンピーたちは「聖地や他の地域のシンピーたちに何の用があるか」といって、それを拒否した。その後、プネー郡のシンピーたちが、結婚式に参加するためにサースワドのサンタージーの家に来たが、その時ガンガージーも一緒に連れて来た。しかし、彼らは紛議を起して、サンタージーの家に四日間いたにもかかわらず、「飲食物」(アンナ・パーニー)をとらなかった。そのため、プネー郡のシンピーたちとサースワド郡のシンピーたちの間に紛争が起り、政府の役人が双方をプネー市に呼んで、共食の交際(アンナ・ヴャワハーラ)をするように命じた。しかし、サースワド郡のシンピーたちはガンガージーと共食するのを拒否し、プネー郡のシンピーたちもサンタージーと共食しないという状態が続いていた。ところが、プネー市のフィランゴージーの家で結婚式が行なわれることになり、サースワド郡のシンピーたちにも招待状が来た。そこで、サースワド郡のシンピーたち全員が集り、プネー郡とサースワド郡のシンピーたちの関係は、いまだに正常ではないので、結婚式に出席すべきではないという結論に達した。しかし、フィランゴージーが執拗に出席を求めたので、三人のシンピーが出席した。結婚式の後で、フィランゴージーは三人に一緒に食事をすることを強要し、空腹ではないと断っても、どうしてもといって三人を食事の席に連れていった。三人のうちの一人、ゴーパールジーが他で食事をすませたのでいらないといったにもかかわらず、プネー郡のシンピーがガンガージーに食事を供させたので、断って座席から立った。そうすると、他のプネー郡のシンピーたちが怒って、悪口をいいながら、ゴーパールジーをなぐりつけた。三人は多勢に無勢、いたし方なくされるままになって、その後サースワドに帰って来た。そこで、サースワド郡のすべてのシンピーたちは、プネー郡のシンピーの家では食事をしないこと、プネー郡のシンピーを自分の家で食事させることもしないことをきめ、政府の裁定を待つことにした(以上、Otūrkar, no. 183)。

この紛争は、政府からシンピー・カーストの「カースト集会」(ジャーティ・パンチュ)に裁定が委ねられ、プネー郡のシンピーたちが誤っているとされて、一万五〇〇〇ルピーの罰金が課せられた。サースワド郡のシンピー・カースト集団には、裁定の謝礼として、政府に一万ルピーを上納することが命じられた(SPD XXII-230)。

「第一次集団」と二次的結合

このシンピー・カースト紛争から、カーストという人間集団について、多くのことを知ることができる。

第一に、カーストという人間集団は、その「第一次集団」の次元においては、郡(あるいは郷)と呼ばれる地域範囲を単位として結集していた。このシンピー・カースト紛争が、シンピー個人間の争いではなく、プネー郡のシンピー集団とサースワド郡のシンピー集団との間の争いになったのは、そのことを示している。サースワド郡のシンピー・カーストの頭《かしら》たちのいうところによれば、サースワド郡のシンピーたちは、八一一〇コス(二五―三〇キロメートル)離れたプネー郡のシンピー・カースト集団が、ガンガージーをカースト仲間に受け入れたことを知らなかった。このことは、サースワド郡のシンピー集団とプネー郡のシンピー集団との間には、日常的には緊密なつながりがなかったということを示している。

この郡(あるいは郷)という地域範囲は、単なる地方行政区分だったのではない。[1] 後にのべるように、中世マハーラーシュトラにおいては、「地域社会」と本書で呼ぶところの在地の共同体的なまとまりがすでに存在していた。それを、ほぼそのままの形で、国家の側で地方行政単位として利用したのが郡(あるいは郷)なのである。この「地域社会」(郡あるいは郷)の範囲は、通常は、五〇カ村前後であったが、大きいものは一〇〇カ村以上、小さいものでは二〇カ村程度といったように、大きさはかなりまちまちであった。カーストという人間集団が、その「第一次集団」の次元では、郡(あるいは郷)

を単位として結集していたということは、もともとの共同体的な「地域社会」の範囲が、カースト集団の第一次的な結集の範囲であったということを意味している。

第二に、この「第一次集団」としてのカースト集団には、「頭《かしら》」(メータル)と呼ばれる者がいて、その郡(あるいは郷)のカースト集団を代表していた。このシンピー・カースト集団間の紛争の調停を求める手紙が「サースワド郡のシンピー頭たち」の名前で書かれていることは、そのことを示している。この各カースト集団の「頭」の職務と得分については、後に(II―一―4)詳しくのべる。

第三に、「第一次集団」としてのカースト集団は、隣接する他の郡(あるいは郷)の同一カースト集団との間に、いわば二次的な結合関係をとり結んでいた。プネー郡のシンピー・カーストの者たちがサースワド郡のシンピーの家の結婚式に来て泊ったり、逆にサースワド郡のシンピーたちが、プネー郡のシンピーの家の結婚式に招待されるという関係があったのである。しかし、サースワド郡の何人かのシンピーのところに、プネー郡のシンピーから結婚式への招待状が来た時、サースワド郡のシンピーたち全員が集会を開いて、招待を断わるべきだという決定を下したことは、郡を単位とする「第一次集団」の結合力の強さを示している。このように、あるカースト集団(「第一次集団」)内部に何か問題が起った時には、そのカーストの集会が開かれた。このような集会を「カースト集会」(ジャーティ・ゴート、あるいはジャーティ・パンチュ、ジャーティ・パンチャーヤト)と呼ぶのであるが、これについては、後に(II―一―3)のべる。問題が、一つの郡を越えて、多数の同一カースト集団をまきこむような場合には、より広域的な範囲で、カーストの集会が開かれた。このシンピー・カースト紛争の裁定を委ねられた「カースト集会」(ジャーティ・パンチュ)は、プネー、サースワド両郡だけでなく、他の郡のシンピー・カースト集団も参加した、広い範囲でのカースト集会であった。

以上をまとめてのべれば、次のようになるであろう。カーストという人間集団には、二つの結集の次元があった。第一次的結集の次元は郡(あるいは郷)、すなわち「地域社会」で、これを単位として形成された「第一次集団」としての各カースト集団には、「頭《かしら》」がいた。このカースト集団内部に何か問題が起った時には、「カースト集会」が開かれて、決定を下した。この「第一次集団」としてのカースト集団は、隣接する郡の同一カースト集団と連鎖的に結びついて、網の目のように、より広いカースト結合を形成していた。この二次的結集の次元には、何か明確な単位があったわけではなく、しだいに関係を稀薄にしながら広い範囲にわたって、カースト結合の網の目が広がっていたものと考えられる。カーストという人間集団のこのような二元的な構造は、例えば、高分子化合物の分子結合模型を思い浮べてみれば解りやすいかも知れない。「第一次集団」としてのカーストが一つ一つの分子にあたり、それらが放射状に連鎖して一つの分子結合体を形づくっているというように。

2　婚姻と共食

前出のシンピー・カースト紛争は、直接的には結婚の問題を契機として発生した。サースワド郡のガンガージーなる者が、結婚にかんするカースト規範に違反して(違反の具体的内容については史料に書かれていないが)サースワド郡のシンピー・カースト集団から追放されたことが、この紛争のそもそもの発端である。次に、実際に争いが始ったのは、プネー郡のシンピーたちがサースワド郡のシンピーの家の結婚式に来た時に、ガンガージーを伴って来たことからである。この間の事情もよくわからないところがあるが、多分次のようなことであろう。ガンガージーをカースト仲間に受け入れたプネー郡のシンピー集団は、それをサースワド郡のシンピー集団にも認めさせようとして、サースワド郡のシンピーの家の結婚式にガンガージーを伴って来た(結婚式に出席するということは、そのカーストの一員として認められたということを意味した)。しかし、サースワド郡のシンピーたちは、自分たちがカーストから追放したガンガージーを結婚式に出席させるわけにはいかないと拒否した。それで争いがはじまり、プネー郡のシンピーたちは、滞在していたサースワド郷のシンピーの家の食事を取ることを拒否した。(後にのべるように、食事を共にするということは、同じカーストに所属することを内外に示す、シンボリックな行為であった。)こうして、プネー郡のシンピー集団とサースワド郡のシンピー集団との紛争は、ぬきさしならないところにまで行ってしまったのである。この問題がまだ解決されていないのに、今度は、プネー郡のあるシンピーがサースワド郡のシンピーたちを結婚式に無理やり招待しようとした。そこで、サースワド郡のシンピーたち全員が集り、招待を拒否することを決定した。ところが、そのうちの三人のシンピーは、何か特別の個人的関係があったらしく、ともかくもプネーに来て、結婚式に出席した。しかし、まだ両集団間の関係が正常ではないということで、結婚式の後の食事を共にすることを断った(それは、同一カーストに属するということを拒否する表現であった)。それで、怒ったプネー郡のシンピーたちが、この三人のサースワド郡のシンピーたちをなぐりつけた、というわけである。

このような紛争の経過を追ってみて、気づくことは、カーストという集団にとって、結婚と食事という二つの行為がきわめて重要な意味をもっていたということである。結婚(ラグナ)をとおして人々が関係しあうことを「ラグナ・ヴャワハーラ」と呼び、食事(アンナ)をとおしてのそれを「アンナ・ヴャワハーラ」というが、この二つの紐帯がカーストという集団を支えていたのである。

婚姻

前出のシンピー・カースト紛争で、結婚式への出席がしばしば問題となっているように、カーストという集団は、婚姻関係によって結びついた集団、すなわち内婚集団であった。あるいは、内婚集団であろうとする傾向性を強くもっていたという方が正しいかも知れない。プネー郡のコーシュティー(織物工)・カースト集団で、「女中腹」(2)の子供をカースト仲間に入れるべきかどうかという問題をめぐって争いが生じたのは、そのことと関係している。

プネー郡のコーシュティー・カーストの頭たちは次のように政府に願い出た(一七六八―六九年)。

プネー在住のサトワージーは、「女中腹」(バトキー・チャー・ワンシュ)のコーシュティーですが、プネーの三人のコーシュティーを味方にして、サンガムネール郡のコーハーレ村に行って、「ゴータ―イー」(3)(カースト仲間へ受け入れる儀式)を受け、良い生れのコーシュティーと婚姻関係を結びました。しかし、私たちコーシュティー・カーストには、「女中腹」の子をカーストに受け入れるという慣行はありませんので、この点について政府の方で調査して、決定を下して下さい。そこで、政府はサトワージーとその仲間の三人のコーシュティーおよびコーハーレ村のコーシュティー七人を召喚し、問い質した。サトワージーらは、「コーシュティー・カーストでは、女中腹の子もカースト仲間に入れております。その旨、ワーレー村とニンブト村のコーシュティーに証言させます」と申し立てた。それで、この両村のコーシュティーを呼んできいたところ、そうではないという答であった。サトワージーらは、今度は、「いくつかの重要な地方のコーシュティー・カースト集会（パンチャーヤト）が決定を下すならば、それに従います」と答えた。そこで、ワーイ郡、カラード郡、ナーテプテ郡、ターラレ郡、バーラーマティー郡、その他のコーシュティー・カースト頭《がしら》を召集して、別々に、「女中腹」の子に「ゴーターイー」の儀式を受けさせて、カースト仲間に受け入れているかどうか、問い質した。プネー郡のコーシュティー頭を含めて、すべてのコーシュティー頭が、自分のところでは、そうはしていないと答えた。これによって、政府はプネー郡のコーシュティー頭たちの主張を正しいと認め、サトワージーは「苦い（卑しい）生れ」（カドゥー・ジャーティ）であるから、「良い生れ」（チャーンガレ・ジャーティ）のコーシュティーと婚姻関係をもってはならないと決定した（SSRPD VII-763）。

このように、カーストという集団は、同じカーストに所属する男女から正規の婚姻によって生れた子供のみを成員として認め、「女中腹」の子供などは「卑しい生れ」のものとして、別のカースト（サブ・カースト）にしようとする強い傾向をもっていた。もう一つの例をあげれば、バラモン女性から不義の関係によって生れた者は、一般に、ゴーラクという別のカーストに属するとされ、バラモンとは婚姻関係をもつことは許されなかった。プネーで、あるゴーラク・カーストの者(具体的には、ラーリャーと呼ばれている)が、素姓をいつわってバラモンと婚姻関係を結んでいた。それが露見すると、彼は罰金を課せられた上、牢獄に入れられた。相手のバラモンの家族の方も罰金を課せられ、その上、穢れた行為を行なったということで、「浄め」の儀式を受けさせられた(SGRAO-Decisions, no. 13)。

このように、カースト集団には、いわば「純血」を保とうとする傾向性が強く作用していたのである。

ところで、前出のコーシュティー・カースト紛争は、コーシュティーというカースト集団が、第一次的には郡(あるいは郷)を単位として結集していて、各郡(あるいは郷)ごとに、「女中腹」の子をカースト仲間に入れるかどうかといった慣行について、相違がありえたことを示している。各郡(あるいは郷)のコーシュティー頭が呼び集められ、「別々に」事情を聴取されたのは、そのためである。このように、各郡のコーシュティー集団ごとに、婚姻にかかわる慣行上の相違がありえたということは、婚姻関係が一般的には、各郡の内部で取り結ばれていたことを意味している。もし、郡(あるいは郷)の範囲を越えた婚姻関係が一般的であったならば、婚姻をめぐる慣行も、郡を越えて、広く共通のものとなっていたと考えられるからである。

前出のコーシュティー・カースト紛争では、プネー郡の「女中腹」のコーシュティー、サトワージーが、プネーから一〇〇キロメートル以上も離れたサンガムネール郡のある村に行って、そこの「良い生れ」のコーシュティーと婚姻関係を結んだ。それは、サトワージーが、自分の氏素姓のよく知られていない遠方で、「良い生れ」の家と婚姻関係を結ぶことによって、「良い生れ」のコーシュティー・カースト集団にもぐりこもうとしたのであろう。

郡(あるいは郷)を越えた婚姻の場合には、一般に、何か特別な事情が介在していたらしいことは、次の事例からもうかがうことができる。

チェーウル郡のガウリー(牛飼い)・カーストの女性が、夫の死後、カルヤーン郡のハルジーというガウリーのところに来て、再婚の儀(ムフールト)(4)を挙げることなく同棲しはじめた。二人の間にチマージーという子供が生れた。ハルジーは、その死に際して、この子チマージーを自分たちガウリーのカースト仲間に入れてもらうように、正妻の子に頼んだ。そこで、正妻の子がカルヤーン郡のカースト仲間《ゴート》にその旨要請したところ、きき入れられた。その後、チマージーがプネー郡のガウリーの女の子と、プネーで結婚することになったので、正妻の子が政府に対して、プネー郡のガウリー仲間を呼んで、チマージーを同じカーストの仲間であることを認めるよう命令して下さいと請願した。そこで、政府の方でプネー郡のガウリーたちを召喚して問い質したところ、チマージーをカースト仲間として認めると答えた。それで、あらためて政府の方から、プネー郡のガウリー・カーストに対して、チマージーをカースト仲間に入れよという命令書が出された。そして、この件について紛争を起さないようにという政府の命令書が、マハード郡、ペーン郡、ビルワーディー郡など各郡のガウリー・カースト集団宛に発行された(一七六二—六三年。SSRPD VII-750)。

この場合には、チマージーは正規の婚姻による子供ではないけれども、カルヤーン郡のガウリー・カースト集団には入れてもらえた。しかし、彼はそこからかなり離れたプネー郡のガウリー・カーストの女の子と結婚することになり、プネーに移住した。だから、今度はプネー郡のガウリー・カースト集団に受け入れてもらわねばならなかったのである。チマージーがカルヤーン郡を離れて、プネーに来て住むようになったのは、彼が正規の結婚の手続きをへることなく生れた子供だったからであろう。

以上にのべたように、カーストという人間集団は内婚集団としての性格を強く帯びていたのであり、その通婚の範囲は、一般的には、郡(あるいは郷)、すなわち一つの「地域社会」を単位とする「第一次集団」の内部であったと考えられる。しかし、この通婚圏は厳密に規定されていたのではなく、他の郡の同一カースト集団の成員との間の婚姻関係もありえた。ただ、郡(あるいは郷)の範囲を越えた通婚は一般的ではなく、何か特別な事情のある場合が多かったと考えられる。

共食

前述のように、食事を共にするということは、同一カースト集団に所属することを内外に表示するシンボリックな行為であった。逆に、食事を共にしないということは、同じカースト仲間であることを否定することを意味した。だから、他カーストの者や、自分のカーストから追放された者とは食事を共にしないというのが原則であった。

共食という行為は、このようにカースト集団にとってきわめて重要な意味をもっていたから、この共食の規定に反すると、カーストからの追放といった重い制裁を受けねばならなかった。

ナーシク町のラーノージー・ジャーダウなる者(多分、マラーター・カーストの者であろう)は発狂して、他カーストの者たちと一緒に食事をするようになった。そのため、彼と彼の息子はカーストから追放されてしまった。彼らは他の町に行って住んでいたが、二年後に、父親は狂気のまま死んだ。その時、息子は後悔して、父親の遺骨に「浄め」の儀式をしてもらい、自分自身も「浄め」を受けて、カーストへの復帰を許してもらおうと考えた。そして、聖なるゴーダヴァリーの河畔で、父親の「葬式」(カルマーンタル)をしたならば、父親の罪も自分の罪も浄められ、カースト仲間との共食や婚姻の関係を再びもつことができるようになるだろうと考えた。それで、聖地ナーシクの「ヒンドゥー法官」[5](ダルマ・アディカーリー)に対して、そのような儀式を執り行なってほしいと願い出た(一七九五年。ASS I-194)。

ヒラーマンという一人のカーサール(真ちゅう細工師)・カーストの者が、「女中」(クンビーン)と通じて、彼女と食事を共にするようになった。そのため、彼は穢れたとしてカーストから追放された。それだけでなく、彼の兄弟までカーストから追放されてしまったので、彼の兄弟は、カーストへの復帰を許してもらえるように所定の「浄め」の儀式をしてほしいと、聖地ナーシクのすべての「ヒンドゥー法官」に願い出た(一七九一年。ASS I-190)。

このように、他のカーストの者たちと共食するということは、穢れた行為と見なされ、そのような行為をした者は、カーストから追放されたのである。ただし、この食事の関係には、カースト間の序列の問題がからんでいて、後にのべるように(Ⅱ－三－1)、自分より上位のカーストの家では、食事を取ることができた。その場合には、共食関係ではなく、別の場所で食事の提供を受けるというだけのことであったと考えられる。

Ⅱ－二で詳しくのべるように、一度カーストから追放されたものも、多くの場合、「浄め」の儀式を受ければカーストへの復帰を許された。その際には、カースト仲間全員を招待して、食事を供されねばならなかった。これを「カースト会食」(ジャーティ・ボージャン)という。カースト仲間に一緒に食事をしてもらうということは、カーストに復帰したことを内外に示すシンボリックな意味をもっていたのである。このような「カースト会食」の事例については、Ⅱ－二でさらに見ていくことにする。

3　カースト集会

郡(あるいは郷)を単位とする「第一次集団」としてのカースト集団の成員を表すには、「ゴート」という言葉が使用された。このようなカースト集団成員という意味での「ゴート」を、本書では「カースト仲間」と訳する。このゴートという言葉は、さらに「カースト仲間」の集会をも意味した。(6) シンピー・カースト紛争やコーシュティー・カースト紛争のところででてきたように、カースト集団は何か問題が発生した時には、この「カースト仲間」の集会、すなわち「カースト集会」(ジャーティ・ゴート)を開いて、解決をはかった(一八世紀になると、カースト集会は「ジャーティ・パンチュ」、

「ジャーティ・パンチャーヤト」と表現されることが多くなる)。

サースワド郡の油屋(テーリー)・カーストにかかわる「離婚書」(サーンド・カト)の内容は次のようなものである。

一人のテーリーが「パーニーパトの戦い」(一七六一年に、デリー近郊のパーニーパトで、マラーターの大軍が、アフガニスタン王国軍と戦い、決定的な大敗北を喫した有名な戦争)に行って、行方不明になってしまった。彼の妻の父親は、彼が死んだと思い、三〇ルピーを貰って、娘を他のテーリーの男と再婚させた。その後、前夫が帰って来たが、彼の妻はすでに汚れてしまったといって、彼女を離縁することにした。それで、テーリーの「カースト集会」が開かれ、その旨を確認した「離婚書」を作成した。この「離婚書」には、サースワド郡のテーリー頭《がしら》をはじめとして、多数のテーリーたちやサースワド町の市場長、市場書記などが証人として署名している(一七六九年。Otūrkar, no. 129)。

一七六五年のマーリー・カースト内の紛争では、カースト帰属を確認するために「カースト集会」が開かれた。

バワーン・マーリーなる者は、以前にセーワガーンウ郡からサースワド郡にやって来て、そこに住みつき、サースワド郡のマーリーたちと婚姻関係(ソーイリーク)をもつようになった。こうして、二〇―二五年過ぎたが、今ごろになって、何人かのマーリーたちが、バワーンの母親はマーリー・カーストの者だという証明がない、他のカーストの者ではないかといって騒ぎはじめた。それで、サースワド郡の「マーリー頭《がしら》」が政府に願い出て、セーワガーンウ郡のマーリーの「カースト仲間」(ゴート)

に調査せよという命令を出してもらい、紛争当事者の双方をセーワガーンウ郡に送った。そこで、セーワガーンウ郡のマーリーの「カースト集会」が開かれ、証書が作成された。ところが、それにもバワーンの母親がマーリー・カーストの者かどうか、明記されていなかったので、今までサースワド郡でマーリーとして婚姻関係を結んでいたことを考慮して、バワーンはマーリー・カーストに属するという決定が政府によって下された(Otūrkar, no. 173)。

このような血縁や婚姻関係をめぐる紛争はかなりしばしば発生したようである。同じサースワド郡のグラウ(ヒンドゥー堂守り)・カーストの間では、二人のグラウが「骨の兄弟」(ハード・バーウー。本当に血のつながった兄弟の意であろう)であるかどうか、という争いが起り、グラウのカースト集会が開かれた(Otūrkar, no. 151)。

プランダル城には、兵士としてコーリー・カースト(II－三－3でのべる「山の民」の一つである)の者がたくさんいたが、あるコーリーの妻がブルード(竹細工師)・カーストの男と密通したため、穢れたとして家族ともどもカーストから追放された。それで、家族のものたちには「浄め」の儀式を受けさせて、カーストに復帰させよという命令が、政府からプランダル城区(キッレ)のコーリー「カースト仲間」宛に発行された(一七九四年。Otūrkar, no. 189)。このような場合には、命令を受けたコーリー・カーストの側では、カースト集会を開いて、この家族たちのカースト復帰を確認した。

以上は、郡(あるいは郷)を単位とする「第一次集団」としてのカースト集団が集って開いた「カースト集会」の例である。「カースト集会」には、シンピー・カースト紛争のところでできたように、いくつもの郡(あるいは郷)の同一カースト集団が一緒に集って、大規模な集会を開く場合もあった。

4 カーストの頭《かしら》

前述のように、郡(あるいは郷)を単位とする「第一次集団」としての各カースト集団には、それぞれの「頭《かしら》」(メータル)がいて、共同体としてのカースト集団を代表していた。

スペ郡のチャーンバール(皮革工)・カーストの頭は、この郡を「封土」(ジャーギール)として所有していたシャーハジー(シヴァージーの父)の役所に出頭して、次のように申し立てた(一六五〇年)。

当郡のチャーンバールは毎年、税として現物の靴を納入し、現金では納入していませんでした。それなのに、(このたび)私たちから現物の靴を受け取らず、靴一足につき一・七五タカーという率で現金で納入させるようになりました。それで私たちは悲惨な状態になっています。どうか旧来どおり、現物の靴で受け取り、現金で取り立てるのをやめて下さい。(MIS XX-12)

訴えを受けたシャーハジーは、それを認めて、次のような命令書をスパ郡の役人(カールクーン)に宛てて発行した。

(チャーンバールから)税を現金で納入させるのをやめることにしたので、この郡のチャーンバールから現金をビタ一文《エク・ルカー》たりとも徴収することなく、旧来どおり現物で税を徴収せよ。……そして、バーラーマティー郷を含む当郡のすべてのチャーンバールに命令を出して、チャーンバール頭《がしら》マールの指揮に従うようにさせよ。従わない者には、力をもって従わせよ。(同前)

このように、チャーンバール・カーストの頭は、国(封土所有者)との関係において、カースト集団を代表し、その利益を守る機能を果たすとともに、カースト成員を自己の指揮に従わせていた。国家(封土所有者)が、チャーンバール・カースト成員に対して、頭の指揮に従うように命令しているのは、そのカースト集団が納めるべき税物を、実際に徴収し納入する義務は、カーストの頭が負っていたからであろう。それで、国家にとっても、カーストの頭の「権威」を支持することが必要だったのである。

他のカーストの頭も、このチャーンバール・カースト頭と本質的には同じ機能を果たしていたと考えられる。

このカーストの頭の「職」は一つのワタンで、したがって代々相続される世襲的権益、家産であった。カーストの頭のワタンをもつものは、カースト集団の長としての「職務」の見返りとして、カースト成員からさまざまな得分を取ることができた。

プネー郡のアタール(ムスリムで香水作りのカースト)・カーストの頭は、政府に次のように願い出た(一七四五—四六年)。

当郡のアタール頭《がしら》のワタンは私のもので、アタール・カーストの者の家で、結婚式や割礼がある時には、アタール頭の特権として、ショールとキンマの葉《パーン》を取ることができます。ところが、プネー市のアタールであるブワージーが紛議を起して、私の得分を私に与えません。そこで、彼を御前に呼び出して、ちゃんと私に与えるようにして下さい。(SSRPD I-300)

このアタール頭の訴えは認められ、その旨の政府の命令書が出された。この史料に見られるように、アタール・カースト頭は、カースト成員の家で何らかの儀式がある時には、ショール[7]とキンマの葉を取る権利をもっていた。このような形での得分は、他のカースト集団の頭の場合も、だいたい同じであったと考えられる。

カーストの頭は、その納税義務への見返りとして、国家からも報賞を与えられた。シルワル郡では、二人のクンバール(陶工)がこの郡の「クンバール頭」のワタンをめぐって争った(一六五〇—五一年)。それは政府からの「栄誉の外衣の下賜」(タスリーフ)とキンマの葉をどちらが受けるかということをめぐる争いであった。この紛争では、一方が熱した油の中から鉄片を素手でとり出す「神裁」(ラワー・ディウヤ)を受けることになり、同郡の床屋(ハジャーム)・カーストの頭が保証人になって、当人を出頭させ、裁定に従わせるという誓約書を提出した(SCS I-34, 35, 36)。

プネー郡のクンバール・カーストの頭のワタンをめぐる紛争は、「クンバール頭ワタン」の「本家格」(ワディール・パン)をどちらがもつかということをめぐる争いであった(一六四二年)。この場合には、「本家格」の「クンバール頭」は、政府から、ヴィダー(キンマの葉を巻いてつくったタバコ)、キンマの葉、ティラー(額につける印)、「栄誉の外衣」(ルグデー)を下賜された。ただし、カースト成員からの得分は、「分家格」の「クンバール頭」と折半することになっていた(SCS I-27)。

いわゆる不可触民カーストにも、もちろん、カースト頭がいたが、彼らの得分は他のカースト集団の頭の得分とはいくぶん異っていた。例えば、サースワド郡のマハール・カーストの頭の得分としては、次のようなものが列挙されている(一六五七年。SCS VII-43)。

一　牛などの血管とヒヅメ
一　ホーリー祭の火に捧げられた祭菓
一　祭礼の際に、奏楽を受ける権利
一　政府からの「栄誉の外衣の下賜」(タスリーフ)
一　駐兵所(ターナー)の「番役」(ナーイク)のワタン

「牛などの血管とヒヅメ」という得分は、マハールが死んだ牛などの処理を職務としていたことに関連するものであろう。「ホーリー祭の祭菓」を取る権利については、I－三－2ですでにのべた。「駐兵所の番役ワタン」というのは、II－三－3でのべるように、マハールなど不可触民は、一面においては、「山の民」で軍事力としても重要な役割を果したことに関連している。

以上のように、郡(あるいは郷)を単位として形成される「第一次集団」としてのカースト集団には、それぞれの「頭」がいて、共同体としてのカーストを代表するとともに、統轄していた。彼らの職はワタンであったから、代々世襲的に相続されていく家産であった。その意味で、カーストという共同体の内部も序列的に編成されていたのであり、その中にはワタンの原理が浸透していたのである。

二　規範と制裁

1　罪と罰

中世マハーラーシュトラの社会にも、さまざまな罪があり、さまざまな犯罪が起った。それらはいずれもヒンドゥー教とカースト制とに密接に関連するものなのであるが、ここではまず、具体的な犯罪の事例の方から見ていくことにしよう。

飲酒と肉食

中世マハーラーシュトラにおいても、バラモン種姓に属する者だけは、酒を飲み、肉を食うことを禁じられていた。だから、バラモンでありながら、飲酒、肉食をすると、穢れたと見なされて、カーストからの追放という制裁を受けねばならなかった。ビカージー・ケーシャウとラーゴー・ラワーテという二人のバラモンの間に起った争いはこのことに関連している。

ビカージーが留守の時に、ラーゴーがビカージーの妻に悪口をいったので、妻は家に帰って来たビカージーにそのことを訴えた。怒ったビカージーは、「導師」(シュリー・アーチャールヤ・スワーミー)(8)のところに出頭して、次のように申し立てた。

ラーゴーは「法破り」(アダルミー)で、その上、「酒飲み」(マドェ・プラーシャニー)ですが、制裁(パールパトャ)を受けていません。貴下は法の守り手でありますから、私の告訴をきき、彼に制裁を加えて下さい。

このビカージーの訴えにもとづき、ラーゴーはバラモンの共食の会からしめ出された。それで、ラーゴーは役人のところに行って、不平を訴えたが、その役人は逆に、次のようにラーゴーを非難した。

君には、「飲酒」(マドャ・プラーシャン)をしてはいけない、そんなことをしていると、いまに、「生き物の肉」(プラーナ・マース)を食べるようになるだろう、と何度もいったし、私以外の多くの人々もそういってきた。しかし、君はそれをきき入れようとはしなかった。

こうラーゴーを非難した役人は、ナーシクなどの聖地のバラモンに集会を開いてもらい、ラーゴーを飲酒の罪から浄めるには、どのような「浄め」の儀式を受けさせるべきかを検討してもらうことにした。それで、各地のバラモンが一緒に集会を開いて、ラーゴーをどう処置するか決定することにして、その旨の「合意書」(サンマト・パトラ)を作成した(SPD XXXXIII-159)。

このように、バラモンが飲酒、肉食をすることは「違法」(アダルマ)だったのである。ところで、この史料にあるように、当時、飲酒と肉食とは密接に関連しあった行為と考えられていたらしい。ラーゴーに対して、役人が、酒を飲んだりしていると、いまに生き物の肉を食べるようなことさえするようになると警告しているのは、飲酒は肉食につながるという考え方があったことを示している。ということは、肉食は飲酒よりもさらに重い「罪」と考えられていたということである。飲酒と肉食の密接な関連は、次の事例にも見られる。

ケード郷パールガーンウ村の村書記バーラージー・ドーンドデーウはバラモンであるが、「踊り子」(カルワンティーン)と一緒に生活し、食事を共にしていた。そのなかで、彼は「肉食」(マース・バクシャン)や「飲酒」(スラーパーン)をするようになったので、バラモンのカーストから追放された。それだけでなく、彼の親類たち(バーウーバンド)(9)もすべて、カースト仲間との共食の交際を絶たれ、カーストから追放されてしまった。それで、バーラージーに「浄め」の儀式を受けさせて、彼および彼の親類たちをカーストに復帰させることになった(SPD XXXXIII-29)。

このように、バラモン種姓に属する人々には、飲酒、肉食が禁じられていたのであるが、他の種姓(クシャトリア、ヴァイシャ、シュードラ)に属する人々については、そのような禁制はなかった。だいたい、バラモンが飲酒、肉食をすると非難されたり、カーストから追放されたということそれ自体が、バラモン以外の階層における飲酒、肉食の慣行の存在を前提としなければ考えられないことである。次の事例は、シュードラ種姓に属する人々の間では、肉食もごく普通に行なわれていたことを示している。

ナーロー・トリンバクなるバラモンは、気が狂って「シュードラの食物」(シュードラーンナ)を食べてしまった。その後、彼は正気に戻ったので、「浄め」の儀式を受けた。ところが、また狂気を発して「肉《マース》を含む」「シュードラの食物」を食べた。その後、彼は再び正気に戻り、後悔して政府に嘆願したので、聖地トリンバク(トリアンバケーシュワル、ゴーダヴァリー川源流)で、「バーラー・プラダクシナー」(聖地の回りを、一二回、回ること)という「浄め」の儀式を受けさせることになり、トリンバクに送られた(SPD XXXXIII-113)。

このように、「シュードラの食物」に肉が含まれるということは、いわば自明のことと考えられていたのである。この史料には、飲酒への言及がないのだが、バラモンにとって肉食は飲酒よりも重い罪と見なされていたことから、シュードラ種姓の人々にとっては、飲酒も別に罪ではなかったと考えてよいであろう。中世マハーラーシュトラにおいては、人口比で数パーセントだったと思われるバラモンと、不可触民および後述の「山の民」を除けば、ほとんどの人々はシュードラの種姓に属していた。不可触民や「山の民」が肉食をしていたことは確実であるから、中世マハーラーシュトラでは、バラモンを除くほとんどすべての人々が肉食(そしておそらく飲酒)の慣行をもっていたといってよいであろう。だから、飲酒、肉食をしないバラモンたちは、他の種姓の人々に優越する、清浄なる存在と見なされたのである。(10)

姦通と強姦

ナラヤンガーンウという町に、一人のバラモンの寡婦が住んでいた。バラモンの寡婦は剃髪することになっていたが、彼女はそうしていなかった。ワエシャークの月に、彼女がカーサール(真ちゅう細工師)・カーストの男と姦通(ヴャビチャール)していることが、町の徴税官にわかってしまった。

それで、カーサールの男は逮捕され、彼女は家を没収された上に、町から追放された。その後、彼女はジュンナル町へ行って住んでいたが、そこで今度は、シンピー(裁縫師)・カーストの男と関係した。役人が彼女を逮捕して、取り調べたところ、以前からそれ以外にも同様の行為をしていたことを認めた。そこで、バラモンたちが集会を開き、彼女を永久にカーストから追放することを決定した。彼女には、ムンジーの儀式(入門式＝ウパナヤナのこと。学問を始める儀式で、バラモンの子供は五、六歳で受ける)の終った二人の子供がいたが、この子供たちはバラモンのカーストにとどめることにした(SPD XXXXIII-168)。

このように、姦通、とくに他のカーストの者と通じることは重い罪であり、カーストからの追放という制裁を受けねばならなかった。しかし、この例のようにカーストから永久に追放されるということはむしろ稀で、普通は一度カーストから追放されても、後に「浄め」の儀式を受けて、カーストへ復帰することを許された。

プランダル城には、前述のように、城兵としてコーリーと呼ばれる「山の民」が多数いて、その家族は付近の村々に住んでいた。コールワリー村に住むラードゥーというコーリーの妻が同じ村のブルード(竹細工師)・カーストの男の息子と森で「バドカルマ」を行なって、一緒に逃亡してしまった。「バドカルマ」とか「バドアンマル」という言葉は、文字どおりには「間違った行為」という意味であるが、姦通あるいは強姦を意味した。そのため、プランダル城のコーリーのカースト仲間(ゴート)を集めて、ラードゥーとその家族に「浄め」の儀式を受けさせよ、という命令が政府から出された

(一七九四年。Otūrkar, no. 189)。

このように、姦通を行なうと、当人だけではなく、その家族も穢れたとして、カーストから追放されるのが原則だったのだが、普通はカースト仲間が集会を開き、「浄め」の儀式を受けさせることによって、カーストへの復帰を許された。「浄め」の儀式を行ない、カーストへの復帰を許したことを証明する証書を「ゴートパト・パトラ」と称した。ゴートパトとは、前出のゴーターイーと同じで、カースト復帰の際に行なわれる「浄め」や「カースト会食」などの一連の儀式を意味する。次に引用するのは、サースワド郡のマーリー・カーストの「カースト仲間」(ゴート)が発行した「ゴートパト・パトラ」である。

ゴートパト・パトラ。シャカ暦(ヒンドゥー暦)一六七〇年ジェーシュト月陰半月六日、日曜日(西暦一七四八年六月五日)。この日に、サースワド郡のサヤージー・マーリーに対して、マーリーのカースト仲間全員が(次の如き)ゴートパト・パトラを書いて(与える)。(以下に、プネー郡のマーリー頭四人、スパ郷のマーリー頭四人、シヴァープル郷のマーリー頭一人、および近村のマーリーたち一〇人の名前が列挙されている。これは証人である。)

ゴートパト・パトラを書いて与える理由は次のとおりである。君(サヤージーのこと)の息子がターンボーリー・カーストの女とバドアンマルを働いたために、処罰を受けるべきであったところ、女は自殺してしまった。そのため、君はカーストから追放されたので、(マラーター王国宰相の)御前に出頭して、マーリーの「カースト仲間」宛の、次のような宰相の命令書をもらって来た。

すなわち「サヤージーを(罪から)解放し、共食に適するように(パンクティパーワン)せよ」という命令書を宰相からもらって来た。また、さらに、当郡の郷主、村長たち、郷書記の手紙が、政府の命令書とともに、我々「カースト仲間」に送られて来た。それゆえ、我々当郡のすべてのマーリーが集り、君の家で、君を共食の列(パンクティ)に加え、二日間にわたって食事を共にした。そして、君を浄め、(今後も)共食の列に加えることにした。これについて妨害をするものは政府の罪人であり、「カースト仲間」への不正(を働くもの)である(Otūrkar, no. 167)。

中世マハーラーシュトラの社会には、このように男女の関係についての厳しい規範があり、男と女が一緒にいるだけでも関係を疑われることがあった。

ワンダン郷アンガープル村のピラージー・ジャーダウなる者(マラーター・カーストのものであろう)が、ある日、マンゴーの実を取るためにマンゴーの木に登っていた。その木の下には、同じ村のチャーンバール(皮革工。不可触民の一)の娘が立っていた。そこへ、別の村のマハールが通りかかったので、それに気づいたピラージーは、マンゴーの木から飛び下りて、そのマハールを追い払った。追い払われたマハールは、マンゴーの木の下にチャーンバールの娘がいるのを見て、ピラージーはチャーンバールの娘と関係していたといいふらした。その噂がサタラーの城にまできこえて来たので、取り調べが行なわれ、事実無根であることが判明した。ところが、ピラージーのカースト仲間の者たちはそれを信じず、問題をむし返して騒いだので、そのようなことをしてはいけないという命令書が政府からこの村の村長宛に発行された(一七五二―五三年。SSRPD I-396)。

このように、姦通や強姦といった行為については、さまざまな噂や憶測が流れたようで、強姦の疑いで制裁が行なわれたが、後に、それが冤罪であったことが判明した、などという事例も見られる。

一七三二年、サースワド郡の郷主ガンガージー・ジャグタープは、三人のクンビー(農民カースト)、一人のマーリー、一人のサーリー(織物工のカースト)および一人のムスリム(イスラム教徒)計六人の者たちとともに、マハールの女に対してバドアンマルを働いたとされた。そのため、シャーフー王よりプネー郡の郷主、郷書記およびすべての「地域社会の仲間」(ゴート)に対して、次のような命令が出された。すなわち、ムスリムを除く六人のヒンドゥーを、ベナーレスおよびラーメーシュワル[11]に巡礼に行かせ、帰って来たならば、サースワド郡の「地域社会の仲間」を集めて、「浄め」の儀式を行なうこと、彼らの親類(ゴートラジュ・サマンディー)についても、頭髪およびヒゲを剃り落し、三日間の断食をさせること、また、彼らと「接触」(サンサルグ)するという罪を犯したものについては、一日間断食させること(Otūrkar, no. 152)。

この「事件」は、郷主という地域社会の代表者がからんでいたせいか、きわめて大きな騒ぎになった。この「事件」によって、サースワドの町そのものが穢れたと見なされて、シルワル郡とスパ郷の郷主および郷書記に対して、サースワド町に「浄め」を行ない、町を清浄にせよという命令が政府から出された(Otūrkar, no. 155, 156)。

しかし、この「事件」は結局、でっち上げであることがわかり、制裁を受けたサースワド郡の郷主たちと共食せよ、という命令があらためて政府から出された(Otūrkar, no. 154)。

殺人

一七七三年、サースワドの町で、プラージー・ジャグタープとラーノージー・ジャグタープという二人の農民の間に争いが起った。原因はどちらかの牛が相手の畑に入りこんで、作物を荒したということで、おたがいに杖を振り回しての大喧嘩になった。その中で、プラージーの杖がラーノージーの体にあたり、ラーノージーは死んでしまった。そのため、ピラージーとその家族の者たちはカーストから追放されたが、後に、ピラージーに「浄め」の儀式を受けさせて、カーストに復帰させることになり、その旨の「安堵状」(アバヤ・パトラ)が政府からピラージーに送られてきた。同時に、サースワド郡の郷主、郷書記に対して、ピラージーを呼び、親類(バーウーバンド)や「地域社会の仲間」を召集して「浄め」の儀式を行ない、ピラージーをカーストに復帰させよ、というマラーター王国宰相ナラヤン・ラーウの命令書が出された(Otūrkar, no. 178)。

セーワガーンウの町では、マハーデーウバトという占星師の妻が、他の占星師を殺してしまったので、当人だけではなく、夫のマハーデーウバトをはじめ、親類(ダーヤード)すべてがカーストから追放された。その後、彼らをカースト追放から解除するために、まずその妻に「浄め」の儀式を受けさせることになった。彼女の罪は「バラモン殺し」(ブラフマ・ハトャー)という重い罪であるから、本来ならば、ベナーレスとラーメーシュワルに巡礼に行かねばならなかった。しかし、女性(ストリー・ジャーティ)であることを考慮して、デカンで最高の聖地である、ゴーダヴァリー川源流のトリンバク(トリアンバケーシュワル)に巡礼に行かせ、そこで「プラダクシナー」という「浄め」の儀式を受けさせることになった(SPD XXXXIII-151)。

一七五八年、プネー州のガラーデ村では、この村の「バルテー職人」である洗濯人(パリート)の妻(パルティーン)が、自分の子供を殺した廉でカーストから追放された。この洗濯人は二番目の妻を貰ったが、子供ができなかった。ところが、最初の妻には、カースト追放後に、彼との間の子供が生れた。それで、この洗濯人は、スパ郷、シルワル郡、サースワド郡の洗濯人の「カースト仲間」(ゴート)を集めて、「浄め」の儀式を行ない、最初の妻とその子供をカーストに復帰させたいので、その旨の命令書を発行してほしいと政府に願い出て、許された(Otūrkar, no. 171)。

ブターラー

中世マハーラーシュトラでは、ブート(悪霊)をとりつけて、人を病気にしたり、殺したりすることができると信じられていた。ブートを使って、「悪事」を働く者のことを、ブターラー(悪霊使い)と呼んだ。

ボーイー(駕籠かき)・カーストのモラージーなる者が、同じカーストのカーロージーなる者にブートをとりつけて殺害したという疑いがもたれた。そのため、プネー郡のボーイーの「カースト集会」が開かれ、五〇人のボーイーが集って、討議した結果、モラージーの容疑を確認した。そこで、モラージーのブートを使う能力を無くするために、彼の上の前歯二本を折り、不可触民であるチャーンバール(皮革工)の井戸から汲んだ水を飲ませた上、カーストから追放することが決定された。ところが、モラージーは「カースト集会」に対して、カーストから追放されたならば、ラーモーシー(「山の民」の一)やマーング(不可触民)の仲間に加って、攻撃すると脅した。ボーイー・カーストの者たちはそれを恐れて、政府に訴えたので、政府の方でモラージーをカーハジ城の牢に入れ、彼の上の前歯二本を折り、チャーンバールの井戸から汲んだ水を飲ませることにした(一七七五—七六年。SSRPD VIII-929)。この「事件」に関連して、カーハジ城の一七七八—七九年の記録には、モラージーの片腕を切断したという記載がある(SSRPD VIII-983)。

このように、ブートをとりつけて人を殺害したとされたものは、ブートを使う能力を失わせた上で、カーストから追放したのであるが、それはブートを使ったという罪と人を殺したという罪との二重の罪によると考えられる。次の事例は、単にブートを使ったという疑いをかけられただけでも、カースト追放という社会的制裁が課せられたことを示している。

ギルナーレ村のクンバール(陶工)の女に、ブタ―ラー(悪霊使い)の疑いが出されたため、クンバール・カースト集団は、彼女との共食を禁止して、カーストから追放した。しかし、彼女はブタ―ラーではないといって擁護する者もあらわれたので、彼女に「浄め」の儀式を受けさせて、カーストに復帰させることになった(一七六一年。ASS I-187)。

それでは、ブートを人にとりつけるというのは、一体どういうことなのであろうか。具体的な事例に即して考えてみよう。

ケーレ村のパラシュラーム・ドーンガレなる者が、政府に出頭して、次のように申し立てた。私の家にブートがとりつき、多くの人間が苦しみました。そこで、いろいろな聖地で調べてみましたところ、同じ村のバーブー・ドーンガレが私の家にブートをとりつけた、という結論になりました。そこで、村人に証人になってもらい、彼にブートを戻そうとしましたが、うまくブートを取り除くことができませんでした。

ブートがバーブーの体に戻らなかったということは、ブートをとりつけたのがバーブーではないということであるから、訴えを受けた政府の方では、郡役人に対して次のような命令を下した。村々の聖地を指定し、ブートをとりつけた者を探し出し、その者にブートを取り除かせよ。そして、今後はパラシュラームに難儀がかからないようにせよ。ブートをとりつけた犯人からは罰金を取れ。（一七七三―七四年。SSRPD VIII-925）

また、ジウリー村のバーラージー・ドーンドデーウは次のように政府に願い出た。

この二年間、私の家にブートがとりつき、いろいろな難儀が起っています。一年のうちに二度火事があり、ブートが家を焼きました。そこで、誰がブートをとりつけているのか調査し、犯人を処罰して下さい。

それで、この件につき調査し、彼の家にブートをとりつけている者が判明したら、ブートを取り除かせ、今後は彼の家に難儀をかけないようにさせよ、犯人からは罰金を取れ、という命令書が郡役人宛に出された（一七八六―八七年。SSRPD VIII-930）。

これらの事例に見られるように、中世マハーラーシュトラの人々は、家族が急に病気になったり、死んだりした時、あるいは、度々火事が起ったりした時、誰かが自分の家にブートをとりつけたので、こんな不幸や災難が起るのだと考えた。それで、一体誰がブートをとりつけたのかを調査し、「犯人」がわかったならば、その「犯人」の体にブートを「戻す」ことによって、ブートを家から取り除くことができると考えたのである。

ところで、ブートというものは、死んだ人間の霊のようなもので、何らかの理由でこの世にとどまっているものと考えられた。それを誰かが他人の体や家にとりつけると、その人や家族にいろいろな災いが起ると考えられていたのである。ただ、ブートを他人にとりつけるという能力は、誰にでもあると考えられていたのではない。そのような特殊な能力をもつと見なされたものが、ブターラーだったのである。

誰かがブートをとりつけていると考えられた時には、それが誰かということを「調査」したのであるが、具体的には一体どのようにして「調査」したのであろうか。前出の史料から、「調査」は霊験あらたかな神々の前で、神意をきくことによって行なわれたということまではわかる。それでは、どのようにして神意をきいたのであろうか。

ローヒダー谷《コール》郷テカルガーンウ村のバープージー・ドーダーなる者は、ラームジーが自分にブートをとりつけているのではないかと疑った。それで、郷主および郷書記に調査してほしいと願い出た。訴えを受けた郷主と郷書記は、霊験あらたかな神の神殿があるタービー郷の郷主、郷書記に対して、この件につき御地の神殿で神意をきいてほしいと依頼した。そこでタービー郷の「地域社会の仲間」(ゴート)が神殿の前で集会を開き、神意をきくことになった。この集会の結果を記した「集会証明書」(スタル・パトラ)は、その模様を次のようにのべている(一七二一年)。

前述(のローヒダー谷郷の郷主、郷書記の依頼)に従って、神に供物を捧げたところ、神が右側の供物を与えたのは、ラームジーがバープージーにブートをとりつけているということはけっしてない、という申し立てをした時であった。以上証明する。[12]

この「神が右側の供物を与えた」(シュリーネ・ウジュワー・プラサード・ディラー)という表現は、一見奇妙な表現であるが、史料上しばしば現れるものである。それは次のようなことを意味した。神意を問う時には、神体の左右に稲穂などの供物を結びつけ、その前で、「ラームジーはバープージーにブートをとりつけています」といったような、いろいろな申し立てをする。そして、ある申し立てをしている時に、神体の右側に結びつけた供物が落ちたならば、その申し立ては神意にかなった、正しいものであると認められた。前出の例では、「ラーマジーがバープージーにブートをとりつけたということは、けっしてありません」という申し立てをした時に、右側の供物が落ちたというわけである。それが「神が右側の供物を与えた」ということの意味であった。

このような方法で神意をきくことによって、誰がブートをとりつけているのかを「調査」し、「犯人」がわかったら、「犯人」にブートを取り除かせたのである。しかし、「犯人」とされた人間には、寝耳に水の不当ないいがかりと感じられることも多かったであろうから、「犯人」が「罪」を認めない場合もあった。前出のボーイー・カーストの騒動の場合もそうであろうし、ケーレ村のパラシュラームの場合は、神意をきいてつきとめたはずの「犯人」が、どうも本当の「犯人」ではないらしいということで、政府に再調査を願い出たのである。次の事例は、人々の間でブートをとりつけた、いやとりつけないという争いが起ったことを示している。

グナージーとチャンドジーという二人の男の間に、ダサラー祭の供物をめぐって争いが起った。グナージーが家に帰ったところ、寒け(ヒーウ)がし、頭痛がしてきた。それで、グナージーの子バーロージーが神に供物を捧げて、神意をきいたところ、チャンドジーがブートをとりつけているというご託宣が出た。そこでバーロージーはチャンドジーに対して、自分の父に神灰(アンガーラー)。神前で香木をたいて灰にし、それを身体に塗る)を与えるよう求めたが、チャンドジーは受け入れなかった。そうしているうちに、四日後にグナージーは死んでしまったので、死体をジャンニー神殿のそばに土葬した(ヒンドゥー教では、死体は火葬にするのが原則であるが、変死の場合は土葬にすることもあった)。その後、バーロージーがラーンジャイー神殿に行って、お伺いを立てたところ、チャンドジーがお前の家にブートをとりつけて、お前の家や父親や子供を攻撃したのは本当だという託宣が出た。そこで、ラーンジャイー神殿の神官(バガト。正確にはバクタ)を連れて来て、今度はローヒドマル神殿の前に多くの人々が集り、供物を捧げたところ、チャンドジーがブートをとりつけて攻撃したということは本当だという結論になった。しかし、チャンドジーはそれを認めなかったので、神官が「君もこの神の信者《バガト》なのだから、自分の手で供物を捧げて、どちらが正しいかきいてみろ」といった。そこでチャンドジーが、神に供物を捧げて、自分がブートをとりつけてバーロージーの家を破滅させたということは正しいかどうかたずねたところ、チャンドジーがブートをとりつけたのは本当だという神託が出た(MIS XVII-43)。

このように、中世マハーラーシュトラの社会では、「ブート騒動」がしばしば起ったようで、政府から郡などの役人に対して、ブターラー(悪霊使い)の調査をするようにとの命令がいっせいに出されることもあった(SSRPD II-108)。さらに、ブターラーの村と見なされて、恐れられていた村もあった(SSRPD II-320, III-408)。

前述のように、ブートをとりつけて「悪事」を働くことは犯罪であったから、「犯人」にはカースト追放という社会的制裁が加えられた。それだけではなく、「犯人」からブターラーの能力を奪い取るために、前出のように「上の前歯を二本折る」とか、片腕を切断するとか、あるいは指を切断する(SSRPD VIII-985)といったことが行なわれた。身体を損傷することによって、ブターラーの力を無くすることができると考えられていたのであろう。

牛殺し

牛はヒンドゥー教においては、もっとも聖なる動物と考えられていたから、牛《ゴー》を殺すこと《ハトャー》は重い罪であった。しかし、中世マハーラーシュトラでは、牛は搾乳、犂耕、荷役などさまざまな目的で使用され、牛の数はきわめて多かったから、時には間違って牛を殺してしまうということもあった。

カームタリー村のクンビー(農民)、ヴィトゥージー・ワーレカルは、プネーの宰相政府に、次のように願い出た。

私の家には乳のよく出る牛がおり、その牛から乳をしぼっていましたところ、牛が私に悪さをしましたので、何気なく棒でその牛を打ちました。ところが、ただそれだけのことで、その牛は死んでしまいました。そのため、私には呪いがふりかかりましたが、それを隠していると地獄(ナラク)に落ちるであろうという恐れにかられ、政府の兵士および村人たちにも告げた上で、政府に言上するためにやって来ました。でありますので、どうぞ適切な罰をお与え下さい(Otūrkar, no. 191)。

申し立てを受けた政府は、次のような命令をカームタリー村の村長宛に出した。

クンビーが事件を起したのはたしかであるが、罰金を取るには彼は貧しすぎるし、耕作用の牛などを売り払って罰金を取り立てると、彼の耕作している政府の土地が荒廃してしまうであろう。それゆえ罰金は免除するので、彼をクリシュナ河畔の聖地に送り、罪から解放した上で、村に帰って来たならば、彼の能力の範囲内でカースト共食(ジャーティ・ジェーワン)を行なわせ、カーストに復帰させせよ。(同前)

このように、中世マハーラーシュトラの人々は、牛を殺したのに、「浄め」の儀式を受けないでいると、「地獄」に落ちるのではないかという恐れを抱いていた。だから、牛殺しは重罪であったという時の、罪の観念は、今日我々が普通に考えるような罪の観念とはかなり違っていたのである。

牛殺しを犯したために、「浄め」の儀式を受けたという史料は、公刊されたものだけでもかなりの数になるので、中世マハーラーシュトラにおいて、牛殺しはけっして稀ではなかったと考えられる。

謀反

謀反を行なったり、謀反者に加担することは罪であり、そのような行為をした者は穢れたと見なされたから、「浄め」の儀式を受けねばならなかった。中世マハーラーシュトラにおいては、何らかの機に乗じて、王位(あるいは宰相位)を僭称する者がしばしば現れた。このような王位(宰相位)僭称者のことを「トータヤー」と呼んだが、「トータヤー」に加担したり、「トータヤー」と共食などの関係をとり結ぶことは謀反の罪にあたった。

サダーシーウバト・シトレーなるバラモンは、「トータヤー」の側に加わり、謀反人と共食すら行なった。そのため、彼は穢れたと見なされたのであるが、「ヴェーダ学者」(ヴァエディク)で、政治にうといためにこのような行為を行なったのであろうことが考慮されて、次のような「浄め」の儀式を受けさせることになった。

一　頭を剃ること(ムンダン)

一　「チャーンドラーヤナ」を四回行なうこと

一　「プラージャーパトャ」を三二回、一回につき、一〇〇〇回の「油の護摩」(ティル・ホーマ)として、全部で三万二〇〇〇回の「油の護摩」

この旨を書いた政府の命令書が、前出の「孔雀の村」のガネーシャ寺院の所有者であるチンチュワドのデーウ家に対して出された(SPD XXXXIII-50)。

2 穢れとものいみ

出産と死

出産や死によって生じる「穢れ」を「スタク」と呼んだ。この穢れは、当人だけでなく、その家族や親類にまで及ぶと見なされたから、これらの人々は、一定期間、「ものいみ」に服さねばならなかった。「スタク」という言葉は、この「ものいみ」をも意味した。

一七七一年、カンドーバー神の有名な聖地ジェズーリーの村書記カンドー・シャームラージュと、その親類サコー・モーレーシュワルとの間に「ものいみ」をめぐる紛争が生じた。カンドー・シャームラージュの息子、ニンバージー・カンデーラーウは次のように政府に訴えた。

昨年、私の妻が出産しましたが、サコー・モーレーシュワルはその「ものいみ」に服さず、祖先祭(シュラーッダ)の席で、バラモンたちと共食したり、神像に灌水の儀式(アビシェーク)をして、神前に供物を捧げたりしています。その上、今度は私の兄弟の妻が死去しましたが、その「ものいみ」もせず、すべての人々と「接触」(スパルシュ)し、バープージー・マハーデーウの家の祝い事の際には、贈り物(アヘール)をしています。

そこで、政府の方では、もしサコーが本当にそういうことをしているならば、彼をバラモンの共食の列(パンクティ)につけてはならない、彼の家に食事を取りに行ってもいけない、そうして社会的交際を絶った上で、サコーを政府に出頭させよ、という命令を下した。カンデーラーウやジェズーリー町の他のすべてのバラモンが集って、サコーになぜそのようなことをするのかと問い質したところ、サコーは次のように答えた。

私の父が死んだ時、カンドー・シャームラージュが「ものいみ」に服さなかったので、私も彼の家の「ものいみ」をしないのです。

この両者のいい分が並行線をたどったのであろう、バラモンたちは、結局、この件については政府の命令どおりに行動すると申し出た(一七七一年。SPD XXXXIII-11)。

翌一七七二年二月一八日付で、ジェズーリーの「すべてのバラモンたち」宛に、次のような命令が下された。

ジェズーリーおよびカレーパタール郷内諸村の村書記カンドー・シャームラージュとサコー・モーレーシュワルの両者は、ジャター(一種の同族集団)を同じくする兄弟(エクジャティー・バーウー)でありながら、サコー・モーレーシュワルおよび彼の親類や兄弟(サキャー・バーウー)は、カンドー・シャームラージュの家の「ものいみ」に服さなかった。それゆえ、サコー・モーレーシュワルとその親類、兄弟をカーストから追放するので、彼の家で食事を共にしてはならない。

(Otūrkar, no. 176)

この史料に見られるように、出産や死の「ものいみ」に服している間は、通常の社会的交際を絶たねばならなかった。例えば、祖先祭に出席して共食したり、神殿に詣でて神像に灌水したり、供物を捧げるといった行為はしてはならなかったのである。さらに、一般に、人々とのさまざまな「接触」(スパルシュ)もしてはならなかった。そして、もし、「ものいみ」に服さず、このような行為をしたならば、カーストからの追放という制裁を加えられたのである。

自殺

死の中でも、とくに服毒死といった異常な死に方をした者には、強い死の穢れがついたと考えられ、そのまま葬式を出すことはできなかった。葬式をする前に、まず死体に「浄め」の儀式を行なわなければならなかったのである。

ゴーヴィンドバトというバラモンの息子、マハーデーウが毒を飲んで死んだ(ヴィシュ・プラライ)。父親は彼の死体を火葬にしたが、「事故死」(アプガート)をしたものには、葬式をする前に「浄め」の儀式を行なわなければならないのに、それをしていなかった。それで、死体はすでに焼いてしまっていたので、草で死体のかわりの人形をつくり、それに「浄め」の儀式を行なった上で、あらためて葬式を執り行なった(Otūrkar, no. 203)。

自殺による強い穢れは、当人だけではなく、その家族の者たちにも及んだ。ラングバト・デークネというバラモンは、政府に次のように願い出た(一七六五―六六年)。

私の家の嫁タマーは、バードラパド月の月食の夜、スパルシュスナーン(日食や月食の時に行なう「浄め」の沐浴)をするために、六歳になる子供を連れて、川に行こうとしました。ところが、その時その子は病気だったので、沐浴に行かないように言ったところ、彼女は怒って、(一人で)川に行って、自殺しようとしました。その時は、そばにいた家族の女たちが止めて、家に連れて帰りました。そうして、彼女を見張っていたのですが、彼女は家族の者たちに知られないようにして、「解脱の沐浴」(モークシャ・スナーン)をしに川に行きました。それ以来、消息がわからなくなりました。今日まで、六カ月間探したのにわかりませんので、彼女は自殺したものと思われます。そこで、彼女の葬式を行ない、家で祝い事(マーンガリャ)ができるようにしたいと思いますので、お許し下さい。(SSRPD VII–592)

この願い出に対して、政府からは次のような命令書が、ラングバト宛に下された。

(君は)所定の「浄め」の儀式を受け、バラモンへの罰金(ブラフマ・ダンド)も支払ったので、清浄になった。それゆえ、政府に一〇〇ルピーの罰金(ラージュ・ダンド)を支払って、以前どおり、バラモンとして行動せよ。(同前)

この事例では、娘が行方不明になり、自殺の可能性があったため、その家族のものたちに「スタク」、すなわち「死の穢れ」がついたのではないかと疑われた。それで、「ものいみ」に服することになって、家内で結婚式などの「祝い事」(マーンガリャ)をすることができなくなっていた。六カ月後、娘は自殺したと認定されたので、正規の葬式を行なった上で、家族のものたちを「死の穢れ」から浄めるために、「浄め」の儀式が行なわれたのである。

自殺などの「変死」は、その家族のものたちに強い「死の穢れ」をもたらすと考えられたから、カースト追放という制裁が課せられることもあった。

チャンドラワド郡ピンパルガーンウ村のハーリー・ヤーダウとラームチャンドラ・ヤーダウという兄弟の家で、母親と女中(クンビーン)とが喧嘩をして、母親は井戸に身を投げて自殺してしまった。そのため、この家族の者たちはカーストから追放されたが、一年後に、後悔して「浄め」の儀式を受けたいと、ナーシクの「ヒンドゥー法官」に申し出た。それで、ナーシクで「浄め」の儀式が行なわれ、その旨を証明する「浄めの書」(シュッディ・パトラ)が発行された(一八〇六年。ASS I-203)。

改宗

他の宗教、例えばイスラム教に改宗した者は、ヒンドゥー教の立場から見れば、穢れたと見なされた。ただ、戦争などでムスリム軍の捕虜となり、連れ去られて無理やり改宗させられたような場合には、帰国後「浄め」の儀式を受ければ、たいがいはもう一度ヒンドゥー教徒にもどることができた(SSRPD I-373, VIII-1127)。しかし、そのような場合でも、ヒンドゥー教への再改宗は不適当とされた例(SPD XXXXIII-107)もあり、改宗者の身分階層やイスラム教徒であった期間の長さなどによって違いが出たのではないかと思われる。とくにバラモン種姓に属する人々については厳しかったようである。北デカンの聖地パイタンでは、この件で長い間紛争が続いたが、その経緯は次のようなものであった。

パイタンのナルハリ・ラナレーカルなるバラモンは、一七六一年のパーニーパトの戦いに参加したが、敗れてアフガン軍の捕虜になった。彼はイスラム教に改宗させられ、一〇ないし一二年間、イスラム教徒たちと生活を共にした。その後、釈放されてパイタンに帰ってきて、ヒンドゥー教に再改宗し、カーストに復帰することを願い出た。それで、パイタンのバラモンの一部が、彼に「浄め」の儀式を受けさせて、カーストに復帰させた。

ところが、それに反対するバラモンもいて、紛争が起ったので、パイタンのバラモンたちの集会が開かれ、一〇ないし一二年間もイスラム教徒と共に生活した者に、「浄め」の儀式を受けさせることは適切ではないという決定が下された。そのため、ナルハリの「浄め」を行なったバラモンたちはカーストから追放された。そのうちの多くの者は「浄め」を受けて、清浄となったが、残りの四〇―五〇人のバラモンは頑固に「浄め」を受けなかったので、カーストから追放されたままであった。ところが、彼らは、パイタンのムガル政府側の役人(パイタンなど北デカンの各地は、マラーター政府とムガル政府＝ニザーム政府との二重統治を受けることが多かった)の支持を受けて、無理やりに「清浄な」バラモンたちと共食などの社会的交際を復活させた。このことがマラーター政府に知られたので、マラーター政府から、パイタンのすべてのバラモンをカーストから追放する、彼らと共食してはならないという命令が各地のバラモン宛に出された(一七七二年。SPD XXXXIII-25)。

この騒動は、その後長く続き、パイタンのバラモンと婚姻関係をもってはならないというマラーター政府の命令を無視して、婚姻を行なったバラモンが、「浄め」を受けることを命令されたりしている(SSRPD VIII-1133)。

ナルハリなるバラモンが、戦争で捕虜になり、無理やりイスラム教に改宗させられたのにもかかわらず、ヒンドゥー教への再改宗が許されなかったのは、彼がバラモンであり、しかもイスラム教徒であった期間が一〇年以上の長期にわたったからであろう。それだけ「穢れ」が深く身についているとみなされたのである。

3 規範と制裁

前節までにのべたように、中世マハーラーシュトラの社会には、さまざまな社会規範があり、それを犯せば、カースト追放といった制裁を加えられた。これらの社会規範はいずれも、いわゆるヒンドゥー法を基礎としていた。ヒンドゥー法には、多種多様な罪(パータカ)があり、大きく「大罪」(マハー・パータカ)と「準大罪」(ウパ・パータカ)とに分けられていた。『マヌの法典』は、「大罪」を次のように規定している。

バラモンの殺害、スラー酒を飲むこと、(バラモンの金を)盗むこと、尊者《グル》の妻と姦淫すること、及びかかる(犯罪人と)交際することを大罪《マハーパータカ》といふ。(13)

その上で、右に等しい行為として、「禁ぜられ、或は食ふべからざる食物を食する」こと、「同母姉妹、(未婚の)処女、最も低き階級の婦人、友の妻、或は息子の妻との肉体的交渉」などが挙げられている。

『マヌの法典』が「準大罪」としているものの中には、次のような罪がある。

「牛を殺すこと」、「婦人、シュードラ、ヴァイシャ、或はクシャトリヤを殺害すること」、「婦女を汚すこと」、「穀物、卑金属、或は家畜を盗むこと」、「呪法、および根に(よりて呪術を)行ふこと」、「己れの妻(の収入)によりて生活すること」。(14)

『マヌの法典』によれば、右のような区分になるが、何が「大罪」にあたるかは、時代によって変ったようで、中世マハーラーシュトラで一般に「大罪」とされたのは、「バラモン殺し」と「牛殺し」であった。『マヌの法典』に比べると「牛殺し」の罪が重くなってきているといえよう。その他の、「食うべからざるものを食うこと」(アバクシャヤ・バクシャナ)、姦通などの罪はすべて「準大罪」に入れられていたと考えられる。

これらヒンドゥー法上の罪の観念は、今日我々が考えるようなものとはかなり違い、罪というものは、何よりも、それを犯した者に穢れをもたらすと考えられた。しかも、その穢れは犯罪者当人だけでなく、その家族や親類にまで及ぶとされた。ヒンドゥー法上の罪を犯した者やその家族や親類をカーストから追放したのは、このような罪の観念に関係することである。すなわち、犯罪者をカーストから追放することによって、そのカーストを穢れから守ろうとしたのである。したがって、犯罪者やその関係者を再びカーストに復帰させるにあたっては、「浄め」の儀式を受けさせねばならなかった。

「ものいみ」についても、『マヌの法典』には、きわめて煩瑣な規定があり、中には意味のよくわからないものも多い。例えば、出産や死による穢れについては、次のような規定が見られる。

死による不浄は、サピンダ親の間にては十日間、(或は)遺骨の集めらるる迄(バラモンの骨は火葬後第四日目に集められる)、(或は)三日間、或は唯一日(継続す)と規定せらる。この死亡による不浄が(すべての)サピンダ親に対して規定せらるるが如く、全く同様に、出生に於ける(不浄の規定)も亦、完全に清浄たらんと欲する人々によりて(守らるべきなり)[15]。

規定の中に見られる「サピンダ親」というのは、祖先祭(シュラーッダ)の際に供える祭菓(ピンダ)を共にする者たちということで、祖先を共通にする(あるいはそう観念される)範囲の親族をいう。『マヌの法典』では、この範囲の人々は死や出産の「ものいみ」に服さねばならないとしているのである。

中世マハーラーシュトラにおいても、この「サピンダ」の観念は存在した。しかし、「ものいみ」に服すべき親族の範囲が、この「サピンダ」の範囲であったことを示す史料は、管見のかぎり一つもない。前節で言及した史料には、「ジャターを同じくする兄弟でありながら、ものいみに服さなかった」という表現が見られる。ジャターというのは、数家族を含む、一種の同族集団であると考えられる。中世マハーラーシュトラでは、このようなジャターがいくつか集って、一つの村を建設することが多かったとされる[16]。中世マハーラーシュトラにおいて、「ものいみ」に服すべき親族の範囲は、具体的にはこのジャターだったのかも知れない。

ところで、ヒンドゥー法というものは、ある特定の国家によって制定されたというものではない。特定の国家とは関係なく、『マヌの法典』以来バラモン階層によって、連綿として継受され、発展させられて来たものである。その過程で、『ナーランダ法典』、『ヤージュニャヴァルキヤ法典』など、後に大きな影響を与えた法典も作られた。一〇世紀ぐらいからは、これらの古典的な法典の解釈書も多数著わされた。これらを総称して「ヒンドゥー法」と呼ぶのである。だから、ヒンドゥー法といっても、何か体系化された単一の法があるわけではない。インド史上に存在した、さまざまな国家は、このようにして継受され、発展させられて来たヒンドゥー法に依拠して支配を行なったのであって、国家自身が独自の体系化された法律を制定するということはなかったといってよい。その点で、ヒンドゥー法というものは、世界史的に見ても特異なものではないかと思われる。(17)

中世マハーラーシュトラには、多数のムスリム王国が存在したが、これらのムスリム政権支配下においても、ヒンドゥー教徒の社会規範はヒンドゥー法に基礎を置いていた。ムスリム諸王国との抗争をとおして成立した、マラーター王国において、ヒンドゥー法が尊重されたことはいうまでもない。

ヒンドゥー法はこのように、特定の国家権力によって制定されたのではなかったから、本来、社会に対して権力的に強制されたものではなかった。ヒンドゥー法的社会規範は、日常的には、バラモン階層の社会的権威によって支えられていたのである。ヒンドゥー法上の問題について、何か紛争が起ったりした時には、ナーシクのような権威のある聖地の「ヒンドゥー法官」(ダルマ・アディカーリー)たちに裁定が委ねられた。先にものべたように、「ヒンドゥー法官」は国家の任命する役人ではなく、その職は聖地のバラモンの家に代々世襲的に相伝されるワタンであった。

ヒンドゥー法にもとづく社会規範に違反する行為があった場合には、制裁が加えられたが、それも、第一義的には、社会自身による制裁であった。この社会的制裁が、前述のように、カーストからの追放というカースト的制裁の形を取ったのである。

このように、ヒンドゥー法的社会規範は、本来は、国家権力とは関係なく、バラモン階層の社会的権威とカースト的社会関係の強制力によって維持されてきたものであった。しかし、中世のマハーラーシュトラのように、社会の変動が大きく、したがって社会矛盾も深まってくると、このような社会そのものに内在する自律的な規範維持の機構だけでは十分ではなくなってくる。具体的にいえば、ヒンドゥー法的社会規範をめぐる諸問題についての裁定が国家にもちこまれるような事態も起ってきたのである。そのことは、前節までに言及した、さまざまな事例がよく示している。このような場合にも、中世マハーラーシュトラの諸国家が、自前の裁判機構によって、自ら裁定を下すということは稀で、一般的には、「ヒンドゥー法官」たちに裁定を委ね、その結論を国家の裁定として追認し、権力的に強制するという方法をとった。

しかし、ともかくもこのようにして、ヒンドゥー法の運用に国家が介入するようになってくると、同一の犯罪に対して、カーストからの追放、「浄め」によるそれからの解放といったカースト的な社会的制裁とならんで、入牢、罰金といった国家的処罰も課せられるようになった。その意味で、中世マハーラーシュトラの社会規範は、社会そのものの生み出す規範であると同時に、国家によって維持され、強制された規範でもあった(この点については、Ⅱ－五－2でさらに検討する)。

三　カースト制――序列と差別

1　カースト序列

ヴァルナ制とカースト制

カーストというのは、前述のように、日常的な生活の場で、職業や階層や宗派などの相違を基礎にして形成される多種多様な人間集団のことである。一つの村をとってみても、そこには多数のカーストが存在し、相互にさまざまな関係をとり結びあっていた。この多種多様なカースト集団を、一本の上下の階梯の上に序列づけたもの、それがカースト制と呼ばれる身分制度である。

それに対して、バラモン、クシャトリア、ヴァイシャ、シュードラ(そして、それらの外にある存在としてのアティ・シュードラすなわち不可触民)という身分階層区分は、ヴァルナ制と呼ばれる。ヴァルナ制は、古代のインドにおいて、バラモン階層がつくり出した社会理念であって、もともとは現実的な制度というよりは、イデオロギーとしての性格の強いものであった。しかし、後には、多種多様なカースト集団を四つ(あるいは五つ)の身分階層に大きく区分する現実的な機能を果たすようになった。その意味で、ヴァルナ制は身分制度としてのカースト制の大枠を形づくっていたということができる。

しかし、ヴァルナ制では、四つ(あるいは五つ)の身分階層のそれぞれの内部を序列づけることはできない。例えば、バラモンという身分階層の中にも、さまざまなカースト集団が存在した。マハーラーシュトラでいえば、デーシャスタ、コンカナスタ(チットパーワン)、カラーダー、サラスヴァトなどである。これらのバラモン諸カーストの間には、上下の序列関係があったが、それを規定していたのは、在地の慣習法的序列であった。それは、国家権力によって画一的に制定され、権力的に強制された序列関係ではなく、在地の社会が自ら生み出した序列性であったから、地域によって上下の序列に相違がありえた。また、経済的、政治的な変動によって、序列関係はつねに変動していった。例えば、マハーラーシュトラのバラモン諸カーストの中では、デーシャスタ・バラモンがもっとも上とされていたのであるが、一八世紀になって、コンカナスタ(チットパーワン)出身のマラーター王国宰相が実権を掌握すると、コンカナスタ・バラモンの地位が急上昇し、バラモンの中でも最高位を占めるようになった。

カースト制という身分制度は、このように、ヴァルナ制的序列と在地の慣習法的序列とを組み合わせることによって形成された身分序列だったのである。このようなものとしてのカースト制は、ある特定の国家権力によって制定され、社会に強制されたというものではない。カースト制という身分制度を支えていたのは、少くとも日常的には、ヒンドゥー法とバラモン階層の社会的権威であり、また在地の慣習法的秩序であった。

慣習法的序列

それでは、在地における諸カースト集団間の上下の序列関係は、どのようにして表示されていたのであろうか。Ⅱ－一－2でのべたように、カースト集団の結集の紐帯は婚姻と共食の関係であったから、カースト集団間の序列性も、主として、この二つにかかわって表示された。この点について、具体的な事例から見ていくことにしよう。

ヒンドゥー教のシヴァ派に、リンガーイートと呼ばれる宗派がある。デカンでは南の方、南マラーター地方からカルナータカ地方に多い。シヴァ神はリンガ(男根)で表現されることが多いが、この宗派の人々は、シヴァ神を表す小さなリンガを銀などの箱に入れて、常に首からつるしているので、リンガーイートと呼ばれるようになった。リンガーイートは一つの特異な宗派として、他のヒンドゥー教徒から明確に区別されている。だから、外側から見れば、リンガーイートは一つのカースト集団のように見えるが、その内部には多数のカースト集団があった。しかも、その多数のカースト集団の間に、上下の序列関係があったのである。

一八世紀の末、このリンガーイート宗派に属するパンチャム(ワーニー)と、ジャンガム・チャランティという二つのカースト集団の間に、婚姻と共食の関係をめぐって紛争が起った。パンチャム・カーストの側は次のように主張した。

私たちは、代々、パンチャム以外のリンガーイート宗派のカーストの家では食事をとりません。

しかし、他のリンガーイート宗派のカーストの者たちは、私たちパンチャムの家で食事をとります。それなのに、ジャンガム・チャランティの者たちが、自分たちはすべてのリンガーイートの家で食事をとるのだから、君たちもそうすべきだといって紛争をひき起しました。

それに対して、ジャンガム・チャランティの側は次のように反論した。

私たちはすべてのリンガーイートの家で食事をとりますし、すべてのリンガーイート宗派のカーストの者たちは、お互いにそれぞれ相手の家で食事をとります(それなのに、パンチャムだけが、リンガーイート宗派に属する他のカーストの者たちの家で食事をとらないのは不当です)。

このように、両者の主張が対立したので、リンガーイート宗派の諸カースト集団が一緒になって集会(パンチャーヤト)を開いて、討議した結果、次のような結論となった。

パンチャム・カーストの家では、リンガーイート宗派の他のカーストの者たちは、遠くに座って食事を受け取る。しかし、パンチャムの者たちは、リンガーイート宗派の他のカーストの家では食事を受け取らない。……パンチャムはジャンガムの女を「ソーイリー」(正妻ではない妻)として娶る。以上から、リンガーイート宗派内のそれぞれのカーストはお互いに共食関係をもたない。パンチャムはリンガーイート宗派の中で、最高のカーストであると決定された。(一七九九—一八〇〇年。SSRPD V-242)

この史料から、次のことがわかる。(1)上位カーストの男は、下位カーストの女を「ソーイリー」として娶ることができた。(2)上位カーストの者は、下位カーストの者の家では食事を受け取らないが、下位カーストの者は、上位カーストの者の家で食事を受け取ることができた。

これらの点をもう少し一般的にいえば、次のようになる。まず、(1)はヒンドゥー法にいう「アヌローマ婚」(順毛婚。アヌ=……に従って、ローマ=毛)の規定にもとづくことがらである。ヒンドゥー法では、上位ヴァルナ(種姓)の男が下位ヴァルナの女と結婚することは「アヌローマ」(順毛)として許容されたが、逆に上位ヴァルナの女が下位ヴァルナの男と結婚することは、「プラティローマ」(逆毛)として、忌避された。この考え方が、後に、多様なカースト集団間の関係に適用され、上位カーストの男は下位カーストの女を「ソーイリー」として娶ることができるが、その逆はいけないという慣行を生み出したのである。「ソーイリー」というのは、一番目の妻(正妻)ではないが、正規の結婚式を挙げて結婚した妻をいう。正妻は同じカーストの女が望ましいが、二番目以下の妻は下位カーストの女でもよいという慣行があったのであろう。

(2)の食事の関係も、ヒンドゥー法の規定に基礎を置くもので、一般に、上位カーストの者は、下位カーストの者の作った食事を取ってはならないが、下位カーストの者は、上位カーストの者が調理した食事を取ることができる、というのが原則である。

このように、婚姻と食事をめぐる在地の慣行の中に、諸カースト集団間の上下の序列関係が表示されていたのである。

カースト間の上下関係は、結婚式の行列の進み方といったことの中にも表示されていた。ヒンドゥーの結婚式の行列は華美に飾り立て、にぎやかに奏楽しながら進むのだが、問題はこの時に花婿が何に乗るかということであった。

一七七九―八〇年、カーンデーシュ地方で、この問題をめぐって紛争が起った。この地方のカーサール(真ちゅう細工師)、スタール(大工)、ローハール(鍛冶工)の各カーストの者たちが、クンバール(陶工)の結婚式の行列では、花婿は馬に乗ってはいけないことになっているのに、馬に乗っているといって騒ぎ出したのである。この紛争は政府に裁定が委ねられ、結局、クンバールの方が正しいとされた(SSRPD VIII-1123)。

このように、結婚式の行列の際に、花婿が何に乗るかということが、カースト集団間の上下の序列を表示していたのである。後に出てくるように、花婿が馬に乗るカーストは、牡牛に乗るカーストよりも上位のカーストと見なされた。

結婚式の行列をめぐっては、花婿の乗物以外にも、いろいろと煩瑣なきまりがあった。一七六七―六八年には、カラード州でカーサール・カーストの結婚式の行列をめぐって争いが発生した。カーサール・カーストの結婚式の行列では、その先頭を水(聖なる川の水であろう)の入った壺をもった者が、水を道にふりかけながら進むという慣行があった。ところが、それに対して、リンガーイート宗派のワーニー・カーストの者たちが異議をとなえはじめた。このような結婚式の行列の進み方は、クシャトリアというヴァルナ(種姓)に属するカーストだけに許された特権であるから、カーサール・カーストの者たちはしてはいけないというわけである。この紛争は地方官のところに持ちこまれたので、地方官がヒンドゥー法に従って調査したところ、カーサールは「ソーマワンシュ」(月氏族)のクシャトリアであるから、その結婚式の行列は、聖水の入った壺をもって進むことができる、という結論になった[18](SSRPD VII-762)。

これらの事例からわかるように、結婚式の行列の「作法」については、煩瑣な慣行があり、それが諸カースト間の上下の序列関係を表示していた。

以上のように、在地における諸カースト集団間の上下の序列を表示していたのは、婚姻と食事をめぐる慣行であった。それは、日常生活そのものの中で、繰り返して確認される序列であったが、在地の慣習法的な序列であるから、状況に応じてさまざまに変化した。その変動の過程で、時に紛争も生じたのである。

2　不可触民

中世的差別

カースト制という身分制度が、厳しい賤民差別を伴うものであることはよく知られている。紀元前四—三世紀のマウリヤ朝を中心とする古代インドにおいても、チャンダーラなどと呼ばれる賤民の集団がいくつかあった。しかし、古代インドにおいては、これら賤視された人々を一括して、一つのヴァルナ(種姓)のように扱うということはまだなかったと考えられる。また、古代インドにおいては、賤視された人々の比率はきわめて小さなものであったとされている。

ところが、中世マハーラーシュトラにおいては、賤視された人々は「アティ・シュードラ」(シュードラ以下の人々)として一括され、明確に一つの身分階層として位置づけられていた。しかも、その人口比もきわめて高いものになっていた。ということは、古代インドの賤民差別とは異質な、いわば中世的差別の体制がこの間に形成されたということを意味している。この中世的差別形成の画期を正確に捉えることは困難だが、さまざまな傍証文献から、一〇世紀前後の時期と考えられている。「序」でのべたように、インド社会は、全般的に、六、七世紀ごろから大きな変化を起しはじめたと考えられる。その社会変動が、本書Iでのべたような形の村社会の形成や、Ⅲでのべるような「地域社会」の成立をもたらしたのであるが、中世的差別の体制も、この全般的な社会変動の過程で形成されたと考えられる。中世マハーラーシュトラの社会で見られた賤民差別は、このようにして形成されてきた中世的差別がさらに展開したものだったのである。(19)

「接触」

「アティ・シュードラ」として一括して賤視されていた人々のことを、日本語では「不可触民」と訳するのが通例であるが、これは英語の「アンタッチャブル」の訳語である。この英語は、『ヴィシュヌ法典』などのヒンドゥー法典類に見られる「アスプリシュヤ」(触ってはならない)というサンスクリット語や、ヒンディー語などのインド諸言語における「アチュート」(触ってはならない)という言葉から来たものである。マラーティー語には、サンスクリット語起源の「アスパルシュ」(触ってはならない)という言葉はあるが、「アチュート」にあたる言葉はなかったと思われる。しかし、本書でも、日本語の定訳に従って、「不可触民」という言葉を使用する。

「不可触」という言葉が表わしているように、彼ら被差別民と「接触」(スパルシュ、スパルシャースパルシュあるいはサンサルグ)することは穢れをもたらすと考えられていた。それでは、「接触」とはどういうことなのであろうか。

アーナンドラーウ・ゴーパールという占星師(バラモン)の家に、バージーラーウ・モーレーシュワルという名のバラモンが家族ともども四カ月ほど逗留していた。ところが、バージーラーウの女中(クンビーン)がチャーンバール(皮革工カースト)の女であることが判明した。ということは、アーナンドラーウとバージーラーウおよびそれぞれの家族の者たちは、不可触民と四カ月にわたって「接触」(サンサルグ)をもっていたということであるから、穢れが身についたと見なされた。それで、次のような「浄め」の儀式を受けさせることになった。

バラモンについては、「プラージャーパトャ」を四八回

バラモンの女性については、同じく二四回

(バラモンの)子供については、同じく二四回

シュードラ身分のものについては、同じく四回

(一七九五年。SPD XXXXIII-92)

シヴァネール郷の代官(マームレーダール)、バーラージー・マハーデーウ(名前からしてバラモンである)の家に一人の「女中」(バティーク)がいた。彼女はプラブー・カーストのものであったが、「不可触民」(アントャジュ)の男と「姦通」(ヴャビチャール)をしていたことがわかった。それゆえ、この

「女中」は不可触民と同様に穢れた存在になっていたと見なされた。彼女は、この家に二年半ほど居て、家の掃除をしたり、床に牛糞を塗ったり(床を浄めるためである)、食器をみがいたり、野菜を切ったり、寝台を調えたりといった、すべての仕事をしていた。それゆえ、この家の人々は皆、彼女との「接触」(サンサルグ)によって穢れてしまったとされ、次のような「浄め」の儀式を受けることになった。

代官の母については、「プラージャーパトャ」を一三五回
代官自身については、同じく二七〇回
代官の妻については、同じく一三五回
代官の甥(一二歳)については、同じく一三五回
代官の子供については、同じく一三五回
代官の息子の嫁については、同じく二回
(ただし、「プラージャーパトャ」一回につき、現金二ルピーとして、金で納めさせ、それを各地のバラモンに施与することになった)

その他に、この家の者たちと関係のあった者も、「五牛味」[20](パンチュ・ガウヤ)を飲むなどの「浄め」の儀式を受けねばならなかった。さらに、土地や家も穢れたと見なされ、次のようにして浄めることになった。

家の敷地を掘り起し、その上を牛に歩かせることによって土地を浄めること

陶製、金属製の食器などは火に入れて浄めること
木製の床や戸は浄めることができないので、破棄すること
（一七八一―八二年。SSRPD VIII-1125）

以上の二つの事例からわかるように、不可触民との「接触」ということは、何も直接的に身体が触れるということだけではなく、同じ家で生活することによって生じる、間接的な「接触」をも含んでいたのである。このような、日常生活において近くに居たことから生じる「接触」のことを「サンサルグ」(近接)と称した。それに対して、直接的に身体が触れることは「スパルシュ」とか「スパルシャースパルシュ」と呼ばれた。次はその一例である。

プネーの南東三〇〇キロメートルほどの、ビーマ河畔に、パンダルプルという聖地がある。ここは、デカンの土着神ヴィトーバー(あるいはヴィッタル)神の聖地として名高いところで、毎年秋になると厖大な数の巡礼が集る。パンダルプルへの巡礼者たちは「ヴァールカリー」と呼ばれ、いわゆる「デカン・バクティ信仰」の中心をなしている。(21) バクティ信仰では、難解な教義を説くわけではなく、自己の信じる神に一心に帰依すればよいのであるから、バラモン階層以外の人々が聖者として尊崇されることも多かった。中には、チョーカメーラーのように、不可触民マハールの出身でありながら、聖者としてパンダルプルに祀られた人もいる。それで、パンダルプルへの巡礼には、マハールなど不可触民も多数参加していた。しかし、厖大な数の参拝者でごったがえす巡礼時に、マハールなどの不可触民がヴィトーバー神殿に近づくことは、それ以外の人々と直接的に身体が「接触」するおそれがあった。

バラモンたちは、とくにそれを恐れたから、政府に対して、マハールなどがヴィトーバー神殿に近づかないようにしてほしいと願い出た。その結果、次のような命令が出された（一七八三—八四年）。

（ヴィトーバー神の）神殿の外、北側のところにチョーカメーラーの石像があり、そこに不可触民（アティ・シュードラ）が参拝のために行く。その場所が道路の近くにあるため、道路を通行する人々が不可触民と接触（スパルシュ）することがあり、それはとくにバラモンにとっては困ることである。それゆえ、不可触民は神殿の前の石灯ろうのそば、あるいはマハール居住区《ワーダー》の中で、チョーカメーラーの参拝をせよ。不可触民は神殿の近くに行ってはならない。近づくものは処罰する。（SSRPD VIII–1129）

このように、不可触民と直接に身体が触れることは、「スパルシュ」、「スパルシャースパルシュ」といわれて、もっとも忌避すべきこととされていたのである。

不可触民との直接に身体的な「接触」は、床屋（ナーヴィー）などの場合には、とくに起るおそれがあった。

聖地ナーシクのある床屋が、ゴーダヴァリー川の畔で店を開いていた。そこに一人のブダルカル（皮袋をつくる不可触民カースト）の男がやって来て、頭を刈ってくれといった。床屋がその男のカーストをきかなかったので、男の方も自分がブダルカル・カーストの者だとはいわなかった。それで、床屋はその男の髪を刈りはじめたのだが、そこへ仲間の床屋がやって来て、君はなんでブダルカルの頭を刈っているのだ、刈ってはだめだといった。こうして、この床屋は不可触民に「接触」したとして、カースト仲間の共食の交際から締め出されてしまった。困った床屋は、自分の「罪」を認め、その「罪」から解放されるために、適切な「浄め」の儀式を受けさせてほしい、とナーシクの「ヒンドゥー法官」たちに願い出た(一七九五年。ASS I-193)。

相手が不可触民とは知らずに頭を刈るなどということは、ワタン分業体制をとる村では起りえないことであろう。しかし、多数の人々が参拝や巡礼に来るナーシクのような大きな聖地ではありうることであった。

居住地規制

不可触民以外の人々が、不可触民と「接触」する機会をなるべく少くするために、不可触民たちは居住する場所を規制されていた。中世マハーラーシュトラにおいては、不可触民の居住する場所は、一般に、「マハール・ワーダー」(マハール居住区)と呼ばれ、村の居住区(パーンダル)の外に置かれていた。

カルヤートマーワル郷カートラジ村では、村の居住区のすぐそばにマハール、マーング、チャーンバールという不可触民カーストの人々の家があったが、これを壊して、他のより遠い場所に建てかえさせることになった。そのために、以下の金額が支給された。

マハール　　二三家族で計二〇七ルピー
マーング　　二家族で計一四ルピー

チャーンバール　二家族で計三〇ルピー

その他に、建材として材木三〇〇本が政府から与えられた(一七八九―九〇年。SSRPD VIII-1142)。この村の場合には、人口の増加などのために、村の居住区を拡張する必要が起り、「マハール・ワーダー」を移したのであろう。

プネー州バーネール村では、村の囲壁の前、東側のパーラーの木のある土地に「マハール・ワーダー」がつくられていた。ここを流れる川の中で、マハールが剝いだ動物の皮を洗ったりしていた。ところが、シヴァージー王の父、シャーハジーがこの村を封土(ジャーギール)として所有することになり、その代官ダーダージー・コーンダデーウが、この川から村の居住区の中に水を引くことにした。しかし、マハールがいたのでは、この水は飲料にならないというので、「マハール・ワーダー」を壊して、村の向う側、バイラウ神の神殿の後に、新たに「マハール・ワーダー」をつくった(一六九六年。SPD XXXI-65)。

このように、不可触民カーストの人々は、村の居住区の外に、「マハール・ワーダー」と一般に呼ばれる特別な一区域をつくって住んでいたのであるが、村の方の都合によっては、その居住区を移動させられたのである。(22)

職務と得分

不可触民は、死んだ動物の死体の処理、村域の清掃などを主たる職務とし、その職務に付随して、さまざまな得分を取ることができた。中世マハーラーシュトラにはさまざまな不可触民カーストがあったが、その代表的なものは、マハール、マーング、チャーンバールであった。この三つの不可触民カーストの間には、職務と得分とにかかわる複雑な関係があり、時にはそれをめぐって相互の間に紛争も起った。また、不可触民として一括される諸カースト集団の間にも、上下の序列関係があり、前述のような結婚式の行列の「作法」などによって表示されていた。

一七七六年、パールネール郡では、マハールと農民およびマーングとの間に紛争が起り、マハールの側は政府に、次のように申し立てた。

一　村の中で牡牛や有蹄動物(ドーレー)が死んだ時には、荷役用の牛以外は、その皮を私たちマハールが取ることになっているのに、その件について農民(クンビー)が紛議を起しています。

一　ダサラー祭の時、マーングは村の家々から托鉢して(食物を)もらい、(神殿に捧げられた)「五種類の供物」(パンチュ・ナエヴェドャ)と五パエサー(小額の賽銭)は、私たちマハールがもらうことになっているのに、この件についてマーングが紛議を起しています。

一　ポーラー祭の牛に捧げる供物は、私たちマハールが取ることになっているのに、マーングは自分たちが取るといっています。

一　マーングの家で牛などが死んだ時にも、それはマハールが取ることになっており、マーングはそれを妨害してはならないことになっています。

一　ダサラー祭の「鎮め」(シャーンティ、一一六—一一九ページ参照)の儀式の際、牡水牛に村の境界を回らせ、その水牛の前を砂糖菓子（ペダー）の壺をもって歩きますが、その水牛と菓子壺はマハールのものなのに、マーングが菓子を半分要求しています。しかし、マーングはそれを要求すべきではありません。

一　コレラ神（ジャリーマリー）の前に捧げられた供物はマハールが取ることになっているのに、マーングが紛議を起し、自分たちが取るといっています。

一　私たちマハールの結婚式の時には、花婿は馬に乗って行列をつくって行きますが、マーングの場合には牡牛に乗ることになっています。ところが、マーングは花婿を馬に乗せていますので、そうさせず、牡牛に乗るようにさせて下さい。

以上のようなマハールの申し立てを受けて、政府の側で調査した結果、マハールの申し立てどおりの慣行であることがわかった。それで、この慣行どおりに行動し、紛議を起すな、という政府の命令書が、パールネール郡他五郡二郷の地方役人、郷主、郷書記、村長、マーングなどに宛てて出された(SSRPD VI-816. なお、深沢宏『インド社会経済史研究』三二七ページに、この史料の簡単な紹介がある)。

前述のように、不可触民は死んだ牛などの処理をするのが職務であったが、それに付随する権利として、剝いだ皮を取ることができた。前出の史料には言及されていないが、肉その他もすべて不可触民の得分であったことは、Ⅱ－一－4で出てきた「マハール頭」の得分に、「牛などの血管とヒヅメ」という一項があることからも確実である。この処理した死牛などの皮に対する権利をめぐって、マハールと農民およびマーングとの間に紛争が起ったことを、前出の史料の一番目と四番目の条項は示している。

I－三－2でのべたように、ダサラー祭、ポーラー祭などの時には、水牛や山羊を犠牲に捧げて、地母神を拝礼することが広く行なわれていた。とくに、ダサラー祭の際には、地母神の怒りをしずめる「鎮め」(シャーンティ)の儀式が必ず行なわれた。また、コレラなどの悪疫が流行しはじめた時にも、コレラの地母神(ジャリーマリー)に犠牲獣を捧げて、その怒りを鎮めた。これらの儀式においては、前述のように、不可触民が主役を勤めたから、これらの儀式の際の犠牲獣、供物、賽銭などを取るのは、不可触民の権利であった。この権利をめぐって、マハールとマーングあるいはチャーンバールとの間に紛争が起ったことを、前出の史料の二番目、三番目、六番目の条項が示している。

同じような性格の紛争は、以下のように、他の場所でもしばしば起った。ダサラー祭の時の犠牲の牡水牛にかんする権利について、カレーパタール郷ガラーデ村のマハールの頭は、政府に対して、次のように申し立てた(一八一〇年)。

以前から、(「鎮め」の儀式で)村の境界を牡水牛に回らせる時、砂糖菓子(ペダー)の入った壺は私たちマハールが持って歩きました。そして、私たちがその牡水牛をムラーナー(イスラムの教師)の家のそばで殺し、太鼓に使うためにその皮を剝ぎ、マーングがその皮を太鼓に張ることになっていました。マーングの家で牛などが死んだ時には、私たちマハールがそれを取ることになっていました。ところが、マーングが自分たちで、それを取るといいだしました。(Otūrkar, no. 77)

同じくカレーパタール郷パールガーンウ村では、ホーリー祭の「五種類の供物」(パンチュ・ナエヴェドャ)をめぐって、マハールとチャーンバールの間で紛争が起った。この件について、村長カドトージーは次のように証言した(一七七八―七九年)。

(ホーリー祭の「五種類の供物」は)私の祖父の代以来、チャーンバールに与えてきました。ところが、私の父の代にマハールがその件について紛争を起しました。しかし、その後も、マハールには与えず、チャーンバールに与えてきました。(Otūrkar, no. 70)

このように、祭りとくに地母神にかかわる祭りの際の犠牲獣や供物などをめぐっては、不可触民の諸カーストの間に、しばしば紛争が発生したのである。

不可触民間の序列

これらの不可触民カーストの間にも、前述のように上下の序列関係があった。前出のパールネール郡のマハールたちの申し立てでは、マハールの結婚式の行列では、花婿は馬に乗り、マーングの場合には牡牛に乗るのがきまりだと主張されている。これは、マハールが、マーングよりも上位のカーストだと主張したことを意味している。このマハールの主張は政府によっても承認された。

不可触民諸カースト間の序列関係は、その他にも、一見きわめてささいで、煩瑣な形を取って表示されていた。プネー州とジュンナル州では、チャーンバールとブルード(竹細工師)との間に紛争が起った。チャーンバールはブルード・カーストのものたちのために、「パーイポーシュ」(革製のはき物)

を作ってやるかどうか、ということが原因であった。結局、チャーンバールはブルードのためには、今までも「パーイポーシュ」を作ってやらなかったし、今後も作ってやらなくてよいということになった(一七三五年。SPD XXII-306)。このことは、同じ不可触民階層に属しながら、チャーンバールはブルードよりも上位のカーストであるということを示している。

このように、さまざまな形をとって、個別的に表示される序列関係が一つの連鎖となって、不可触民階層に属する諸カーストを一本の上下の階梯に位置づけていたのである。

3　「山の民」

中世マハーラーシュトラにおいて、不可触民とされた人々は、「接触」してはならない穢れた存在として、さまざまな差別を受けていた。しかし、彼らをただ差別されるだけの哀れな存在のように考えたならば、それは少くともきわめて一面的な理解だといわねばならない。I-四でのべた「地母神の世界」における、不可触民たちの他に優越した精神的位置を考えただけでも、それは明らかであろう。要するに、不可触民という存在は両義的な存在だったのであり、絶対的にただ差別されるだけの存在ではなかったのである。(23)

その上、中世マハーラーシュトラにおける、いわゆる不可触民とくにマハールやマーングは、一般に不可触民という言葉から想起されるのとはおよそ異質な存在様式をももっていた。彼らは、一面では、剽悍な「山の民」であり、それゆえに勇猛果敢な兵士でもあったのである。マラーター王国の建設者シヴァージーは、とくにその王国建設の初期には、マハールなど「山の民」の軍事力に大きく依存していた。

城番役ワタン

デカンの山々には、数多くの山城(ガド)が築かれていた。これらの山城には、「サル・ナーイク」と呼ばれる「城番役頭」と、何人かの「ナーイク」(城番役)がいて、それぞれ何十人かの手兵を率いて、城を守っていた。城番役頭や城番役の職はワタンであったから、ある山城の城番役頭や城番役の職には、そのワタンをもつ家系のものが、代々世襲的に就いた。このことはかなり奇異に感じられることである。城というものは、中世国家の権力装置の要をなすものである。その城の番役が、時々の国家権力によって任命されるのではなく、ある特定の家系に代々世襲されていくということは、普通には考えにくいことであろう。中世マハーラーシュトラ社会の骨格をなすワタンの原理は、山城という権力装置の中にまで浸透していたのである。

これらの山城が点在するガートの山地には、コーリー、ラーモーシーなどと呼ばれる「山の民」がたくさん住んでいた。[24] 一般に不可触民とされるマハールやマーングなども、その多くは彼らと同じような「山の民」であった。ガートの山城の城番役(ナーイク)のワタンをもっていたものの多くは、実は、これらの「山の民」だったのである。

プランダル城はプネーから二〇キロメートルほど南にあり、交通の要衝を扼する重要な山城であった。このプランダル城の城番役もマハールやコーリーであった。一七世紀末、プランダル城の城番役頭はガネーシュ・ニルカンタラーウというバラモンだったが、彼と城番役のコーリーやマハールたちとの間に争いが起った。これにかんして、ニルカンタラーウは政府に次のように訴えた。

ビーダル王朝の時代(一五世紀末)、この地方は支配が行きとどかなかったので、プランダルに城を築くことになった。それで、この地方の郷書記の一人が派遣されて、城を築き、この城の城番役頭(サル・ナーイク)のワタンを授与された。彼を助けるために手兵六〇人を率いる城番役(ナーイク)が一人派遣され、それとは別に、それぞれ一五人ずつの手兵を従えたコーリーの二人の城番役が置かれた。ところが、このコーリーの二人の城番役の家系は絶えてしまい、ジャーダウラーウなるものが城番役のワタンを与えられた。その後、ビーダル王朝が倒れ、この地方はニザーム・シャーヒー王国が支配するようになった。ところが、それと対立するアーディル・シャーヒー王国の軍隊がプランダル城を包囲し、この機会をとらえて、コーリーたちがこの地方を荒しはじめた。それで、私(ガネーシュ・ニルカンタラーウ)の祖父マハーダジー・ニルカンタラーウがコーリーたちを呼び、城番役(ナーイク)に任命して、城番役職ワタンを授与するという証書(カウル)を与えた。同時に、この地方ではマハールの勇名《アスカラー》がとどろいていたので、二人のマハールにも城番役のワタンを授与し、四〇人の兵をつけた。私の祖父が死んだ後、その四人の息子たちが争いを起したので、力が弱まり、プランダル城はシヴァージー王に占領された。その後、この城の城番役頭のワタンは私が受けついだが、コーリーとマハールの力が強力になって、私との間にいろいろな紛争を起している。だから、政府の方で何とか調停してほしい、というわけである(SCS I-92)。

プランダル城は、一六八九年、シヴァージーの息子で第二代王サンバージーがムガル軍に捕えられ、惨殺された後、ムガル支配下に入った。しかし、サンバージーの異母弟ラージャラームの下に結集し、反撃に出たマラーター軍はプランダル城の奪回をはかった。その時、ローヒダー谷郡《コール》ボール郷の郷主、サルジャーラーウ・ジェデーは、コーリーやラーモーシーがプランダル城を奪回したいといっているると、ラージャラーム王に取りついだ。ラージャラーム王は、それに応えて、コーリーやラーモーシーにプランダル城を奪取させよ、成功したならば報賞を与えるという保証書(アバヤ・パトラ)を発行した(MIS XV-352)。

一七四七年、後のマラーター王国宰相マーダウラーウが生れた時には、プランダル城のコーリー、ラーモーシー、マハールなどに対して、一〇チャーワル(約三〇〇町歩)の土地が、免税地として賜与された(SPD XXXXI-182)。

このように、プランダル城の城番役(ナーイク)のワタンは、コーリーやマハールのものであり、その下に多数のコーリー、マハール、ラーモーシーなど「山の民」が兵として、城の守備にあたっていたのである。

ローヒダー城の城番役もマハールであった。一七四六年、このローヒダー城の城番役職ワタン(ナーイキー・ワタン)をめぐって紛争が起り、その一方の当事者カンドナーク・マハールは、政府に次のように申し立てた。

> アーディル・シャーヒーおよびニザーム・シャーヒー王朝の時代に、ローヒダー城の城番役(ナーイク)の職を、私の父の叔父カールナーク・マハールともう一人のマハールがしていました。この二人が死んだ後、私の父ラームナーク・マハールが(マラーター王国の首城である)ラーイガド城に行き、シヴァージー王に謁見して、ローヒダー城の城番役ワタンの証明書をもらい、ローヒダー城に帰って、城番役の職をはじめました。父の死後、私がカランジャ村の(バルテー職人としての)マハール職ワタン(マハールキー・ワタン)とローヒダー城の城番役のワタンを受け継ぎましたが、まだ結婚していなかったので、ウトローリー郷ワーディー村のボージュナークの娘を娶りました。すると、ボージュナークは、二つの職(ワタン)を同時にするのは難しいから、(カランジャ村の)マハール職ワタンは自分に任せ、城番役だけをしたらどうかといいはじめました。それで、その件をめぐって、ボージュナークと私の間に紛争が起りました(SCS III-609)。

これらの事例からわかるように、ガートの山々に点在する山城を守っていたのは、コーリー、マハール、ラーモーシーなどの「山の民」だったのである。

「山の民」と村

彼ら「山の民」は、しかし、中世マハーラーシュトラにおいては、平地の定住農耕村落と無関係に、ガートの山の中で彼ら独自の生活を続けていたのではなかった。例えば、コーリーの一部は、村落に吸収されて水運びなどを職務とする「ワタン持ち《ダール》」になっていた。カレーパタール郷ビワリー村のように、コーリーが「一二種類のバルテー職人」の中に含まれる村落もあった(Otūrkar, no. 139)。また、ラーモーシーの一部は、村や町の番人になっていた。例えば、スペー町では、強盗が横行したので、ラーモーシーの番人頭の下に、三人のラーモーシーが番人として配置された(一七七三—七四年。SSRPD VIII-954)。カレーパタール郷ガラーデ村には、五人の「ワタン持ちラーモーシー」がいて、村の番にあたっていた(Otūrkar, no. 78)。サタラーの町には、ラーモーシーとマーングの番人、計三三人がいたが、それに必要な経費は、町に居住する主だった商人などから徴収された(SSRPD VIII-958)。

このように、コーリーやラーモーシーなどの「山の民」は、定住農耕社会の外側と内側とにまたがって存在していたのであり、いわばその中間にいたのが山城の兵たちだったのである。

他方、一般には不可触民と見なされるマハールやマーングなども、そのすべてが不可触民として村落に吸収されてしまっていたわけではけっしてない。中世マハーラーシュトラにおいては、彼らの多くは、依然として「山の民」だったのである。プランダル城やローヒダー城の城番役(ナーイク)や城兵の多くがマハールだったことは、そのことをよく示している。マハールやマーングなど、一般に不可触民といわれる人々も、定住農耕社会の外側と内側とをまたにかける存在だったのである。

中世マハーラーシュトラでは、主要な町々には、「駐兵所」(ターネ、ターナー)があり、そこには番役(ナーイク)が置かれていた。この「駐兵所」の番役の職もワタンで、その多くはマハールがもっていた。パイタン町の駐兵所の番役ワタン(ナーイキー・ワタン)をもっていたマハールは、それに付随して、次のような得分を取る権利をもっていた(MIS XX-174. この文書はきわめて詳細なものであるェールであろう)。

が、中には意味のよくわからない条項も多い。なお、得分で単位が明記されていないものは、多分シ

一　ナス、荷車一台につき、町番人(ヴェースカル)に一〇、マハールに一五、計二五
一　サトウキビ、荷車一台につき、町番人に一〇、マハールに一五
一　花その他、荷車一台につき、(マハールに)五
一　バナナ、牛一頭の荷につき、(マハールに)七
一　コーシュティー(織工)の織機一台につき、五ルカーと布一枚、町番人とマハールで分配すること
一　油屋(テーリー)の搾油機一台につき、(マハールに)二分の一
一　チャーンバール(皮革工)は、(マハールに)一年に靴二足を与えること
一　ダンガル(毛布織工)はダサラー祭に(犠牲にする)山羊一頭、ディワーリー祭に山羊二頭を(マハールに)与えること
一　ダンガルは織機一台につき、毛布一枚を(マハールに)与えること

以上のように、中世マハーラーシュトラにおけるマハールは、「山の民」、城番役あるいは城兵、駐兵所の番役あるいは兵士、村々の「ワタン持ちマハール」といった、さまざまな存在様式をもっていた。だから、彼らを不可触民と呼ぶことは、少くともきわめて一面的ないい方なのである。しかも、このようなさまざまな存在様式をもつマハールたちは、まだ相互に強いつながりを保っていて、事が

あれば結集して、一体となって行動した。次の事例はそれをよく示している。

一七世紀後半、ムガル皇帝アウラングゼーブは、デカン全域を征服するために、本営をアウランガーバードに置いて、北デカン一帯に支配を及ぼしていた。その時代に、占星師(ジョーシー、バラモン)はマハールの結婚式の司祭をすべきかどうかという問題をめぐって、ジュンナル州の占星師とマハールたちとの間に争いが発生した。そのため、「城に勤仕するマハールや州内(の村々)のマハール、二〇〇〇ないし四〇〇〇人」が集合して、アウラングゼーブ帝の下に押しかけ、占星師にマハールの結婚式の司祭をさせるよう求めた(SSRPD VIII-1132)。

中世マハーラーシュトラには、このマハールやコーリー、ラーモーシーなどのように、定住農耕社会の外側と内側をまたにかけて生活する人々がたくさんいた。彼らは、ワタン分業体制やカースト制によって、きっちりと枠づけられた村や「地域社会」のいわば間隙を往来して、より広い世界を生きていたのである。(25)

四　カーストの流動性

1　分離と融合

カーストという集団は、現実の生活の中で、職業や階層や宗派の相違などをもとにして形成される集団であったから、経済的、政治的、文化的な変動によっては分離したり、再融合したりする流動性をもっていた。カーストというと、何か「化石」のように固定的なものという印象が強いが、けっしてそんなものではなかった。

分業の発展

職業の違いにもとづいて結集しているカーストの場合には、分業のより一層の発展によって、今まで同一の職業であったものが二つあるいは三つの職業に分れるといったことがあれば、カースト集団そのものも分裂して、新しいカーストが形成されることになった。例えば、今までもよく出て来たマーリーというカーストは、クンビー(農民)・カーストからそのようにして分れてできたカーストと考えられる。マーリーというカースト名は、菜園地を意味する「マラー」という言葉から派生したもので、菜園地で野菜、タバコ、サトウキビ、キンマ、花などの商品作物を栽培することを専業とするよ

うになった一部のクンビーが、分離してマーリーと呼ばれる新しいカーストを形成したと考えられる。(26)

このような、分業の発達によるカーストの分裂、新しいカーストの形成のきわめて興味深い例は、深沢宏氏が紹介したシンピー・カーストの事例である。このシンピー(裁縫師)のカーストからは、染色を業とするランガーリー(ラング=色)というカーストが分離し、ランガーリー・カーストからはさらに、藍染を専業とするニラーリー(ニール=藍)という新しいカーストが生れた。このシンピー・カーストの分裂は、一七世紀から一八世紀にかけての時期に起った。一七二八年、マラーター王国のシャーフー王は、このシンピー・カーストにかんして、プネー、サースワド、スペー、ワーイ、シルワルなど一三の郡、郷の郷主および郷書記に対して、次のような命令を下した。

シンピーたちとランガーリーたちとに関する調停《インサーフ》を行なわなければならない。そのために、彼らの家で結婚《ラグナ》、再婚《ムフールト》、祝い事(カールヤ・プラヨージャン)を行なうことを禁止した。祝い事をさせてはならない。(SSRPD I-375. 深沢宏『インド社会経済史研究』一六〇ページを参照)

この史料は、一八世紀前半の時期までには、シンピー・カーストからランガーリーという新しいカーストが分離しはじめていたが、まだ両者の間に婚姻や共食(「祝い事」=カールヤ・プラヨージャンには、共食はつきものである)の関係が続いていたことを示している。このシャーフー王の調停に関連して、それから約五〇年後の一七八三年、マラーター王国宰相は「サースワド郷のすべてのシンピー」に宛てて、次のような命令を下した。

シンピーとランガーリーとニラーリーの間に、カーストにかんする争いが以前に生じた時、故シャーフー王が調停を行ない、「ナームデーウ宗派のシンピーは、裁縫《シウネン》その他の仕事《ウディーム》をすべきである。シンピーでありながら、染色の仕事《ランガーリーパン》をしている者は(カーストを)別にせよ。(シンピーとランガーリーは)ニラーリーと共食などの関係をもってはならない」との勅命を下した。それにもかかわらず、シンピーとランガーリーとニラーリーが一緒になって、お互いに婚姻(ソーイリーク)を行なっているということが政府に知れた。それで、この点について調査をしなければならなくなったので、君たちがどのように行動しているのか、詳しく書いて送れ。(Otūrkar, no. 137. 深沢前掲書、一六一ページを参照。なお、かなり重要な点で改訳した)

この史料から、約五〇年前のシンピーとランガーリーとの間の「カーストにかんする争い」が、職業上のいわば「専業権」をめぐるものであったことがわかる。「争い」は多分次のようなものだったのであろう。もともと、シンピーというカーストは、裁縫だけではなく、染色をも業としていた。ところが、シンピーの中の一部の者たちが、裁縫の仕事をやめて、専ら染色を業とするようになっていった。彼らは、染色を自分たちの専業とすることを主張して、他のシンピーが染色業を行なわないように要求しはじめた。それで争いになったというわけである。しかし、この両グループは、もともとは同じカーストに属していたのであるから、旧来の婚姻、共食の関係はそのまま続いていた。それで、「争い」の調停にあたったシャーフー王は、両グループを別々のカーストに分離する事態を予想して、裁定を下すまで、両グループの間の婚姻や共食の関係を禁止したのである。シャーフー王の裁定は、予想どおり、両者を別々のカーストとし、それゆえに両者の間の婚姻、共食を禁ずるというものであった。

ニラーリーというカーストについては、前出のシャーフー王の命令書には言及されていない。しかし、宰相の命令書によれば、シャーフー王はシンピー、ランガーリーとニラーリーとの共食の関係を禁止したとされている。宰相の命令書によっても、これらの三者の間の「争い」の原因ははっきりしないが、これもやはり、ランガーリー・カーストの中の一部の者たちが、藍染業の専業権を主張したことから生じた「争い」だったと考えられる。(27)

このように、分業の発展によって、新しいカーストが形成されるということは、いろいろなカーストにおいて起りうることだったのである。

新宗派の成立

ヒンドゥー教には、さまざまな新しい宗派が生れたが、新しい宗派に帰依した人々は別のカーストを形成することが多かった。Ⅱ－三－1で見たリンガーイート宗派の場合には、他のヒンドゥー教徒からはリンガーイートという一つのカーストのように見なされながら、その内部には、もとの出身カーストの相違がそのまま残り、さまざまなカースト集団が存在した。前出のシンピー・カースト紛争にかんするシャーフー王の裁定には、「ナームデーウ派のシンピー」(ナームデーウ・シンピー)という言葉が出てくる。ナームデーウは一四－一五世紀の、シンピー・カースト出身の聖者で、ナームデーウの教えに従うものは「ナームデーウ派」と呼ばれた。「ナームデーウ派のシンピー」という表現は、シンピーの中にナームデーウの教えに帰依するものが多かったことを示しているが、彼らがそれ以外のシンピーとは別のカーストを形成したのかどうかよくわからない。(28)

中世マハーラーシュトラにおけるヒンドゥーの新しい宗派の中で、もっとも「異端」的で、それゆえに激しい弾圧を受けたのは、一三世紀半ばに成立したマーンバーウ派と呼ばれる宗派であった。一七八二―八三年、聖地パイタンのバラモンたちは、マーンバーウ派を激しく非難する、次のような申し立て書を政府に提出した。

当郡内の至るところで、マーンバーウ派の者たちが、あるまじき行ないをしています。無知な人々を自らの宗派に引きこみ、男も女も髪を剃り落し、信者の家の以前からの家族神をとりこわして、カワラケを崇んでいます。そして、諸所にあった古くからのシヴァ寺院をこわし、神像を切り取って、道に放り出しています。それでパイタンでは争いが起りましたが、マーンバーウ派の者たちは、「我々（の教義）はヒンドゥー六派哲学の中に属しており、ニヤーヤシャーストラが自分たちの学問である」などと節度のないことを主張しました。そこで、この地のバラモンやヒンドゥー法官（アディカーリー）や郷主などが集会を開き、検討した結果、次のような決定が下されました。すなわち「マーンバーウ派はきわめて罪深い存在であり、すべてのダルマから追放されたものであり、ヒンドゥー六派哲学に属さない。（中略）マーンバーウ派の教えは、どんな低いカーストの間でも受け入れてはならない。マーンバーウ派に加っているものについては、政府への罰金と（所属する）カーストへの罰金を支払ったうえで、適切な浄めの儀式を受けないかぎり、バラモンはその家に行ってはならない」。それで、マーンバーウ派の者たちは敗北を認める書類を提出し、「我々の教義を人に教えることはせず、我々(の教義)はヒンドゥー六派哲学の中には属さないことを認める。我々は自分たちだけでいる」と約束しました。ところが、その後、マーンバーウ派の者たちはアウランガーバードに行って、再び紛争を起しました。それで、私たちは、この件についてのカルヴィール聖地(コルハープル)のシャンカラーチャールヤ[29]や他の聖地のバラモンたちの見解を書いた書類をもってきましたので、それをご覧になったうえで、マーンバーウ派の者たちに命令を下して下さい。

このような申し立てを受けた政府は、パイタンのバラモンたちの決定を追認し、マーンバーウ派は「四つのヴァルナから、さらに低いカーストに至るまで、どのカーストにも属さない。ヒンドゥー六派哲学の中にも入らない。(中略)その教えを受け入れるものはカーストから追放し、そのような者の家にバラモンが結婚式、再婚式などの儀式のために行くならば、そのバラモンはカーストから追放する」という決定を下した。

この決定にもとづき、政府は諸郡のマーンバーウ派に対して、次のような命令を下した。

今後は、四つのヴァルナから、さらに低いカーストに至るまで、誰に対しても、マーンバーウ派の教義を教えたならば、罰を加える。(SSRPD VIII-1128)

このように、マーンバーウ派の教義に従うものは、その所属するカーストから追放されたので、彼らはもとのカーストから分離して、結局はマーンバーウと呼ばれる一つのカーストを形成することになった。マーンバーウの場合には、リンガーイートと異なり、その内部に出身カーストの相違にもとづくカースト的な区別はなかったようである。

階層分解

マハーラーシュトラの農民は、前述のように、クンビーという一つのカーストであったが、このクンビー・カーストは一三―一四世紀ごろまでには、階層分解を起し、その上層部はマラーターという別のカーストを形成したと考えられる。マラーター・カーストには、ブラフマ・ワンシュ（ブラフマ神を先祖とする家系）、シェーシャ・ワンシュ（伝説上の大蛇を先祖とする家系）、ソーマ・ワンシュ（月を先祖とする家系）、スールヤ・ワンシュ（太陽を先祖とする家系）の四つの家系があり、それぞれ二四家族、したがって全部で九六家族あるとされている。このマラーター九六家族という考え方は、クシャトリア種姓の起源にかんする神話から取ったもので、クンビー母集団から上昇、分離した上層部が自らをクシャトリア種姓に属すると主張しはじめたことを示している。(30)

このように、クンビー・カーストの階層分解からマラーターという新しいカーストが形成されたと考えられるのであるが、そのマラーター・カーストそのものの内部で、さらに階層分解が進み、上昇した家族が、マラーター・カースト内部の副集団（サブ・カースト）を形成するということも起った。マラーター王家のボーンスレー家は、もともとは、北デカンのある村の村長だったと考えられ、マラーターとしてけっして格の高い家ではなかった。シヴァージーの祖父マーロージーは、ヤーダヴァ朝

(一二―一四世紀)の王家の系譜を引く名家、ジャーダウ(ヤーダウ)家に仕えていた。彼はその息子シャーハジーの嫁に、ジャーダウ家の娘を貰い、その社会的地位を上昇させた。この間に生れたのがシヴァージーである。シヴァージー自身は、はじめファルタン郡の郷主で、有名なマラーター武将であったニンバールカル家の娘を妻に迎えて、長子サンバージーを得た。その後、シヴァージーは、コンカン地方のマラーターの名家シルケー家の娘ソーイラー・バーイーと結婚して、その間に次子ラージャラームが生れた。こうして、ボーンスレー家はしだいにマラーター・カースト内の地位を上昇させていった。一八世紀になると、このマラーター王家としてのボーンスレー家を中心として、モーヒテー家、マハーディク家、シルケー家、グージャル家の計五家族が内婚集団を形成し、他のマラーターの家族とは婚姻関係を結ばなくなっていった。

こうして、マラーター・カーストの上層部に、一つの副集団(サブ・カースト)が形成されたのである。しかし、一九世紀、イギリス支配下にマラーターの政治的、社会的地位が低下してくると、この副集団の結束は弱まり、他のマラーターの家族と婚姻関係を結ぶ者もでてきた。最後のマラーター王(正確には、サタラーのマラーター藩王国の王)プラタープシンは、それに危機感を抱き、一八二三年、これら五家族の主だった人々三二人を集めて、今後、他のマラーターの家族とは婚姻関係をとり結ばないという誓約を立てさせた。その内容は次のようなものである。

一　シャカ暦一七四五年チャエトラ余り月《アディク》(余り月とはうるう月のこと)陰半月一日(西暦では一八二三年)までに、カースト(ドゥニャーティ)の規定に違反して婚姻関係を結んだ者は、(カースト共食の）列に座らせない、その外に座らせること。

一　シャカ暦一七四五年チャエトラ余り月陰半月二日以降、カーストの規定に違反して婚姻関係を結ぶ者は、（カースト）共食から排除して、カーストから排除する。それらの者と共食する者とは、共食関係をもってはならず、食事を供してもならない。

一　今後、婚姻関係を結ぶ時には、十分調査してから行なうこと。不注意に婚姻を行ない、知らなかったというものは、カーストから排除し、（カースト）共食から排除する。

一　アーナンドラーウ・シルケーは、皆の前で次のように請願した。「私の父は私の結婚をカーストの内で行なうべきであったのに、そうせず、ニンバールカル家としました。それゆえ、カーストの人々は私を婚姻関係などから排除しました。私の（ニンバールカル家出身の）妻には一人の娘が生れましたが、私は彼女をバグワントラーウ・グージャルの息子に嫁がせました。……それゆえ、私たちを浄めて、婚姻関係を結ばせ、以前どおりに行動させて下さい」。……そこで考慮したところ、彼の娘の結婚については、どこからも紛議が生じていないことに留意して、彼に浄めの儀式を受けさせて、浄めた。彼は以前どおり、慣行に従って行動せよ。彼の娘がグージャル家に嫁いでいるが、彼女とは同じ皿《タート》から食事を取ってはならない。

（ASS III-111）

このように、この五家族は、自分たちを一つの別個のカースト（ドゥニャーティ、マラーティー語ではジャーティをこう表記することもある）と見なし、他のマラーター・カーストのものとは、婚姻、共食の関係をもたないようにしたのである。[31] この副集団から、ジャーダウ家やニンバールカル家が排除されていたことは、マラーター諸家族の家格が一八世紀に大きく変動したことを示している。

カーストという集団は、これらの事例が示しているように、政治的、経済的、文化的な状況の変化に応じて、さまざまに変動する流動的なものだったのである。

2 「サンスクリタイゼーション」

カーストという集団が流動的なものであったのと同様に、カースト間の序列も「化石」のように固定化したものではなく、政治的、経済的などの条件の変化に応じて変動するものであった。政治的、経済的な地位を上昇させて来たカーストは、自己のカースト序列上の位置をも、それにみあうように上昇させようとした。その時、多くのカーストは、最高のヴァルナであるバラモンの慣行を取り入れることによって、自己の社会的地位の上昇をはかった。このような動きのことを一般に「サンスクリタイゼーション」(サンスクリット化)と呼んでいる。[32] この「サンスクリタイゼーション」の動きは、カースト制そのものを打破する可能性はもたないのであるが、カースト制下における社会変動の特徴的なダイナミズムということができる。

プラブー・カースト

中世マハーラーシュトラにおいて、このサンスクリタイゼーションの動きを顕著に示していたのは、プラブーと呼ばれるカーストである。プラブー・カーストは大きく分けると、チャーンドラセーニーヤ・カーヤスタ・プラブーとパーターネ・プラブーとに分かれる。前者は北インドから移住して来たといわれ、後者は北グジャラートのパーターンの出身とされる。このプラブーの両グループは、ともに遅くとも一八世紀前半には、サンスクリタイゼーションの動きを示しはじめ、そのために、バラモンとの間に長く続く紛争が生じた。

一七三六年、時のマラーター王国宰相バージーラーウは、チェーウル州のヒンドゥー法官、その他すべてのバラモンに宛てて、次のように通告した。

チェーウル州およびボンベイ州には、パーターネ・プラブーがいるが、彼らは、今まで代々、シュードラや「雑種カースト」などの低いカーストの者たちの婚姻の慣行などと同じ、シュードラの行動を取って来た。しかるに、現在、何人かの欲深いバラモンが、ひそかにパーターネ・プラブーに対して、ヴェーダを唱えて行なう儀式(これはシュードラに対して行なってはならないことになっていた)を行なっている。しかも、昨年、ヴィシュワナート・ラーイルカルなるバラモンがボンベイに行って、パーターネ・プラブーはクシャトリアである旨の(ボンベイのバラモンたちの)「決定書」(シャーストラールタ)を貰って来て、彼らに与えた。以上のことが判明した。そのため、ここ(プネー)で紛争が起り、ベナーレス、パイタン、カルナータカのシュリンゲリなどの聖地のバラモンが集ったので、集会を開き、ヴィシュワナート・ラーイルカルを召喚して、彼の見解を討議した。その結果、すべてのヒンドゥー教典に照らして、パーターネ・プラブーはクシャトリアではない、ただの「雑種カースト」であるという結論になった。ヴィシュワナート・ラーイルカルは「(パーターネ・プラブーがクシャトリアだという)決定書を彼らに与えたが、それは十分調査をした上で与えたのではなかった、パーターネ・プラブーはクシャトリアではないから、ヴェーダを唱えて行なう儀式を受ける権利は無い」という手紙を書いたので、それを貴殿らに送った。それゆえ、パーターネ・プラブーの家でヴェーダを唱える儀式を行なったバラモン……(史料欠)からは財力に応じて罰金を取り、浄めの儀式を受けさせた。残りの(浄めを受けてない)バラモンが、貴殿らの州内にいるならば、こちらに来て、皆で浄めを受けさせて、清浄にせよ。それまでは、(彼らを)カーストの外に置き、(彼らと)共食してはならない。この件について、貴殿らすべてに通達を出した。その主な内容は、「パーターネ・プラブーの家でヴェーダを唱える儀式を行なうものは、共食から排除し、罰金を課する」ということである。この意味をしっかりと念頭に置き、彼らの家で代々、シュードラのための儀式を行なって来たのに従って、今後もそのように行動せよ。(ASS VI-66)

このように、パーターネ・プラブーは、一八世紀前半の時期にはすでに、自分たちをクシャトリアだと主張して、シュードラには受けることが禁じられていた、ヴェーダを唱えて行なう儀式をバラモンにやってもらおうとしていたのである。しかし、彼らは結局、聖地のバラモンたちによって、クシャトリアではなく、ただの「雑種カースト」(サンカル・ジャーティ)だとされた。「雑種カースト」というのは、バラモンの作り出した一つの虚構で、それによれば、例の四つのヴァルナ以外のカースト集団は、すべてこれら四つのヴァルナの間の「混血」によって生れたとされ、そのような「混血」カーストのことを「雑種カースト」と呼んだのである。この虚構の「理論」によって、パーターネ・プラブーはシュードラとして扱われるべきだということになって、ヴェーダを唱えて行なう儀式を受けることが禁じられた。彼らのサンスクリタイゼーションの動きは、いわば挫折したのである。

しかし、彼らはくじけなかった。一七四三年には、チェーウルの一人のパーターネ・プラブーの男が、寡婦と結婚したということを理由として、カーストから追放されてしまった。寡婦の再婚を許さないという慣行はバラモンにだけ認められた「特権」であったが、パーターネ・プラブーはこのバラモンの慣行を取り入れることによって、自らのカースト序列を上昇させようとはかったのである。このようなパーターネ・プラブーの行動はバラモンの特権を犯すものであったから、バラモンからの反発を招いた。結局、パーターネ・プラブーの間では、寡婦の再婚は確立した習慣であり、ヒンドゥー法でもそう規定されているということで、パーターネ・プラブーに対して、寡婦の再婚を妨害してはならないという命令書が宰相バラージー・バージーラーウの名によって出された(33)。

度々の「挫折」にもめげず、一八世紀後半になると、プラブーたちはサンスクリタイゼーションの動きをさらに強めていった。それをめぐって、バラモンとの間の紛争も激しくなり、現存の史料に現れるかぎりでも、一七七二―七三年と一七八九―九〇年に、プラブーとバラモンとの間に争いが起っている。

一七八九―九〇年の紛争の際には、マラーター王国宰相政府から、コンカン、グジャラート、カーンデーシュの各地方長官宛に、次のような命令書が出された。

サーカセ郡ペーン町のすべてのバラモンが宰相の御前に来て、次のように申し立てた。「宰相ナラヤンラーウの時代に、プラブーの行動の仕方について、政府によって決定が下されました。プラブーは、それに従って行動すべきであるのに、そうせずに、自分たちのダルマを捨てて、心のままに行動し、バラモンの仕事をしています。この件について、彼らに命令を下し、取り締って下さい」。それによって考慮してみると、宰相ナラヤンラーウの時代に、調査が行なわれ、プラブーの行動について決定が下された。それにしたがって、彼らは以下のような誓約書を政府に提出している。

(1)ヴェーダの聖句《マントラ》を知っていても、それを口にすることはいたしません。

(2)ヴェーダの聖句を唱えて行なうような仕事はいたしません。

(3)死者への供物として、米を使用することはいたしません。

(4)神への拝礼にあたっては、プラーナの聖句を唱えます。自分たちの家にバラモンを呼んで、食事を供することはいたしません。

(5)シャーリグラーム(聖石)の拝礼はいたしません。

(6)シュードラの詣でる神殿に詣でることにいたします。

(7)バラモンにはダンドワトと大きな声で挨拶し、自分たちどうしでもダンドワトということにします。

(8)ヴェーダに精通したバラモン、バラモンの料理人、バラモンの水運び、バラモンの召使い、バラモンの女性を使用することはいたしません。また、バラモンを家に置くことはいたしません。

(9)プラブーの間で、自分の希望により、寡婦の再婚が行なわれるならば、それを妨害することはいたしません。

以上のような九項目を書いて提出した。しかるに、プラブーは(その後も)自分の家でひそかにバラモンの仕事をしていたために、ペーン町のバラモンとの間に紛争が起き、プラブーの家のすべての仕事が禁止された。それで調査したところ、プラブーは以前に取りきめられたように行動せずに、心のままに行動している。……そこで、各地区のプラブーに命令を下し、前述の条項に従って行動させよ。それに背くものは処罰し、罰金を取り立てよ。

(SSRPD VIII-1144)

この誓約書の条項(1)、(2)からわかるように、プラブーは、一八世紀後半になると、バラモンにヴェーダを唱えながら行なう儀式をやってもらうだけではなく、ヴェーダを唱えることを学び、ヴェーダの聖句を唱える儀式を自分たちでやりはじめていたのである。かつて、ヴェーダの聖句を耳にしたシュードラには、その耳に溶かした鉛を流しこむ刑罰を加えるとされていたのであるから、プラブーのこのような行為は、バラモンにとってはとうてい容認できないものであった。また、誓約書の条項(9)は、プラブーたちが寡婦の再婚の禁止という、バラモンの慣行を真似るのをやめなかったことを示している。

このようなカーストとカーストの間の、社会的権利をめぐる争いのことを「グラーマニャ」といったが、プラブーとバラモンとの間の「グラーマニャ」は果てしなく続いた。一七九六―九七年には、宰相からの次のような命令書が各地のバラモンに送られた。その数は総計三〇三通にものぼった。

プラブーの件について、ここ五―七年、グラーマニャが続いており、ムンジー(聖紐式あるいは入門式＝ウパナヤナ)などの儀式が行なわれていない。それゆえ、以前の慣行どおり、プラブーの家でムンジーその他の儀式を行なえ。(SSRPD V–235)

このプラブーとバラモンとの間の「グラーマニャ」は、イギリス支配下でも続いたが、イギリス東インド会社政府(ボンベイ管区政府)は、バラモンの抗議をしりぞけて、プラブーに行動の自由を認めた。そのため、プラブー・カーストは、イギリス支配下にサンスクリタイゼーションの動きをさらに一層強め、寡婦再婚の禁止、肉食、飲酒の忌避など、バラモンの社会慣行を大幅に取り入れていった(34)。

カースト制という身分制度の内部では、このサンスクリタイゼーションの動きがくりかえし起り、カースト序列を流動化させていたのである。

五　カースト制と国家

1　序列的社会編成と身分制

「社会的身分制」

前述のように、カースト制という身分制度は、少くとも日常的には、バラモン階層の社会的、精神的権威と在地の共同体的社会秩序とに基礎を置く身分制度であった。バラモン階層の社会的、精神的権威の根拠はヒンドゥー法であったが、そのヒンドゥー法は、ある特定の国家によって制定されたというものではなく、インド古代以来、バラモン階層によって連綿として継受され、発展させられてきたものであった。その意味で、ヒンドゥー法は社会そのものが発展させてきたもの、あえていえば「社会法」とでもいうべきものであった。この特異な性格をもつヒンドゥー法が、バラモン階層の社会的、精神的権威の法的根拠をなし、逆に、バラモンという特異な社会階層の存在が、ヒンドゥー法を時代をこえて存続させてきたのである。

カースト制のもう一つの社会的基礎は在地の慣習法的社会秩序であった。「慣習法」とは、在地の社会が自ら作り出す、多種多様な社会規範の総体のことであるから、それは基本的には社会そのものによって維持されていたものである。

このように、カースト制はヒンドゥー法とか「慣習法」といった社会が自ら生み出し、維持して来た規範に根拠を置いて、社会そのものによって再生産されて来たものである。それは、本質的には、社会がその内部から生み出す階層的、序列的社会編成であった。一般に、身分制度というものは、社会の内部からつねに生み出されてくる、このような階層的、序列的社会編成を、国家がいわば上に吸収し、法的に整備、再編成して、逆に社会の側に強制するものである。しかし、カースト制という身分制度の場合には、国家による法制的再編成という契機がきわめて弱かったのである。その意味で、カースト制という身分制度は、「社会的身分制」とでもいうべき性格のきわめて強いものであった。それは、ヒンドゥー法という特異な「社会法」とそれを継受し、発展させて来たバラモンという特異な社会階層の存在とが、はじめて可能とした、特異な身分制度であった。

国家にとってのカースト制

このように、カースト制は「社会的身分制」とでも呼びうるものだったのであるが、現実の歴史において、それが時々の国家権力と無関係に存続し、機能しつづけて来たのかといえば、けっしてそうではない。カースト制と国家権力は、ある面においては、相互に深く関連しあっていたのである。

前近代の国家は、一般に、被支配諸階層を何らかの形で身分的に編成し、掌握することなしには、支配をつづけることができない。インド史上に存在した諸国家は、この社会の身分的な編成を、自前の身分制度(国家的身分制)によって行なうのではなく、カースト制という既存の、社会そのものが再生産する身分的編成に依拠して行なった。したがって、国家の側にとっても、カースト制的社会秩序を維持することが必要だったのである。

中世マハーラーシュトラの諸国家も、身分的社会編成の基礎をカースト制に置いていたから、カースト制的秩序を維持するためには、時にカースト制的社会関係に権力的に介入した。具体的にいえば、国家は、(1)それぞれのカースト集団内部の秩序を維持するとともに、(2)各カースト集団間の序列関係を維持し、その変動を阻止する機能を果したのである。カースト集団内部の秩序を維持するために、国家は、カーストからの追放、およびその解除(カースト復帰)を国家の統制下に行なわせようとした。そのことは、今までに言及したカースト復帰にかんする諸史料から、すでに明らかであるが、ここでもう一つの事例をあげておこう。

一七七五―七六年、ラージャープル郷の郷主は、政府に対して、次のように申し立てた。

ヴィシュヌ・アナント・ガーテーが、私にブート(悪霊)をとりつけて、殺そうとしました。それで州役所(スバー)から役人《アミーン》が来て、双方の言い分をきいたが(裁定を下せず)、後に、双方をプネーの(宰相の)御前に呼び出して、決定を下すことになりました。それで、御前にすべてのバラモンが集り、集会(パンチャーヤト)を開いて(討議し)、ガーテーが誤っているとされました。そのため、ガーテーをカーストから追放いたしました。ところが、ガーテーは「浄め」の儀式を受けてもよいという政府の許可もないのに、また他のバラモンたちには知らせもせずに、何人かのバラモンを自宅によんで、共食をいたしました。それで、ガーテーおよび彼と共食したバラモンたちに、ドゥートパーペーシュワル神殿(罪を洗う神殿の意)において「五牛味《パンチュ・ガウヤ》」を飲ませて浄めるようにとの政府の命令書を発行して下さい。(SSRPD VIII-1114)

この要請に応えて、政府の側からは、次のような命令書が出された。

州長官(スバー)の命令で、カーストから追放された者と、政府の(「浄め」を受けさせてよいという)命令もないのに、共食した者から罰金として、一人あたり五ルピーを取り、彼らおよびガーテーに「五牛味」を飲ませて、「浄め」を行なえ。(同前)

ここに見られるように、国家はカーストからの追放とその解除を権力的に統制しようとした。カーストからの追放は、もちろん、カーストの集会、前出の例でいえば、ガーテーの属するバラモンのカースト集会(パンチャーヤト)によって決定されたのであるが、その集会の決定を国家の決定として追認し、権力によって強制したのである。カースト追放を解除し、カーストへの復帰を許す場合には、カースト集団の「自主的」判断のみによってはできず、「浄め」を受けさせてカーストに復帰させてよいという国家の許可をえなければならなかった。この場合も、もちろん、カーストへの復帰を決定するのはカースト集会なのであるが、そのカースト集会の決定は、国家の許可がなければ効力をもちえなかったのである。

このように、中世マハーラーシュトラの諸国家は、カースト追放とその解除を自己の統制下に置くことをとおして、カースト集団内部の秩序を権力的に維持しようとしたのである。

前述のように、カーストという集団は流動的なもので、政治的、経済的などの状況の変化によっては、分裂したり、再融合したりするものであった。このようなカースト集団の分裂や再融合をも、国家はその統制の下に行なわせようとした。前述のシンピー、ランガーリー、ニラーリーの間の紛争が、シャーフー王や宰相によって調停されたことは、そのことをよく示している。カーストの分裂や再融合は、カースト集団内部の秩序を混乱させるおそれがあったから、国家としても、それを放置するわけにはいかなかったのである。

次に、カースト集団間の序列関係に乱れが生じた場合にも、国家が権力的に介入して、カースト序列を維持しようとした。そのことは、プラブー・カーストのサンスクリタイゼーションの動きに対して、国家がくりかえし抑圧を加えようとしたことによく示されている。バラモン、クシャトリア、ヴァイシャ、シュードラという四つのヴァルナ(種姓)がそれぞれに守るべき規範や分は、ヒンドゥー法に規定されていたのであるが、そのヒンドゥー法的な規範や分を守ることを国家が強制したのである。プラブー・カーストの例でいえば、プラブーはクシャトリア・ヴァルナに属するから、クシャトリアの儀式を受ける権利があるというプラブーたちの主張は、このヴァルナ制による階層秩序を乱すものであったから、国家はそれを容認することができなかったのである。

国家はヴァルナ制にもとづく階層秩序を維持しようとしただけではなく、在地の「慣習法」的な社会秩序にも介入して、それを権力の統制下に置こうとした。そのことは、どのカーストの花婿は何に乗って行列する、といったことがらについても、国家が裁定を下したことによく示されている。

中世マハーラーシュトラの諸国家は、ヴァルナ制と在地の「慣習法」的社会秩序とに基礎を置くカースト制を、国家による身分制的社会編成に代位させていた。したがって、カースト制的社会関係の乱れは国家の支配体制を動揺させることになったから、カースト的社会関係に権力的に介入して、それを維持しようとしたのである。

カースト制にとっての国家

他方、中世マハーラーシュトラにおいては、社会の側にも、カースト制への国家の介入を要請せざるをえない状況が生れていた。

カースト集団内部に何か問題が起った時には、カースト集会を開いて解決するのが本来のあり方だったが、カースト集団内部の矛盾が大きくなれば、そのような自律的な集団秩序維持機構だけでは不十分になってくる。例えば、「女中腹」の子供をカースト仲間に入れるかどうかという問題をめぐるコーシュティー・カースト内部の紛争は、結局は国家の介入を要請せざるをえなかった。また、ブターラー(悪霊使い)の疑いをめぐるボーイー(駕籠かき)・カースト内部の争いでは、嫌疑を受けた者がカースト追放の制裁を甘受しなかったので、処罰を国家に要請することとなった。

カーストという集団は、前述のように、婚姻と共食を二つの紐帯として強く結びついた共同体であったが、中世マハーラーシュトラにおいては、すでにもっぱら自律的な集団としては機能しえない状況もあったのである。

次に、中世マハーラーシュトラにおいては、諸カースト集団間の、諸権利をめぐる争いがしばしば起り、カースト序列も流動性を強めていた。カースト集団間に紛争が起った時には、本来ならば、「地域社会集会」が開かれて、紛争の解決にあたるのだが、この「地域社会集会」も、もっぱら自律的な在地の集会としては、機能するのが困難になってきていた。具体的にいえば、在地の共同体集会である「地域社会集会」に国家の役人も出席する場合が多くなっていたのである(この点については、III－二－1、3で詳述する)。それどころか、カースト集団間の紛争の裁定が、直接、国家にもちこまれることも多くなっていた。すなわち、在地におけるカースト集団間の紛争を、社会そのものが自律的に調停して、カースト制的社会秩序を維持していくことが困難になって来ていたのである。一例をあげよう。

一七八四年、パウンドコール郷のマハールたちは、郷徴税官に対して、次のように願い出た。

私たちマハールの結婚式の司祭は、「ワタン持ち」占星師がつとめてきました。他の諸郡でも、バラモンがマハールの結婚式を行なうということになっています。ところが、その謝礼(デーネ・ゲーネ)をめぐって、私たちと占星師との間に紛争が起り、占星師は私たちの結婚式を執り行なうのを止めてしまいました。そのような状態がこの一五―二〇年ほど続いていますので、他郡の慣行を考慮して、以前から行なわれてきたとおりに、行なわれるようにして下さい。

願い出を受けた郷徴税官は、調査を行ない、「ワタン持ち占星師はマハールの結婚式の司祭を行なうべきであり、現在でもマーングなどの(不可触民の)結婚式の司祭はしているのに、マハールの結婚式の司祭だけしないというのは正しくない」という結論になった。それで、郷徴税官は、その旨の命令書を占星師に対して発行した(ASS I-74)。

この郷徴税官の命令を受けた当郷の占星師はそれに納得せず、政府の下に出頭して、次のように申し立てた。

パウンドコール郷の占星師、司祭(ウパードェ)、および法官(ダルマ・アディカーリー)の職は私たちの家のものです。ところで、マハールの結婚式については、私たちは執り行なわないという慣行できましたが、マハールが今般、当郷の徴税官に対して、その件で苦情をもちこみました。徴税官は、以前ある城の城番役(ナーイク)のマハールの結婚式の際、マハール・カースト内の司祭(メーデ・マハール)がいなかったので、城の管理官(ハヴァールダール)が、一〇—一五歳の未熟な年頃であった私たちの叔父に、無理やりに司祭を勤めさせたことがあったということだけを理由として、私たちにマハールの結婚式の司祭をするようにとの命令を下しました。それで、マハールたちがそうするように私たちに要求しましたが、私たちは応じませんでした。そうすると、徴税官は私たちから(罰金として)一〇ルピーを取って、司祭をするように強制しました。それに対して、私たちは、マハールの結婚式の際には、吉祥の時間を告げるだけで、司祭はしてはいませんと申し立てました。そうすると、徴税官は、他のシュードラに属するカーストの結婚式の司祭もしてはいけないといって、私たちの職(ヴリッティ)を取り上げてしまいました。この件について、私たちの職を返すように、徴税官に命令を下して下さい。

占星師から、このような訴えを受けた政府は、調査を行ない、次のような結論を出した。

占星師がマハールの結婚式の司祭をするという慣行はない。ところによっては、そういうこともあるが、コンカン地方ではそうではない。マハール・カーストの中にマハールの司祭(メーデ・マハール)がいて、結婚式の司祭をしている。また、ジュンナル州の占星師も、当州では占星師は不可触民(アティ・シュードラ)の結婚式の司祭はしない、不可触民の中に彼らの司祭(デーゴー・メーゴー)がいて司祭をする、と書き送って来た。以前ある時、城に勤仕するマハール(キッリャーチェ・チャーカルマーンニャー・マハール)や郡内のマハール(プラーンタンティール・マハール)二〇〇〇―四〇〇〇人が集合し、騒動を起して、占星師は自分たちの結婚式の司祭をすべきだと、時の支配者(ムガル帝国の)アウラングゼーブ帝に訴えた。ところが、アウラングゼーブは、旧来の慣行を考慮して、占星師はマハールの結婚式の司祭は行なわないという決定を下した。ムガル(というイスラム教徒)の支配下においても、このように決定されたのに、今日、スワラージュヤ(自分自身の統治、の意。マラーター王国はムスリム支配＝パル・ラージュヤを打倒して、自分自身の統治＝スワラージュヤを実現したという認識に立っていた)になったのに、旧来の慣行を捨てて、新しい慣行をつくろうとするのは、誠に不適切である。それゆえ、占星師は不可触民以外のカーストの結婚式の司祭を勤めるという慣行を尊重すべきである。

このような結論にもとづいて、パウンドコール郷の徴税官に対して、占星師にマハールの結婚式の司祭を勤めるよう強制してはならないという命令が下された(SSRPD VIII-1132)。

このパウンドコール郷のマハールと占星師との間の紛争は、最初にマハールが郷徴税官に訴え、それに対して、占星師は政府に直接訴えるというように、最初からもっぱら国家権力に調停が委ねられ、「地域社会集会」は開かれていない(もっとも、徴税官や政府が「調査」をする時には、郷主、郷書記、村長などから事情を聴取したのであろうし、あるいは、そのために「地域社会集会」も開かれたのかもしれないが)。それは、この紛争が在地の自律的な秩序維持機構によっては解決しえないようなものだったからであろう。カースト制的社会秩序を維持するために、社会の側からも国家の介入を要請せざるをえない状況がすでに存在していたのである。

カースト制という身分制度は、前述のように、「社会的身分制」といってよいほど、社会そのものが生み出す身分的編成としての性格の強いものであった。しかし、中世マハーラーシュトラの社会のように、その内部に大きな矛盾をかかえた社会においては、カースト制的社会秩序をもっぱら自律的に維持することは困難であった。カースト集団内部の秩序の維持や、カースト集団間の序列関係の維持を、国家権力に依存せざるをえない状況も生れていたのである。このことを、逆に国家の側からいえば、中世マハーラーシュトラの諸国家は、カースト制的身分編成を、国家による身分制的社会編成(国家的身分制)に代位させていたのであるから、このカースト制的社会秩序の動揺は、そのまま、国家の支配体制の動揺を意味した。それゆえ、中世マハーラーシュトラの諸国家は、カースト制を自己の統制下に置いて、カースト制的社会秩序を国家権力によって維持しようとした。すなわち、中世マハーラーシュトラにおいては、「社会的身分制」としての性格の強いカースト制も、その究極の存立根拠は国家権力に置いていたのである。

2　社会的制裁と刑罰

中世マハーラーシュトラにおける社会規範は、ヒンドゥー法に基礎を置くカースト制的規範であった。この社会規範にあっては、罪とは何よりもまず、それを犯したものに穢れをもたらすものであり、そのような犯罪者と社会的交際をもつ者にも穢れが次々とうつっていくと考えられた。したがって、犯罪者に対する社会的制裁は犯罪者およびその家族や親類のカーストからの追放であった。それによって、他のカースト成員に穢れがうつることを阻止しようとしたのである。

カーストからの追放は、各カーストの集会の決定によって行なわれたのであるから、中世マハーラーシュトラにおける社会規範の強制力は、カーストという共同体的社会関係に他ならなかった。カーストという集団のもつ、自律的な規範強制力が中世マハーラーシュトラ社会の社会規範の多くの部分を支えていたのである。

しかし、前述のように、カースト制的社会秩序を自律的に再生産することが困難になり、国家権力の介入によってのみカースト制的社会秩序が維持されうるような状況になってくれば、犯罪に対する制裁もまた、単にカースト制的な社会的制裁のみでは不十分になってくる。こうして、カースト制的な社会的制裁とともに、国家的な刑罰も課せられるようになっていったのである。この点についていくつかの事例を見てみよう。

一七七八―七九年、シェーウガーンウ郡で、一人のバラモンが殺された。このバラモンは金貸しをしていたようで(マハーラーシュトラではバラモンが金貸しをすることは珍しくない)、多分、借金のもつれが原因で殺されたのであろう。犯人は全部で一三人で、四人はシュードラ階層に属するヒンドゥー教徒、一人はムスリムであった。彼らは殺人の科で牢獄に入れられた。残りの八人はバラモンであったから、投獄するかわりに、全部で一万一ルピーの罰金を課すことになった。そのうち、一五〇〇ルピーは殺されたバラモンの息子に与え、残りは政府に納入させることにした。この八人のバラモンは、足枷をつけた上で、地元に送り返されたが、彼らをどう処分するかの指示があるまで、家族ともども「カーストの外に置く」よう、地方官に命令が下された(SSRPD VIII-885)。

この事例では、一つの犯罪(バラモン殺し)に対して、国家的刑罰(罰金あるいは投獄)と社会的制裁(カーストからの追放)とが同時に課せられた(もっとも、犯人全員が、これらすべての刑罰と制裁を受けたわけではないが)。

前出のカームタリー村の農民ヴィトゥージー・ワーレカルの牛殺しの事例では、罰金を取り立てるべきところを、貧困を理由としてそれを免除し、聖地で「浄め」を受けさせて、カーストに復帰させることになった。

ヴィジャイドゥルグ郷のサダーシウ・ケールカルなるバラモンは、他人の妻を殺した廉で、一〇年間入牢した後、釈放された。しかし、彼は「浄め」の儀式を受けていなかったので、「私の支払い能力に応じた罰金(ラージュ・ダンド)を取って、浄めを行なう旨の命令を下し、私を罪(ドーシュ)から解放して下さい」と願い出た。そこで、政府の方では彼から罰金と「バラモンへの罰金」(ブラフマ・

ダンド。犯罪者がバラモンに支払う贖罪金）とを取り立てて、「浄め」を受けさせ、バラモンのカーストに復帰させた（SSRPD VIII-892）。

このように、中世マハーラーシュトラにおいては、一つの犯罪に対して、国家的刑罰と社会的制裁とが同時に課せられるのが通例であった。それだけでなく、犯罪者は被害者あるいはその家族に対して、賠償しなければならなかったようである。前出のバラモン金貸し殺人事件では、犯人のうちの八人のバラモンが、被害者の息子に一五〇〇ルピーの賠償金を支払っている。

ワーン郡コーシンベ村では、村長一族の間に紛争が起り、一方の側がワーン郡の行政官（ファウジュダール）に「トリンバクジー・パテールとその妻はブターラー（悪霊使い）で、私たちや村人たちに難儀をかけています」と嘘の申し立てをした。ところが、郡行政官は、その申し立てをうのみにして、トリンバクジーとその妻を殺してしまった。この件について、トリンバクジーの息子が政府に訴えたので、調査が行なわれ、嘘の申し立てをした側がそのことを認めた。そして、「私たちから殺人の代償として、トリンバクジーの息子ケーウジーに対して、私たちの能力に従って（罰金を）支払わせて下さい、命令どおり支払います」と申し出た。それで、罰金がわりに、嘘の申し立てをした側の村長たちがもっていた免税地一五ビガーと「ワタン地」三〇ビガー、計四五ビガーをケーウジーに引き渡すことになった（SSRPD II-75）。

このように、中世マハーラーシュトラにおいては、犯罪者は被害者あるいはその家族に対して賠償をするのが通例であったと考えられる。

ところで、この村長一族の内紛にかんする史料には、犯罪者に対する国家的刑罰と社会的制裁について は何の言及もない。それは、この史料が四五ビガーの土地の譲渡を確認する「土地証書」(サナド)だからである。

このように、犯罪にかんする史料には、性格の異なるいくつかの種類のものがある。その主なものは、(1)国家が地方役人に対して、どのような刑罰を課するかを指示した命令書、(2)罪を犯し、カーストから追放された者を、カーストに復帰させるという政府の命令書、(3)政府が、被害者あるいはその家族に支払われるべき賠償を通知したもの、などである。これらの史料の性格によって、その記載内容は大きく異なるから、あらゆる史料に国家的刑罰と社会的な制裁と賠償とがすべて記載されているわけではない。例えば、次の事例では、社会的制裁(カースト追放)には言及されていない。

マルカープル郡ダーマンガーンウ村の村長サンブー・パテールは同村の農民との間にワタンにかんする紛争を起し、一度村を出て、夜になってから人数を集めて、その農民を襲おうとした。その途中で、パラスケデー村の村長の妻(パーティリーン)の息子を見つけて殺してしまった。そのため、その村長の妻に自分の家と土地の半分を賠償として譲渡することになった。政府の方では、それをもって殺人罪(クナーチャー・アニャーイー)を免罪することとし、罰金一五〇ルピーを取って、「安堵状」(アバヤ・パトラ)を発行した(SSRPD VIII-880)。

このように、史料によっては記載の範囲に異同があるのだが、中世マハーラーシュトラにおいて、あらゆる犯罪に対して、何らかの形での社会的制裁と国家的刑罰とが同時に課せられたことは確実である。「社会的身分制」としてのカースト制と国家権力との相互依存関係が、このような状況を生み出したのである。

(1)　中世マハーラーシュトラにおける地方行政区分の名称はさまざまで、統一されていなかった。普通、最大の地方行政区分はマームレーとかプラーントと呼ばれるもので、本書では州と訳した。州の下には、一般にパルガナーあるいはタールカーと称される区分があった。これらを本書では郡と訳した。パルガナーやタールカーとは別に、カルヤート、サムト、タッパーなどと称される区分があった。これらは郡と同格の地方行政区分の場合もあったが、郡の下の行政区分の場合もあった。本書では、これらを郷と訳した。

(2)　バティークとかクンビーンと呼ばれた女性は、普通「女奴隷」と訳されるが、家内の労働に従事する婢あるいは女中のような存在であった。罪を犯したり、借金を返済できなかったりした時には、どんなカーストの女性でも、バティークやクンビーンに落されることがあったが、だからといってカーストを失うということはなかった。バティークやクンビーンはしばしば妾的な位置におかれ、主人の子供を生むことも多かった。

(3)　ゴータ－イーとは、シュードラ種姓に属する諸カーストの間で、カーストから追放されていた者をカーストに復帰させるにあたって行なわれる、「カースト会食」(後出)と浄めの儀式のことをいう。ゴートパトとも呼ぶ。

(4)　「ムフールト」とは、シュードラ種姓に属する諸カーストの女性の二度目の結婚をいう。パートとも呼ばれた。

(5)　ナーシクのような有名な聖地には、「ダルマ・アディカーリー」(直訳すれば、「法の役人」)と称される「ヒンドゥー法官」が存在し、ヒンドゥー法にかかわる諸問題に判定を下したり、「浄め」の儀式のようなヒンドゥー法にのっとった儀式を執行したりしていた。このヒンドゥー法官たちの長は「ブラムク・ダルマ・アディカーリー」と称された。「浄め」の儀式を受けたいと思う者は、この「プラムク・ダルマ・アディカーリー」に、自己の「罪」(ドーシュ)を陳述した「罪の書」(ドーシュ・パトラ)を提出して、どのような「浄め」の儀式を受ければよいかを決定してもらった。「プラムク・ダルマ・アディカーリー」や「ダルマ・アディカーリー」の職は、政府によって任命されるものではなく、一種のワタンで、代々世襲的に同一のバラモン家系に相伝された。

(6) 「ゴート」という言葉は、サンスクリット語で「氏族」を意味する「ゴートラ」という言葉から派生したとされる。中世マハーラーシュトラでは、何らかの共同体的な集団のことを一般に、ゴートと呼んだ。だから、カーストだけでなく、村という共同体の成員(「村の仲間」)もゴートであり、後にのべる「地域社会」の「仲間」もゴートである。

(7) Iの注(34)を参照。

(8) 「アーチャールヤ」は、さまざまな儀式を執行したり、ヴェーダを教授したりする師のことで、スワーミーはそれに付した尊称である。各地のバラモン集団には、「アーチャールヤ・スワーミー」と呼ばれる指導者がいたのであろう。

(9) 親類縁者を表す言葉には、この「バーウーバンド」の他に、「ゴートラジュ・サマンディー」、「ダーヤード」などいろいろな言葉がある。これらの言葉が、どの範囲の親族を意味するのか、よくわからないので、以下すべて「親類」と訳した。

(10) バラモン種姓以外の多くの人々も、飲酒、肉食を忌避するようになったのは、一九世紀になってからである。それは、イギリス植民地支配下に、後にのべる「サンスクリタイゼーション」の動きが、各階層の間に広がり、バラモンの社会慣行をとり入れるカーストが増えたことによる。この点について、より詳しくは拙著『大地の子《ブーミ・プトラ》——インドの近代における抵抗と背理』(一九八六年、東京大学出版会)第三章を参照。

(11)　ベナーレス(ヴァーラーナシーあるいはカーシー)はガンジス川中流域のヒンドゥー教最高の聖地。ラーメーシュワル(ラーメーシュワラム)は、インド亜大陸とセイロン島との間の細長い地峡の先端にある聖地で、南インドで最高の聖地である。この両聖地に巡礼に行くと、インド亜大陸をほぼ縦断することになる。

(12)　*Kārī va Ānbrade—Jedhe Deshmukh*, no. 45.

(13)　田辺繁子訳、岩波文庫、一九五五年、三三四ページ。

(14)　同右、三三四—三三五ページ。

(15)　同右、一五二ページ。

(16)　R. Kumar, *Western India in the 19th Century*, pp. 17–20.

(17)　ヒンドゥー法については、山崎利男「ヒンドゥー法」(『中世史講座、第四巻、中世の法と権力』学生社、一九八五年所収)を参照。いわゆるイスラム法(シャリーア)も、ヒンドゥー法に類似した性格をもっていると思われる。

(18)　カーサールは金属製の食器などを作る手工業カーストであるが、この場合、彼らがなぜクシャトリアのヴァルナに属するとされたのか、よくわからない。

(19)　古代的賤民制と中世的賤民制の相違については、山崎元一「古代インドの差別——シュードラと不可触民」(西順蔵・小島晋治編『アジアの差別問題』、明石書店、一九八六年所収)を参照。

(20)　牛から取れる五つのもの、すなわち、牛乳、ヨーグルト、精製バター油(トゥープ)、牛尿、牛糞をまぜたもの。「五牛味」を飲む「浄め」は簡便であったから、きわめてよく用いられた。

(21)　「バクティ」というのは、中世ヒンドゥー教の特徴的な信仰形態で、いわば「一心念仏」的なものである。教義や哲学にはほとんど関心をもたず、帰依する神の名を唱えながら、一心に信心するのが中心である。バクティ信仰は、一〇世紀ごろ南インドにはじまり、北インドやデカンにも急速に広まっていった。

バクティ信仰においては、帰依する神の祀られている神殿に巡礼に行くことが重視された。

(22) 中世インドの不可触民は、このように、数家族ずつに分かれて村の周辺に住んでいたのであって、日本の被差別部落のように、まとまって一つの村あるいは枝村を形成するということは一般にはなかった。

(23) もっとも、このことは中世インドのみにはかぎらない。一般に前近代社会における差別は両義的なものであり、「賤なる者」はつねに「聖なる者」と表裏一体をなしていたとされる。この点については、例えば、野間宏、沖浦和光『アジアの聖と賤』、人文書院、一九八三年、を参照。

(24) 彼らは、現在では「アーディワーシー」(マラーティー語で「先住民」の意)と呼ばれたり、「ヒル・トライブス」(英語で山間部族民)と呼ばれたりしている。

(25) 彼らのこのような生活様式は、一九世紀前半に始まるイギリス植民地支配下では困難になっていった。彼らの生活の場である山の土地は、イギリス支配下においては、無主の土地、すなわち国有地とされ、自由に使用することが許されなくなった。同時に、「山の民」は「犯罪部族」Criminal tribes などというレッテルをはられて、「討伐」の対象とされた。こうして、山から狩り出された人々は、無理やり定住農耕社会の最底辺に押しこまれていったのである。

(26) 「西部インド」におけるカースト集団についての百科辞典的な書物エンソーベン著『ボンベイ州の部族とカースト』(R. E. Enthoven, *The Tribes and Castes of Bombay*)では、「マーリーはもともとはクンビーであったが、その菜園地耕作という職業のゆえに、徐々に別のカーストになっていったと考えられる」(第二巻、四二二ページ)と書かれている。

(27) エンソーベンによれば、シンピー・カーストは、もともとは裁縫とともに染色をも業としていたが、後に、染色業が「卑しい」職業とされるようになったために、染色を専業とするシンピーを、ランガーリーと呼んで区別し、シンピーよりも「卑しい」カーストとしたということである(同右書、第三巻、三二七ページ)。なお、エンソーベンは、一九世紀後半の時点で、ランガーリーをシンピー・カーストの中のサブ・カーストとして扱い、ニラーリーについては、何ら言及していない。一八世紀に一度分離した、これら三つのカーストは、その後、経済的状況の変化により、また融合して、一つのカーストになってきていたのであろう。

(28) エンソーベンは、ナームデーウ派シンピーを、シンピー・カースト内の一つのサブ・カーストとして扱っている。しかし、同時に、最近ではすべてのシンピーが自らをナームデーウ・シンピーと呼ぶような傾向があるとしている(同右書、第三巻、三二七ページ)。

(29) カルヴィール聖地の「シャンカラーチャールヤ」は、カルヴィールのバラモンの集会によって選出される職で、ヒンドゥー法上の問題に裁定を下す権限をもっていた。

(30) エンソーベン、前掲書、第三巻、一九―二五ページ。

(31) プラタープシン王の「カースト防衛」の努力にもかかわらず、一九世紀後半には、マラーター・カーストとクンビー・カーストの区別そのものが消滅していき、この両カーストは再融合して、マラーターを称する単一のカーストになっていった。

(32) このような動きのことを「ブラフマニゼーション」(バラモン化)と呼ぶべきだとする社会学者もいる。また、下位カーストがその慣行を真似ようとするのは、何もバラモンとは限らず、その地域のもっとも有力なカースト(ドーミナント・カースト)の場合もあるから、「サンスクリタイゼーション」という概念は不適切だという批判もある。

(33) 拙著『大地の子《ブーミ・プトラ》』、六一―六二ページを参照。

(34) イギリス支配下のプラブーの動きについては拙著『大地の子《ブーミ・プトラ》』六七―七五ページを参照。プラブーと同じように、イギリス支配下にサンスクリタイゼーションの動きを顕著にしたカーストに、ソーナール(金工、両替商)がある。このソーナール・カーストとバラモンとの間の「グラーマニャ」については、N. K. Wagle, A Dispute between the Pancal Devajna Sonars and the Brahmans of Pune regarding Social Rank and Ritual Privileges, in N. K. Wagle ed., *Images of Maharashtra—A Regional Profile of India*, Curzon Press, 1980 を参照。

Ⅲ 「地域社会」と在地領主

一 「地域社会」

1 ワタン体制社会

先にものべたように、郡とか郷という地域単位は、単なる地方行政区分なのではなく、もともと在地に存在していた地域共同体的なまとまりであった。中世マハーラーシュトラの国家は、それをほとんどそのまま地方行政の単位として利用したのである。この在地の地域共同体的なまとまりは、史料では「ゴート」という言葉で表現されている。本書では、この意味におけるゴートを「地域社会」と訳す。ゴートは本来は、この地域社会の構成員をあらわす言葉であるが、その場合には「地域社会仲間」と訳す(1)。

「地域社会」(郡、郷)は、一般的には、五〇—一〇〇カ村ぐらいを含むものであったが、二〇カ村ぐらいの小さなものもあり、大きさはかなりまちまちであった。「地域社会」は、村々を束ねた上位の地縁的な共同体で、この村 ― 「地域社会」という重層的な共同体関係が、中世マハーラーシュトラ社会のいわば経糸《たていと》をなしていた。

「地域社会」は、同時にまた、カーストという人間集団が、その第一次的結集(「第一次集団」)を実現する場でもあった(Ⅱ—一—1を参照)。各カースト集団は、「地域社会」(郡、郷)を単位として「第一次集団」を形成し、その「第一次集団」が次々と隣接する「地域社会」の同一カースト集団とつながりあって、より広い範囲でのカースト結合の網の目を形づくっていた。カースト結合は、中世マハーラーシュトラ社会のいわば緯糸《よこいと》であったが、このカースト結合もまた、「地域社会」を基本単位としていたのであった。

このように、「地域社会」を場として、村―「地域社会」という経糸と、カースト結合という緯糸とが織り合わさっていたのであるから、「地域社会」こそ、中世マハーラーシュトラ社会の基本的な構成単位だったのである。

この「地域社会」の構成原理は、前述のようなワタンであった。「地域社会」という共同体を代表するのは郷主(デーシュムク。デーシュ＝国、ムク＝頭。デサイとも称される)で、郷主のワタンは「郷主職ワタン」(デーシュムキー・ワタン)と称される。村書記に対応するのが郷書記(デーシュパーンデ、デーシュクルカルニー)で、「郷書記職ワタン」(デーシュパーンデパン、デーシュクルカルニーパン)をもっていた。また、前述のように(II―一―4)、「地域社会」を単位として結集した、「第一次集団」としての各カースト集団には、それぞれの頭《かしら》(メータル)がいて、頭のワタン(メータルキー・ワタン)をもっていた。

「地域社会」(郡、郷)に固有の本源的なワタンは以上の三種類のワタンであるが、それ以外に、「地域社会」を単位とする二次的ワタンというべきものがいくつかあった。総郷主(サル・デーシュムク)、総郷書記(サル・デーシュパーンデ)、総村長(サル・パテール)、総村長補(デーシュ・チャウグラー)

表11　ワタン体制

<table>
<tr><td>郡・郷レヴェル(「地域社会」)

I { 郷主(デーシュムク)
郷書記(デーシュパーンデ)
各カースト集団の頭《かしら》(メータル)</td><td>II { 総郷主(サル・デーシュムク)
総郷書記(サル・デーシュパーンデ)
総村長(サル・パテール)
総村長補(デーシュ・チャウグラー)</td></tr>
<tr><td rowspan="2">村

I { 村長(パテール)
村書記(クルカルニー)
村長補(チャウグラー)
ワタン持ち農民(ワタンダール・クンビー)
ワタン持ち職人</td><td>城

II { 城番役頭(サル・ナーイク)
城番役(ナーイクワーディー)</td></tr>
<tr><td rowspan="2">市場

II { 市場長(シェート)
市場書記(マハージャン)
その他</td></tr>
<tr><td>II { 油屋(テーリー)
ターンボーリー
その他</td></tr>
</table>

(Iは本源的ワタン，IIは二次的ワタン)

などのワタンである。これらはいずれも国家権力によって新設されたものであるから、在地の共同体的職掌とは関係のない、単なる得分権としてのワタンであった(詳しくは、III－三－2を参照)。

これらの「地域社会」のワタンと、すでに出てきた、村のワタン、市場のワタン、城のワタンを合わせて表示すれば、表11のようになる。表中のI、IIは、それぞれ本源的(一次的)ワタンと二次的ワタンを示している。

「地域社会」を基本単位とする中世マハーラーシュトラの社会においては、その社会の構成員はこれらのいずれかのワタンをもっていた。ワタンをもたないものは、ウパリー(よそ者)と称されて、正規の社会関係からは排除されていたのである。その意味において、中世マハーラーシュトラの社会をワタン体制社会と呼ぶこと

ができる。(2)

2　郷主と郷書記

郷主と郷書記、とくに郷主は「地域社会」という共同体を代表する、「地域社会」の首長というべき存在であった。郷主の共同体首長としての性格は、とくに国家との関係において鮮明に現れた。前述のように、中世マハーラーシュトラでは、税は村請で、村長が納税の最終責任を負っていた。しかし、この村請の税の取りきめの際には、郷主や郷書記が立ち会い、その意見を徴した上で決定するのが原則であった。一六八五年、ワーイ郡の地方官が、村請の税の決定にあたって当郡の郷主の意見を徴さなかったために、農民たちが不満をもった。それで、今後はそういうことをしないようにという地方官への命令がサンバージー王から出された(SCS II-272)。このように、郷主や郷書記は納税の責任者ではなかったが、「地域社会」の代表者として、税の決定にあたって「地域社会」の側の利益を代弁したのである。

旱魃などの天災や兵乱などのために、村々が荒廃した場合にも、郷主と郷書記は「地域社会」を代表して、政府に対して税の減免などの救済措置を求めた。

一五九一年、シルワル郡ワータール・クルド村に「外国人」(パル・ムルキー)が侵入し、牛、家畜、衣類などを奪い取っていったため、農民は四散し、村の「耕区」(カーリー)も「居住区」(パーンダリー)も荒廃してしまった。それで、シルワル郡の郷主、マルハルジー・アパージーは、税を減免してほしいと政府に願い出た(SCS II–186)。

ネワーサー郡ソーナーイー町では、一六二九年、ムガル軍が侵入し、放牧地を荒し、わずかに残っていた牧草を軍の牛や馬にやってしまった。その上、まだ熟していない作物を刈り取ってもっていってしまったので、農民たちは無力となった。さらに、この地方をニザーム・シャーヒー王国から封土(ジャーギール)として授与されていたボーンスレーなる者が、農民たちから牛や馬を取りあげ、家々をくまなく探して、金銭まですべて奪い取ったので、農民は絶望して四散し、町は荒廃してしまった。それで、この郡の郷主がこの町の税額を新たに取りきめ直してくれるよう政府に願い出た(SCS IV–691)。

一六九二年、インダープル郡シラスワド村の村長は、取りきめどおりの税を支払うことができなかったので、呼び出されて詰問された。その時、インダープル郡の郷主と郷書記が次のように申し立てて、村長を弁護した。

昨年、この村の税は三一五ルピーと決められていました。ところが、(モンスーンの)雨が降らず、作物が育ちませんでしたので、農民たちには、(税を支払う)力が全くありません。今年から当郡は殿(サーヘブ)の封土となりましたので、農民たちの生活が成りたつように、そして、殿にも収入があるように、今年の税額を決定して下さい。

このような申し立ての結果、今年度の徴税額を六〇ルピーとして、昨年の未納分と合せて、総額三七〇ルピーを納入させるという決定が下された(SCS III–648)。

一七一五年には、ジュンナル州アウサリー郷の郷主と郷書記が州の役所に出頭して、次のように申し立てた。

シュフール暦一一一二年(西暦一七一一—一二年)に、ムガル軍が略奪を行なったため、当村(ニルグドサル村)は荒廃してしまいました。それで殿には慈悲を賜り、シュフール暦一一一三年に、当村に対して四年間の累増課税(イスターワー)の保証書(カウル)を与え、村の繁栄をはからせました。保証書に従って、はじめの二年間は税を納めましたが、三年目には(モンスーンの)雨が少く、秋作(カリーフ)は全滅してしまいました。春作(ラビー)は種子を播くこともできませんでした。そこで、この年の税額の取りきめを破棄し、農民たちの暮しがたち行くような額にしていただければ、本年の税を納め、今後も税を納入することができるでしょう。(SPD XXXIX-59)

これらの諸事例では、旱魃などの天災や兵乱によって荒廃した個々の村のために、郷主や郷書記がその村請の税の減免を願い出たのであるが、村の範囲を越えて、郡や郷全体が荒廃してしまったような場合には、郡あるいは郷を単位として、税の減免が要請された。

一七六九年、ナーネマーワル郷の郷主と郷書記は、マラーター王国宰相政府に対して、次のような嘆願書を提出した。

シュフール暦(一一六)六年(西暦一七六五—六六年)、当郡では春作ができませんでした。その後の三年間は、農民たちは春作のための種子すら手に入れることができませんでした。それで春作は行なわれていません。秋作も、(モンスーンの)雨が降らなかったため、できませんでした。作物がわずかにできても、軍隊の通過(ラヘダーリー)によって踏みつぶされてしまいます。それで、政府への税を納める力が農民たちにはありません。軍隊はバサイン、カルヤーン、コラーバー、チェーウルなどから来ますが、荷物をもって来ます。その荷物を運送し、軍勢に食事を提供しなければならないことを恐れて、カンダーレ村からワドガーンウ村までの村々は不安に陥っています。荷物は次々とやって来ます。その運送を断わろうとすると、顔面をなぐりつけて運送させます。そのために、農民たちは恐れを抱いております。以前から、ローホガド、ラーザムの両城(の城兵)が、(当郡の村々から)取り立てを行なう権利をもっていましたが、そのために、農民たちは苦しんでいました。今度、ヴィサープル城が取り立てを行なうことになったため、農民たちは神様の怒りにふれたような状態です。殿(マラーター王国宰相=ペーシュワーのこと)のことを神とも思い嘆願いたします。どうか、(このような行為を)取り締って下さい。農民たちは殿のものです(プラジャー・スワーミーチー・アーへ)。農民たちの祝福は今後ききとどけられるでしょう。

ヴィサープル城の人々がやって来て、理由もなく村長たちを辱しめています。彼らはカーバーセート村の村長を殺してしまいました。今度は、荷物の運送の件で、ブシー村の村長の顔面をなぐりつけ、頭に荷物をくくりつけて、クルワーデの峠につれていきました。そのために、村々はさびれてしまいました。そこでコンカン地方から村長をつれて来て、村に住まわせましたが、農民たちは四散してしまいました。同じように、カンダーレ村もカールレ村も軍隊のためにさびれてしまいました。すべての村々から農民たちが逃げ出してしまいました。アーワラーの(灌漑用の)井戸は壊れてしまいました。もう一度、井戸を掘ることができるのは、殿だけです。ローホガド城のナーロー・ラームチャンドラ殿が私たちや村長たちを呼んで、いろいろ声をかけて安心させようとしました。しかし、そんな言葉だけのことで、農民たちが満足し、耕作が行なわれるというようなことはありません。殿には慈悲をもって、今年四分の一だけ増額された税を免除して下さい。そうするならば、農民たちは望みをもち、(もとの村に)居住するようになるでしょう。この件について、安堵状(アバヤ・パトラ)を発行することができるのは、殿だけであります。農民たちの生活の様子を殿がご存じないなどということがどうしてありましょうか。雨(期)が近づいてきています。耕作されていなかった畑は、畑焼きをしなければ、耕作することはできません。殿にはすべてご存じのことと思います。以上、嘆願いたします。(SPD XXXIX–123)

この史料は「嘆願書」であるから、その結果がどうなったのかは書かれていない。しかし、郷主や郷書記が天災、兵乱などを理由として、郡あるいは郷を単位とした税の減免を願い出て、許されると、その郡(郷)に通用される税率が切り下げられるのが普通であった。

一六九一年、シルワル郡は兵乱のために荒廃したので、郷主や郷書記が政府に税率を取りきめ直すよう要請した。その結果、税率を次のようにするという「安堵状《アバヤ・パトラ》」が、当郡の「郷主、郷書記、村長、市場長、市場書記、すべての農民」宛に発給された。

米作地《バート》　一ビガーあたり七・五マン

黒土地《カーリー》　一ビガーあたり二マン
マール地　一ビガーあたり一・二五マン
灌漑地
　バナナ　一ビガーあたり二ホーン
　サトウキビ　水路灌漑地の場合は、一ビガーあたり二・五ホーン
　　　　　　井戸灌漑地の場合は、一ビガーあたり二ホーン
　穀物を植えた場合には、一ビガーあたり五マン

(SCS VIII-26)

この事例のように、郡あるいは郷全体に適用される税率が引き下げられる場合が多かったのであるが、郡(郷)全体の税額が減額されることもあった。

パウンマーワル郷の郷主と郷書記は、政府に対して次のように請願した(一七五〇—五一年)。

この郷では、三カ年の累増課税が認められていました。ところが、それが完了したので、農民たちは(重い税を課せられることを恐れて)逃散してしまいました。その上、雨によって作物が流されてしまって、農民たちには(納税の)力がありません。農民たちの暮しが成り立つような税を課して、その旨の保証書を与えて下されば、農民たちは望みをもち、耕作が行なわれるでしょう。

このような請願を受けた政府の方では、この郷の賜与村を除く二六カ村から、今後四年間に徴収す

る税額を、年額次のようにするという保証書を発給した。
金納税　昨年の総額九五〇一ルピーから一二五〇ルピーを減免して、今後四年間は、年額八二五一ルピーとする。
現物税　穀物三五カンディーについては、そのまま。

(SSRPD III-388)

このような場合には、一二五〇ルピーの減免額が、郷主、郷書記によって各村に割り振られたのであろう。

3　「ワタン安堵状《アバヤ・パトラ》」

「地域社会」の共同体としての性格をよく示しているのは、「アバヤ・パトラ」と呼ばれる文書である。「アバヤ」とは「恐れ」(バヤ)が無い(ア)という意味で、「パトラ」は今まで度々出てきたように「文書」を意味する。名称が示すように「アバヤ・パトラ」とは、国家が何らかの権利を保証したものである。「アバヤ・パトラ」はいろいろな機会に発給されたが、なかでも、一つの「地域社会」に存在するすべてのワタンを一括して「安堵」した「アバヤ・パトラ」を、本書では、「ワタン安堵状」と呼ぶことにする。この「ワタン安堵状」には、中世マハーラーシュトラにおける国家と「地域社会」との関係が端的に表現されている。まず、その典型的な一例を見てみよう(3)。

一六九一年八月一五日、マラーター王国第三代王ラージャラームは、ローヒダー谷《コール》郡ボール郷の

「ワタン持ち《ダール》」たち全員に宛てて、次のような「ワタン安堵状」を発給した。

(シヴァージー大王の)即位後一八年、バードラパド月陽半月二日、ラージャラーム王がローヒダー谷郡(のボール郷)の郷主サルジャーラーウ・ジェデー、郷書記、村書記、村長、村長補および他のワタン持ちたちと市場長、市場書記に与えた安堵状は次の如くである。その方たちは、ジンジーの王の御前に来て、次のように言上した。「上記郷のワタン持ちたちと農民とは王の足下に二心なく勤仕して来ました。それゆえ、王には恩恵を賜り、ワタン持ちたちのワタンを、以前にニザーム・シャーヒー王朝、アーディル・シャーヒー王朝の下で続いて来たとおりに、今後も続けるようにとの命令を下し、私たちに安堵状を御下賜下さい」。そこで、その方たちが王の足下に二心なく勤仕していることに満足し、当地方の行政のためにラームチャンドラ・アマートヤとシャンカラジー・サチーウとを派遣してあるので、彼らが王の代官として、その方らの事情をきき、ワタンの確認をして、証書(ワタン証書)を与えるであろう。その証書は王の証書と同じであり、それに従って王もワタンを享受させるので安心せよ。マーワル地方はシャンカラジー・サチーウの管理下にあるので、彼の命令に従って行動せよ。そして、王への勤務を果たし、(手当として)自分自身の(税からの)控除分(ムジュラー)を取れ。この後、王が当地方に行幸した折には、その方たちに謁見を許すであろう。以上、安堵する(アバヤ・アーへ)。(MIS XV-15)

見られるように、この「ワタン安堵状」によって、ボール郷内のすべてのワタンが一括して「安堵」されているのである。安堵されたワタンには、上は郷主といった「地域社会」の首長のワタンから、下は村々におけるバルテー職人のワタン、例えば不可触民とされていたマハールやマーングたちのワタンまでが含まれていた。ワタンは「地域社会」の構成原理であったから、「ワタン安堵状」で安堵されたのは、個々のワタンではなく、ワタンによって表現される在地の社会関係の総体だったのである。すなわち、「ワタン安堵状」というものは、国家が在地の既存の社会関係をそのまま承認し、それを破壊したり、それに改変を加えたりは一切しない、ということを「地域社会」に対して、約束したものである。

それでは、「ワタン安堵状」は、一体どういう機会に発給されたのであろうか。その点を、前出の「ワタン安堵状」の発給の経緯から考えてみよう。前述のように、マラーター王国第二代王サンバージーは、一六八九年、アウラングゼーブ帝下のムガル軍に捕えられ、ビーマ河畔に惨殺された。このため、マラーター王国の勢力は一時後退し、サンバージーの異母弟ラージャラームは、はるか南方ジンジーに逃れて、王位についた。ローヒダー谷郡ボール郷を含むマーワル地方も、この時ムガルに服属することをよぎなくされた。しかし、マラーター王国はすぐに勢力をもりかえし、ラージャラーム王は各地の郷主たちに檄をとばして、ムガルから離れて再びマラーター王国に帰属することを呼びかけた。この呼びかけに応えて、ボール郷の郷主サルジャーラーウ・ジェデーはジンジーに行き、ラージャラーム王に会って、服属を誓った。その時に、マラーター王国に服属することの反対給付として発給されたのが、前出の「ワタン安堵状」であった。いいかえれば、ボール郷の郷主ジェデーは、ボール郷内のすべてのワタンを一括して安堵する「ワタン安堵状」の発給を条件として、マラーター王国に帰属することにしたのである。これからわかるように、ある「地域社会」が、その帰属する国家を変えようとする時、「地域社会」内の既存の社会関係をそのまま承認することを国家に約束してもらったのが「ワタン安堵状」なのである。

このように、「ワタン安堵状」は、「地域社会」の共同体としての性格を端的に表現するものであり、そこには、郷主の「地域社会」の代表者としての性格が鮮明に反映されている。しかし、そのことは、「地域社会」という共同体が階層的、序列的な編成や階級的収取関係を含まない共同体社会であったなどということを意味するのではけっしてない。ワタンを原理とする「地域社会」は、村の場合と同様に、それに固有の階層的、序列的編成をもち、それゆえに、原理としては同等であっても、いわば「格」の差が存在したのである。例えば、「地域社会」の首長である郷主は、この共同体的社会関係の頂点に立つものとして、最高の「格」をもち、「地域社会」のすべての構成員から、さまざまな得分を取ることができた(この点についてはⅢ－三－2でのべる)。郷主は、「地域社会」の代表者であるとともに、実質的には、その階級的支配者であり、「在地領主」と呼びうるような内実を具えた存在となっていた(この点についても、Ⅲ－三でのべる)。

このように、「地域社会」という共同体的社会関係そのものの内部に、階層的、序列的編成と階級的支配―被支配関係とが貫徹していたのである。「地域社会」は中世マハーラーシュトラ社会の基本的構成単位であったから、その内部を貫く序列性と階級性こそ、中世マハーラーシュトラ社会の基本的骨格（規定的な階級関係）をなすものであった。

二 「地域社会集会」

1 「地域社会集会」

「地域社会」は序列的編成と階級的収取関係を含む社会であったから、その内部にはさまざまな矛盾があり、さまざまな紛争が起った。「地域社会」の中で、何らかの紛争が発生すると、「地域社会集会」が開かれて、調停にあたった。共同体としての「地域社会」の秩序を維持する、自律的な機構が「地域社会集会」だったのである。前述のように村には村の集会があり、各カーストにはカースト集会があったが、多くの紛争は一つの村や一つのカーストの内部だけでは解決することのできない性格のものであったから、「地域社会集会」に裁定が委ねられることが多かった。だから、「地域社会集会」は、中世マハーラーシュトラにおける、共同体的な秩序維持機構の中でも、もっとも重要な機能を果たしていたのである。

「地域社会集会」は「ゴート・サバー」(ゴート＝地域社会、サバー＝集会)とか、「ハージル・マジャーラス」(ハージル＝御前、マジャーラス＝集会)と呼ばれ、郷主によって召集され、郷主がその指揮者(サバー・ナーイク)になった。「地域社会集会」の記録は「ゴート・マフザル」(あるいは単にマフザル、またはマフザル・ナーマー)と呼ばれ、それを作成するのは郷書記の職務であった。マフザル(マフザル・ナーマー)は当時の社会の様子を生き生きと伝える、きわめて興味深い史料である。本章の叙述はすべて、これらのマフザルに依拠している。(4)

「地域社会」ではさまざまな紛争が起った。I－四－1でのべた村境争いであるとか、II－三－1でのべたカースト集団間の専業権や儀礼的な序列関係をめぐる紛争などがしばしば起り、「地域社会集会」にもちこまれた。しかし、「地域社会」の構成原理はワタンであったから、やはりワタンをめぐる紛争がもっとも多かった。数多くのワタンの中でも、とくに郷主、郷書記、村長、村書記のワタンについて、しばしば紛争が起った。これらのワタンは、共同体的な職掌でありながら、この時代になると、その職掌にともなう得分が大きくなっていた。ワタンは前述のように、世襲的権益、家産であり、財産として大きな価値をもつようになったワタンは、譲渡されたり、売買されたりするようになっていた。つまり、自由に処分することのできる「物件」化していたのである。このような、大きな資産価値をもち、「物件」化していたワタンをめぐって、とくに多くの紛争が発生した。

「地域社会仲間」だけの集会

「地域社会集会」は、共同体としての「地域社会」の自律的な秩序維持機構であるから、「地域社会仲間」(ゴート)だけで開くのが本来のあり方であった。

グンジャン谷《マーワル》郷ワドガーンウ村の村長職ワタンがバカージー・ジャーンジャーなる者に譲渡されたことを確認するための「地域社会集会」の集会文書(マフザル・ナーマー。一六六五年)は次のようなものである。

グンジャンマーワル郷の郷主、郷書記、デーサク[5]の出席によって開かれた地域社会集会(ハージル・マジャーラス)の集会証書(マフザル・ナーマー)。

出席者

当郷の郷主バーラージー・ナーイク

当郷の郷書記グマージー・シュリーパト、トリンバク・シュリーパト

デーサク

当郷のコート頭(サル・コート)[6]ダークジー

ハトヴェ・ボドルグ村の村長スールヤジーとバープージー

当郷の郷主の代理人チムナージー

パルワディー村の(村長)コーンダジーとマートジー

ターンバード村の(村長)エスジー

ソーンデー村の(村長)マハーダジーとラーマジー

コートのハージー

アーンボーネ町の村長トゥラージー

モーハラー・ボドルグ村の村長ダーウジー

ボールレー村の村長補ナルソージー

当郷のヘージーブ[7]、マーンコージー
ニグデー・ボドルグ村の(村長)チャーンドジーとマンバージー
コールワド村の(村長)ソーンジー
ソーンデー村のスールヤジー、コーンドジー、ソーンジー
当郷のマハール、マハーナーク
ワドガーンウ村のマハール、カートラーガー
当郷の司祭(プローヒト)トリンバクバト
シャカ暦一五八四年、ワドガーンウ村の村長バカージー・ジャーンジャーに(この集会証書を与える)。ワドガーンウ村の村長職ワタンは所有者がいなくなっていたので、当郷の郷主がそれをもっていた。それを、当郷の郷主は自らの意思によって喜んで、バカージー・ジャーンジャーに与えた。それゆえ、バカージーは子々孫々、このワタンを幸せに享受せよ。村長職の免税地(イナーム)、(栄誉の)ショール、マンゴーの木からの得分、その他の得分を子々孫々享受して、この村の土地を(農民たちに)耕作させよ。この件について妨害を行なうものに対しては、我々がこれを排除する。我々の子孫の者たちは、ジャーンジャーの子孫の者たちに(ワタンの享受を)続けさせる。これについて、アムリテーシュワル神に誓い(アーン)をたてる。ワドガーンウ村の村長職ワタンを授与した。それを子々孫々享受せよ。以上証書。署名

(MIS XVII-12)

この場合には、村長職ワタンをめぐって紛争があったというわけではないようである。村長職ワタン所有者の家系が何らかの理由で絶えてしまったので、村長職ワタンを誰か他の者に譲渡することになった。しかし、村の集会を開くことができないので、郷主が「地域社会集会」を開いて、村長職ワタンの授与を確認したというわけである。このように、ワタンのような権利の移動を確認するためにも、「地域社会集会」が開かれた。

カーナンド谷郡《コール》マールワリー村の村長職ワタンをめぐる紛争の原因は次のようなものであった。一七世紀末、この地方にムガル軍(タームラ)が侵入して、村々を略奪した。そのため、マールワリー村の村長セードカルの家系の者たちは逃亡してしまった。その後、この地方がマラーター王国の支配下に入り、動乱がおさまったので、村々の復興がはかられたが、マールワリー村の村長は逃亡したまま帰って来なかった。それで、政府がマハードゥネーカルなる者を新しく村長に任命して、村に人々を居住させ、土地を耕作させるようにした。ところが、その後、もとの村長セードカルの家系の者が帰村して、村長職ワタンは自分たちのものだと主張しはじめたため、マハードゥネーカルとの間に紛争が起った。この紛争はカーナンド谷郡《コール》の「地域社会集会」で裁定が行なわれることになり、結局、セードカルの家系の者に、この村の村長職ワタンの四分の一を譲渡するということで決着した。この「地域社会集会」には、郷主、郷書記、郷内二八カ村の村長四四人、一〇カ村の村長補一一人、陶工頭、油屋頭、洗濯人頭、マーリー頭、金工、大工、チャーンバール二人、九カ村のマハール九人、マーング一人と、合計八四人が出席している(MIS XVI-55)。村長職ワタンなど、村レヴェルのワタンをめぐる紛争は、前述のように(I－五－1)、村の集会によっても解決できるものであったが、紛争が激しく、村の内部だけでは裁定を下せないような場合には、「地域社会集会」にもちこまれたのである。

それに対して、郷主職ワタンや郷書記職ワタンのように、郡(郷)レヴェルのワタンをめぐる紛争の場合には、「地域社会集会」でなければ決着をつけられなかった。カーナンド谷《コール》郷の郷主ジュンジャールラーウとその弟マロージー・パタングラーウの間に、この郷の郷主職ワタンをめぐって争いが起った時には、当郷の「地域社会仲間」が集会して、郷主職ワタンを二人の間で分割し、家を分けることに決定した(一六六七年)。この「地域社会集会」の出席者は次のとおりである。

兄弟の母
バラモン二人
ラーイール郡の祭官(ウパードェ)
ラーイール郡の占皇師
当郷の郷書記二人
当郷の郷主の代理人
城番役(ナーイク)七人
サル・コート、二人
当郷の市場長と市場書記

当郷の村々の村長二六人
村長補二人
コーリー、一人
当郷の油屋頭一人
当郷の床屋頭一人
当郷の堂守り(グラウ)頭一人
当郷の陶工頭二人
当郷の洗濯人頭二人
ダーニブ村の「ワタン持ち《ダール》」マハール二人

(MIS XVI-22)

以上のように、「地域社会集会」には、郷主、郷書記、各カースト集団の頭といった、郡・郷レヴェルの「ワタン持ち《ダール》」たちを中心として、郡(郷)内各村の村長、村書記、その他の「ワタン持ち」たち、市場長、市場書記、城番役など、「地域社会」の主だった「ワタン持ち《ダール》」たちが皆参加した。

郷主職ワタンをめぐる紛争には、郷主職ワタンを暴力的に横領しようとして紛争になった場合もあった。

ワダン城区《キッレ》の郷主アントー・コードーは、ワダン城区五カ村、アンガープル城区六カ村、パルリー城区六カ村、カラード郡八カ村の郷主職ワタンをもっていた。ところが、シヴァージー王がこの地方を征服したころ、タートーレ城の城番役(ナーイクワーディー)、ラーヤージー・シンダーがアンガープル城区の郷主職は自分のものであると政府に言上し、その旨の証書を下附してもらって、当地にやって来た。それでアントー・コードーとの間に争いが起ったが、武力で抵抗することができなかったアントーは、自分のアンガープル城区郷主職ワタンの半分を、この地方の有力な郷主であったクリシュナジー・ゴールパデーに譲渡し、その代りに自分の郷主職ワタンを守ってもらうことにした。その条件としては、争いが発生して、ゴールパデーが兵馬を派遣した時には、馬の飼料と兵員の給与はアントーが負担するということであった。この郷主職ワタンの半分の譲渡を確認する「地域社会集会」には、ゴールパデー一族の者たちの他に、マルワーディー郷の郷主ガートゲー家の者二人、他郡・郷の郷主たち、多数の村長が出席している(SCS V–921(2))。

この事例では、事柄の性質上、この地方の有力な郷主の家系の者たちが主として集会に参加しているようである(史料後半に欠落があり、集会出席者全員の名前はわからない)。

以上はいずれも、「地域社会仲間」(ゴート)だけが出席した「地域社会集会」の事例である。したがって、これらの場合には、「地域社会集会」の決定は、国家とは関係のない、「地域社会」の自律的な決定であった。それゆえ、その決定を強制する力も、「地域社会」という共同体的社会関係だけであって、国家によって権力的に強制されるというものではなかった。グンジャン谷《マーワル》郡ワドガーンウ村の村長職ワタンの譲渡にかんする集会証書に「この件について妨害を行なうものに対しては、我々がそれを排除する」と書かれているのは、そのことを端的に表現している。このような集会証書の末尾には、多くの場合、集会の決定を守る旨の「誓文」が書かれているのであるが、この事例では「アムリテーシュワル神に誓って」とされている。アンガープル城区の半郷主職ワタンの譲渡にかんする集会証書の末尾には、「私あるいは私の子孫がこの決定に背くならば、祖先の吉祥なる証人が(それを)誤りであるとするだろうし、カーシー(ベナーレス)で牛を殺すに等しい行為である」と書かれている。このように、「地域社会の仲間」だけが集会する、本来の「地域社会集会」の場合には、神々や自分の祖先に誓って決定を守ることが約束されるのが普通であった。その点、次にのべるような、政府の役人も出席する「地域社会集会」の集会証書の場合には、「この決定に背くことは国家への罪、地域社会仲間への不正である」と書かれることが多かった。(誓文については、Ⅲ－二－2を参照)

役人も出席する「地域社会集会」

「地域社会集会」には、政府の役人が出席する場合も多かった。

ワーイ郡ジャーウリー郷アーベプリー村の村長職ワタンをめぐって、同族の者たちの間に争いが起った時には、その裁定を求めて、双方が当郷の郷主の家にやって来た(一六八二年)。そこで、郷主は、もし「地域社会集会」を開いて裁定を下すことに同意するならば、聖なるクリシュナ川に行って沐浴して、身を浄め、「地域社会集会」の決定どおりに行動する、それに違背することはしないという誓約書を提出しろといった。双方はそれに同意し、クリシュナ川で沐浴した上で、再びやって来て、「地域社会集会」の決定に従うと誓った。それで、「地域社会の仲間」が集会を開き、「真実を想起して」

（サトャ・スマルーン）、村長職ワタンを分割するという裁定を下した。この「地域社会集会」の場合には、政府の側から、郡長官（スベダール）、郡出納官（マジュムダール）、郡書記官（ファドニース）などが出席している。[8]

このような、政府の役人も出席する「地域社会集会」の場合には、その決定は単に「地域社会」の共同体的な自律的決定だったのではなく、国家の決定でもあった。したがって、その決定は、国家によっても権力的に強制されたのである。この集会証書の末尾に、「この決定に違反することは、地域社会仲間への不正、国家への罪となる」と書かれているのは、その端的な表現である。

それでは、本来は「地域社会」の自律的な秩序維持機構であった「地域社会集会」に、政府の役人も出席したのはなぜであろうか。いくつかの事例から考えてみよう。

ファルタン郡ギルヴィー村の村長職ワタンの「本家格」（ワディール・パン）をめぐって、同族の者たちの間に紛争が起った（一七七四―七五年）。

(1)そこで、ファルタン郡の郷主ムドージー・ニンバールカルが「地域社会集会」を開いて、裁定を下した。

(2)ところが、敗れた側はその決定に承服せず、マラーター王国宰相ナラヤンラーウの下に訴え出た。双方が宰相の下に出頭して、裁決してもらうことになったが、宰相が急死してしまった。

(3)それで、今度は双方がプランダル城に出頭して、裁定を願い出た。プランダル城では、政府の役人も出席する「地域社会集会」が開かれ、ファルタン郡の「地域社会集会」の決定を正しいと認めた。

(4)その旨を記したマラーター王国宰相政府書記局の通達書が、ファルタン郡の郷主、ギルヴィー村の村書記などに宛てて出された。

(SSRPD VI-808)

以上の紛争経過から、この時代になると、「地域社会仲間」のみの集会の決定には、もう十分な強制力がなくなっていたという状況をうかがうことができる。だから、敗れた側は、宰相やプランダル城の管理官(ハヴァールダール)の下に出頭して、裁定をやり直すよう求めることができたのである。このように、「地域社会仲間」のみの集会で何かの決定を下しても、その決定には十分な拘束力がないという状況が生れてくると、「地域社会仲間」のみの集会の決定を、政府の役人も出席した「地域社会集会」によって、さらに確認してもらうということも行なわれるようになった。

ウトローリー郷ウトローリー町の村長バージーとソーンジーは、ローヒダー城に出頭して、次のように請願した。

上記町のワタンは、以前から私たちのもので、それを享受していましたが、シルレーなる者が騒動を起して、妨害をはじめました。そこで、私たちが(集会の前で)火による神裁を受け、私たちが正しいとされました。シルレーは、夜に逃亡してしまいました。そこで、その旨、私たちの権利を書類にして下さるようお願いするために、役所(ディワーン)にやってまいりました。この願い出を受けて、次のような人々が出席した「地域社会集会」が開かれて、集会証書(マフザル)が発行された。

政府側

郡長官(ハヴァールダール)

郡出納官(マジュムダール)

郡書記官(チトニース、サブニース)

城番役(ナーイクワーディー、四人)

その他三人

「地域社会」側(デーサク)

郷主二人(ウトローリー郷とボール郷)

郷書記二人(同右)

郷内各村の村長九人

郷の占星師

ウトローリー町の陶工二人

ウトローリー町のマハール一人

(MIS XV-271)

ワタンというものは、在地の共同体的な社会関係(分業関係)の表現で、本来は国家権力とは何のかかわりもないものであった。ワタンによって表現される在地の社会関係、すなわちワタン体制は、本来は、在地の共同体的自律性によって維持されるはずのものであった。しかし、郷主、郷書記、村長、村書記などのワタンが、得分権として大きな資産価値をもつようになり、自由に分割したり、売買したりすることのできる「物件」となっていった過程において、これらのワタンをめぐる紛争も多発するようになり、ワタン体制はもはや、「地域社会」の共同体的な自律的秩序だけでは維持するのが難しくなっていたのである。「地域社会集会」に、政府の役人も出席することが多くなったのは、そのような状況の反映であった。

2 「神裁」と誓文

神裁

「地域社会集会」における裁定手続きには一定の原則があった。出訴した側(いわば原告)はアグラワーディー、訴えられた側(いわば被告)はプラティワーディー(あるいはパシュチムワーディー)と呼ばれた。「地域社会集会」では、まず双方の側の「供述書」(タクリール)が検討された。ついで、双方の提出した「証拠書類」(カーガドあるいはプラーチーン・カーガド・パトラ)が調べられた。その次に、双方の側から証人(サークシーダール)が立ち、証言(サークシー)を行なった。「地域社会集会」の集会文書(マフザル、マフザル・ナーマー)はこのような集会の手続きどおりに記録されているから、一般に、表12のような形をとっている。

このような、「地域社会集会」の裁定手続きは、いわば慣習法的に確立したものであり、それから

表 12　集会証書の様式

集　会　証　書　　　日時・場所

政府側出席者氏名

「地域社会」側出席者氏名

紛争の経過

供　　　述

原 告 側　　　　被 告 側

保証人氏名

原 告 側　　　　被 告 側

証　　　言

原 告 側　　　　被 告 側

集会の決定

恣意的に逸脱することは許されなかった。(9) しかし、このような手続きによっては、どうしても判定を下せない場合には、霊験あらたかな神の前で、神意をきいて判定を下すという方法がとられた。これを「ディウヤ」(神裁)と呼ぶ。この方法は、いわば最後の手段であり、みだりに行なうことは許されなかった。

プネー郡ヴィワリー村の村長職ワタンをめぐる紛争(一六三二年)は、なかなか決着がつかず、神裁にまで持ちこまれた。この村は飢饉のために荒廃し、村人たちは四散してしまった。この村の村長ダーウジーは、以前に一人のグラウ(ヒンドゥー堂守りのカースト)の男を、「家族神」(クル・スワーミー)の拝礼のために、自分の家に招いていたが、このグラウが、飢饉による混乱に乗じて、この村の村長職ワタンの半分は自分の祖先のものだと主張しはじめた。それで、村長ダーウジーが郡役所に行って、裁定してほしいと願い出た。裁定の結果、ダーウジーの方が正しいとされ、その旨の集会証書が郡役所から与えられた。ところが、グラウは今度はプランダル城のジャーダウなる者(城の管理官か)の配下になって、その力を借りてこの村を荒廃させ、紛争をむし返した。それで、プネー郡の郷主のところに送られて、そこで集会を開いて裁定を下すことになったが、グラウはその集会における証書に承服しなかった。そこで、他の「場所」(タル)を指定して、そこで集会を開いて裁定を下してもらうことになり、アムリテーシュワル神殿に送られたが、そこでも裁定が出せなかった。グラウが政府に裁定を願い出たので、村長ダーウジーも呼び出されて、双方の供述が行なわれ、この村の村民や他の村の村民たちの証言が行なわれた。しかし、グラウはこれらの証言にも承服しなかったので、裁定を下すことができなかった。結局、これらの方法では決着がつけられないということになり、グラウが神裁(ディウヤ)を受けることになった。神裁は、プネー郊外のナーゲシュワル神殿の前で行なわれたが、その模様は次のようなものであった。

「地域社会集会」の前で、油と精製バター油を熱して、金属製の器の中に入れ、その中に鉄片(ラワー)を入れた。グラウは神像に拝礼した後で、神殿の回りを七回まわり、神殿の前に立った。それから、「この村の村長職ワタンは自分のものである」と声を出していい、その旨を記したヤシの葉を額に結びつけた。訴えられた方のダーウジーがそれに対して影になるような場所に立った。それから、グラウが熱い油の中から鉄片を取り出した。集会参加者が彼の手を見るときれいだったので、彼の手を布(文字どおりには袋)で巻いた。それから三日後に、彼の手から布(袋)を取り去って、手を見ると、手はきれいだったので、彼は神意にかなったと認められた。こうして、神裁によってグラウの主張が正しいとみなされ、その旨の集会証書が作成された。(SCS V-873)

このように、神裁はいわば最後の手段として取られるべきものだったのであるが、この時代のように、社会の中に矛盾が深まり、さまざまな紛争が頻発するようになって来ると、神裁に頼ることもまた多くなって来た。

神裁にはさまざまな方法があった。前出の事例では、熱した油と精製バター油の中から鉄片(ラワー)を取り出したのであるが(これをラワー・ディウヤという)、I-四-1でのべた村境争いの場合のように、熱した鍛冶屋の鉄敷《かなしき》に手をふれて、手が傷つかない方が正しいとする方法もしばしば用いられた。これらを総称して「火の神裁」(アグニ・ディウヤ)という。

神裁の中では、この「火の神裁」がもっとも一般的だったと考えられるが、その他に、聖なる川の中で誓いを立てて、どちらが正しいかを決める方法や、霊験あらたかな神の前で、クジを引く方法などがあった。

サタラー郡パードリー村の村書記職ワタンをめぐる紛争の際には、紛争当事者双方を聖なるクリシュナ川に入れた上で、この村の村長が作法にのっとって自分の四二代の祖先(父方二一代、母方二一代)を思い出しながら、クリシュナ川に入り、以前からの「ワタン持ち《ダール》」と考える者の手を取って、川の外に連れ出す、という方法がとられることになった。この決定に従って、サタラー郡の郷主、郷書記、「地域社会仲間」(ゴート)がうちそろってクリシュナ川のマーフリーの合流点(サンガム)に行き、双方を川の中に入れ、すべての人々が村長に対して次のようにいった。「君は四二代の祖先を思い出し、クリシュナ川を証人として、村の旧くからのワタン所有者である者の手をとって、連れて来い」。それで、村長はクリシュナ川に入って、正しいと思う方の手を引いて連れて出た[10](SGRAO–Decisions no. 1)。

シルワル郡シルワル町の占星師ワタンをめぐる紛争の場合も、聖なるクリシュナ川で神裁が行なわれた。この町の占星師プラサード・ジョーシーに対して、ラームジーバト・ワーリンベーなる者が紛争を起した。そこで、双方がファルタン郡の「地域社会集会」に送られ、裁定が行なわれ、プラサード・ジョーシーの方が正しいとされた。しかし、ワーリンベーがその裁定に承服しなかったので、シルワル郡の「地域社会集会」の前で、神裁を受けさせることになった。そこで、郡役人が双方を、聖なるクリシュナ川のマーフリーの合流点に送った。神裁は次のようにして行なわれた。

プラサード・ジョーシーはクリシュナ川で沐浴し、額に「シラー」と書いた紙(パトラ、あるいはヤシの葉か)を結びつけ、手にクリシュナ川の水をすくい取り、次のようにいった。「私が上記町の占星師、司祭(グラーム・ウパードェ)のワタンの旧来からの所有者である。ワーリンベーは郷書記の家の司祭である」。このようにいいながら、ワーリンベーの手の上にクリシュナ川の水を三度ふりかけた。そして、一〇日の間、プラサード・ジョーシーの家の人々や家畜が死んだり、怪我しなかったならば、彼は真実をのべたということになると決定された。そうしたところ、一〇日間、プラサード・ジョーシーの家に何も起らなかったので、彼が正しいと決定された。(SG-RAO－Decisions no. 2)

ここに出てくる「シラー」という言葉は、意味のない何か呪文のようなものであったと考えられ、クジによる神裁の場合にも用いられた。カルカンブ郷のある村(村名欠)の村長職ワタンをめぐる紛争(一六二六—二七年)は、同郷グルサール村が「場所」(タル)に指定され、そこで裁定を下すことになった。グルサール村では、村長、「すべての農民」(サマスト・ダーヒージャン)、「一二種類のバルテー職人」が集会して、クジによって裁定を下すことにした。それで、同村のマソーバー神の神殿の前に、「シラー」と書いた札と、「ダダー」と書いた札の二枚の札を置いておき、紛争当事者双方を呼んで、どちらかの札を取らせた。そして、「シラー」と書かれた札を取った方を正しいと認めた(SGRAO-Sanads and Letters II-12)。

このように、中世マハーラーシュトラにおいては、さまざまな方法で神意をきいて、裁定を下すということが、広く行なわれていたのである。

誓文

「地域社会集会」で証言を行なわせる際には、一種の誓文をのべてから行なわせるのが原則であった。例えば、スペー郡のある村(村名欠)の村長職ワタンをめぐる紛争の際の「地域社会集会」においては、次のようにして証言をさせた。

神殿の井戸の水で沐浴し、トゥルシー樹で作った環を首にかけ、自分の子供の手を取って証人の前に立ち、証人に対して次のようにいう。「(虚偽の証言をするならば)君の頭にマーングやマハールの不浄がつくだろう。君はチャーンバールの(皮なめし用の)桶や染色工の桶を引き寄せ、七回(その回りを)まわり、その円の中に立て。次に神殿の入口に立て。(虚偽の証言をするならば)君には、牛殺し、バラモン殺しの罪がふりかかるだろう。師への反逆、母子相姦(マートラーガマン)、飲酒の罪も(ふりかかるだろう)。祖先は天国(スワルグ)で、君が真実をのべることによって自分を救ってくれるか、あるいは虚偽をのべて自分を地獄(ナラク)に沈めてしまうのかを見守っているぞ」。(MIS XX-30)

この場合には、偽証をすると、(1)不可触民に「接触」したのと同じ穢れが身につく、(2)牛殺し、バラモン殺し、母子相姦、飲酒というヒンドゥー法上の重い罪を犯したのと同じことになる、(3)自分の祖先を地獄に落すことになる、という内容の誓文をのべることによって、証言者が偽証しないように、いわば精神的圧力をかけているのである。

この他には、「ベールの木の葉先と神灰とを(証言者の)額につけ、その者の四二代の祖先に誓い(シャパト)を立てて、地獄の八六の穴(ナラク・クンド)、チャーンバールの(皮なめし用の)桶にかけて」証言を行なわせたという例も見られる。[11] この場合には、ベールの木の葉先(これはシヴァ神の拝礼の時に必ず用いられるものである)、神灰といった聖なるものを身につけさせた上で、さらに地獄の恐れや不可触民との「接触」の恐れを思い出させて偽証をふせごうとしているのである。

また、前にもふれたように、「地域社会集会」の集会証書(マフザル、マフザル・ナーマー)の末尾には、その裁定を守らせるための誓文が書かれている場合が多かった。この誓文には、いろいろな種類のものがあるが、もっとも一般的なのは次のようなものである。

(ヒンドゥー教徒であって、この決定に背く者には)牛とバラモンにかけての誓いがあり、イスラム教徒で(この決定に)背くならば、メッカの神殿(ソール)をこぼつに等しい罪がふりかかるであろう。(SGRAO－Sanads and Letters, V–22)

このように、ヒンドゥー教徒に対しては、「ベナーレスで牛を殺し、バラモンを殺すに等しい罪」(SGRAO－Decisions no. 17)で威嚇し、イスラム教徒に対しては「メッカの神殿をこぼつ罪」(SGRAO－

Sanads and Letters, II–69)で威嚇するのが一般的だったのである。

その他の例をいくつか挙げれば、次のようなものがある。

兄弟であって、この決定に妨害を働くものは、牛にかけての誓い、自分の四二代の祖先にかけての誓い(にそむく者とみなされる)。(SCS II–96)

この裁定を破り、それに反逆する者は、祖先から生れた者ではない、祖先と牛への不正(を働くものである)[12]。

このような誓文を書きつけることによって、「地域社会集会」の裁定に精神的拘束力をもたせようとしたのである。

ところで、前出の「地域社会集会」における証言の際の誓文に、偽証を行なうならば、「君の頭にマーングやマハールの不浄がつくだろう」とあったり、チャーンバールの皮なめし用の桶が出てきたりするように、誓文には、いわゆる不可触民に言及しているものがかなり見られる。マールサラー郡バルレー村の村長職ワタン紛争にかんする「地域社会集会」の集会証書の末尾には、次のように書かれている。

この集会証書(の決定)に背く者は、父親の子供ではない。自分の家の断絶をまねくであろう。イスラム教徒であって、(決定を)破るならば、(メッカの)神殿にかけた誓い(ソーガンド)がある。ヒンドゥー教徒で、(この決定を)破るならば、牛殺しの罪が(とりつくだろう)。ベナーレスで母子相姦を行なうに等しい罪がつくであろう。(この決定に背くものは)マーングやマハールの衣類

（に触れてはならないと）の誓い（を破るものである）。（SGRAO – Sanads and Letters II–69）

不可触民のように穢れた存在になってしまうというおそれが、偽証を防いだり、「地域社会集会」の決定を守らせるのに力をもつと考えられていたのである。そこには、ヒンドゥー教徒の心の奥深くまで浸透した、不可触民差別の意識が反映されているといえよう。

3 「地域社会集会」と国家

国家への出訴

「地域社会」が「地域社会仲間」だけの「地域社会集会」によっては、秩序を維持しえないほどに、内部に矛盾をかかえこむようになってくると、紛争が直接に政府や地方役所に提訴されることも多くなってきた。しかし、そういう場合にも、国家が自前の裁判機構によって、直接に紛争の裁定にあたるということは、一般的にはなかった。提訴を受けた政府や地方役所は、当該の郡（あるいは郷）の郷主などに対して、「地域社会集会」を開いて裁定を下すように命令するのが普通であった。そのような場合には必ず、政府の側から役人が「地域社会集会」に参加した。ムルタザーバード郡カーナープル郷内六カ村の村長職ワタンをめぐる紛争（一六五二年）は次のようにして裁定された。

(1)この六カ村の村書記職ワタンをもっているジャーコー・ニルカンタとサーバージー・マハーデーウの二人が、自分たちのワタンにかんして、他の兄弟たちが分け前を要求して紛争が起ったので、裁定してほしいと上記郡の司法官(サドゥル)に訴え出た。

(2)上記郡の郡役所(ターネ)では、カーナープル郷の役人(カールクーン)、郷の世襲役人(フッデダール、郷主、郷書記などをいう)、村長宛に、紛争の裁定にあたるようにとの命令書を出した。ジャーコー・ニルカンタとサーバージー・マハーデーウとは、その命令書を持参して、カーナープル郷の郷役人の前に出頭した。

(3)カーナープル郷の郷役人たちは、紛争の当事者双方を裁定のために同郡内のワールウェー郷に送った。ワールウェー郷では、郷役人、村長、デーサク(郷主、郷書記など)、市場長、市場書記その他の人々を召集して、集会を開き、双方の供述をきいた上で、村書記職ワタンを分割するという裁定を下した。そして、その旨を記した集会証書を発行し、カーナープル郷に送り帰した。

(4)そこで、カーナープル郷の郷役人、村長、市場長、市場書記などが集会を開き、村書記職ワタンの分割のしかたの細目を決定し、集会証書を発行した。

(5)ジャーコー・ニルカンタとサーバージー・マハーデーウがこのカーナープル郷の集会証書をもって、上記郡の郡役所に行き、集会証書にしたがって上記郡の集会でも確認し、集会証書を発行してほしいと願い出たので、上記郡の「地域社会集会」が開かれた。その出席者は次のとおりである。

政府側

郡長官(ハヴァールダール)など郡役人八人

カールクーンなどの郷役人一四人
「地域社会」側（デーサク）
郷主、郷書記、総郷主など九人
城番役など二二人
村長一人、市場長三人、市場書記一人、村長補一人、油屋頭二人、陶工頭一人、マーリー頭一人、
その他計一九人

(SCS III-637)


この裁定の過程を整理すれば、次のようになる。

郡役所に提訴→カーナープル郷の役人などに裁定の命令→カーナープル郷からワールウェー郷に裁定を委任、同郷で裁定→カーナープル郷の集会でワールウェー郷の集会の裁定の細目を決定→郡の集会でそれを確認して、集会証書を発行。

カーナープル郷内の紛争にかんする裁定が、ワールウェー郷の集会に委任されたのは、当該郷では紛争に直接利害関係をもつ者が多く、公平な判断が下せないおそれがあったからであろう。このように、紛争当該郡・郷以外の「場所」（タル）に当事者が送られて、そこの集会で裁定が行なわれるというケースは、かなり多く見られた。その場合、裁定の内容を記した文書は、一般には「タル・パトラ」（タル＝場所、パトラ＝文書）と呼ばれた。また、カーナープル郷の集会で、ワタン分割の細目を決定した後、提訴者がムルタザーバード郡の郡役所に再び出頭して、当郡の「地域社会集会」を開い

てもらったのは、カーナープル郷の集会の証書だけでは効力が不十分であると考えたからであろう。このように、紛争が郡役所に提訴された場合にも、直接紛争の裁定にあたるのは、政府の役人も出席する「地域社会集会」だったのである。

この事例では、提訴者を紛争当該郡(郷)に送り帰したのであるが、そうではなく、提訴を受けた郡役所などに、郷主、郷書記、村長などを召集して、そこで「地域社会集会」を開かせることもあった。ワールウェー郷の郷書記職ワタンをめぐる紛争(一五九八—九九年)では、紛争を起した方がパンハーラー城に行って、郷書記職ワタンは自分のものだと申し立てた。そこで、城の管理官(サーヘブ)が紛争当事者双方を城に呼んで供述をさせた。それから、当郷の郷主、村長、村書記などを城に召集して、「集会」(マジャーラス)を開き、裁定を下した。(SCS IV-715)

このような場合にも、裁定を下すには、郷主、郷書記など「地域社会」の代表者たちが参加した「地域社会集会」を開かねばならなかったのである。紛争が政府に直接、提訴されることもあったが、その場合にも、地方役所などに提訴されたのと基本的には同じことであった。

一六八一年、プネー郡チンチュワド村で村長職ワタンをめぐって紛争が起った。そこで、チンチュワド村の村長カンドージーが「御前」(フズール。時のマラーター宰相ニールカンタ・モーレーシュワルのこと)に出頭して、次のように申し立てた。「私の同族のケーロージーとカムロージーが権利もないのに、私の村長職ワタンに対して紛争を起していますので、この件について書類を書いて下さい」。

宰相は、プネー郡の郷主と郷書記に対して、カンドージーをそちらに送ったので、ケーロージーとカムロージーを召喚し、チンチュワド村の村書記、「ワタン持ち《ダール》」たちを呼び集めて、その「地域社会仲間」の面前で、村長職ワタンが誰のものか決定せよ、という命令書を出した。それで、プネー郡の「地域社会集会」が開かれたが、そこには次のような人々が参加していた。

郷主二人、郷書記、郡内諸村の村長および村書記多数、チンチュワド村の「ワタン持ち」農民たちと「一二種類のバルテー職人」(13)

このように、紛争が政府に直接、提訴された場合にも、提訴を受けた王あるいは宰相が、当該の郡(あるいは郷)の郷主や郷書記に「地域社会集会」を開いて、裁定を下すよう命令し、その裁定を国家の裁定として追認するというのが一般的な手続きだったのである。しかし、提訴を受けた王あるいは宰相が、郷主や郷書記などを「御前」に召集して、集会を開かせて、裁定を下すということもあった。プネー郡ニルタリー郷アースワリー村の村長職の「本家格」をめぐる紛争(一七三一年)は次のようにして裁定された。

(1)アースワリー村の半村長ヴィトージーとその甥トゥラージーとの間に、「本家格」をめぐって争いが起り、トゥラージーがマラーター王国宰相バージーラーウの下に出訴した。

(2)そこで、宰相は双方を御前に呼び、プネー郡の郷主、郷書記および、その時たまたま納税のためにプネーに来ていた(プネー郡)パータス郷の「地域社会仲間」(ゴート)を呼び集めて、双方の供述をきいて裁定を下すように命令した。

(3)それで集会が開かれ、双方の供述をきき、双方に集会の裁定に服するかどうか問い直したところ、承諾したので、双方から集会の決定を守るという同意書(ラージー・ナーマー)を取った。それから双方に証拠書類を提出するようにいったところ、トゥラージーは自分の方には何の証拠書類もないといった。ヴィトージーは四通の証拠書類を提出したので、それらを集会参加者が調べて、裁定を下し、その内容を宰相に書き送った。

(4)裁定書を受け取った宰相は、それを追認し、プネー郡の郷主と郷書記とに対して、プネー郡の正規の「地域社会集会」を開いて、右の裁定書にしたがって集会証書を発行するよう命令した。

(5)そこで、プネー郡の「地域社会集会」が、当郡の司法官(カージー)の出席を得て開かれ、その旨の集会証書(マフザル・ナーマー)を発行した。

(ASS IV-32)

以上の諸事例に示されているように、中世マハーラーシュトラにおける「裁判制度」は、きわめて複雑な形をとっていた。一方では、「地域社会」に固有の自律的な秩序維持機構である「地域社会集会」が、それのみでは十分に機能しえなくなってきたという状況があり、他方では、国家が自前の、独立した裁判機構をもたず、「地域社会集会」に国家の側も参加することによって、それを国家の裁判機構に代位させていたという事情があったために、このように複雑な「裁判制度」が生み出されたのである。

どんな国家でも、それが公権力である以上、社会が抱えこんださまざまな矛盾や問題を調停する機能を果たさないわけにはいかない。ワタン体制の形をとる「地域社会」が、自分自身の力だけでは秩序を維持するのが困難となるほどに矛盾を深めて来た時に、国家は公権力としてワタン体制を維持する機能を果たさざるをえなかった。ワタン体制は、在地の共同体的社会関係であると同時に、国家によって公認された社会制度であり、国家の支配体制そのものがワタン体制に依拠していたのであるから、ワタン体制を維持することは国家の存立にとっても、不可欠だったのである。しかし、中世マハーラーシュトラの国家は、それを自前の裁判機構で行なうのではなく、社会そのものが生み出した自律的秩序維持機構である「地域社会集会」を利用して行なった。この中世マハーラーシュトラにおける、国家公権力の調停機能と「地域社会集会」との相互依存関係は、Ⅱ−五で見た、国家的身分制とカースト制との相互依存関係にぴったりと対応している。この二つの面に、中世マハーラーシュトラにおける国家と社会との関係の特徴が鮮やかに反映されている。

ワタン体制の矛盾

前述のように、中世マハーラーシュトラにおいては、ワタンとくに郷主、郷書記、村長、村書記のワタンのように、資産価値の大きなワタンをめぐっては、しばしば紛争が生じた。土地所有そのものには、一般的に資産的価値がなかったこの時代のマハーラーシュトラにおいては、これらのワタンに付随する得分がもっとも重要な財産であったから、それらをめぐって争いも激しくなったのである。

郷主、郷書記、村長、村書記などのワタンが、得分権として自由に分割したり、譲渡・売買等の処分をすることのできる「物件」化したことは、共同体的社会関係としてのワタン体制の内部に矛盾を深化させることになった。ワタンをめぐる紛争の激化は、このワタン体制内部における矛盾の深化の反映であったから、ワタン紛争はしばしばきわめて長期にわたり、複雑な様相を呈した。

プネー郡パサルニー村の村長職ワタンをめぐる紛争も、そのような性格のものであった。

(1)〈紛争の原因〉 パサルニー村の村長職ワタンはコーンドジーの祖先伝来のワタンであった。しかし、飢饉が起り、農民は四散して、村は荒廃してしまった。そのため、村長は村請の税をとりきめどおりに納入することができなくなって、他国に逃亡した。プネー郡の郡長官(ハヴァールダール)はコーンドジーを呼びもどし、納税しなければ、村長職ワタンを没収して、他の者に与えると通告した。それでも納税しなかったので、郡長官はコーンドジーを牢獄に入れ、リカーメとエーワレーの二人を呼んで、二人にこの村の村長職ワタンの三分の二を与えるので、この村の税を納入せよと命令した。リカーメとエーワレーの二人は「私たちに村長職ワタンの三分の二を与えるという集会証書(マフザル)を下されば納税します」と答えた。

(2)〈集会証書Ⅰ〉 それで、プネー郡の郷主に対して、パサルニー村の村長職ワタンの三分の二をこの二人に譲渡したことを証明する集会証書を発行して二人に与えるよう命令が出された。プネー郡の集会が開かれ、この旨を記した〈集会証書Ⅰ〉が発行されて二人に与えられた(後に、この集会証書の発行手続が問題となる)。その結果、この二人ともとの村長コーンドジーとの間で、村長職ワタンが三分割されることになり、村の土地が三等分されて、それぞれの分担地域が定められた。

(3)〈タル・パトラⅠ〉　こうして五、六年経ったが、ふたたび紛争が起り、コーンドジーは郡の司法官〈サドゥル〉に出訴して、紛争の裁定のために「場所」〈タル〉を指定し、そこに双方を送って下さいと願い出た。そこで、その旨の命令が司法官から出されたので、双方がプネー郡の郷主の所に命令書をもって出頭し、タレガーンウ村を「場所《タル》」に指定してもらった。それによって、タレガーンウ村で集会が開かれたが、その集会で、リカーメとエーワレーの二人がもっている〈集会証書Ⅰ〉は、パサルニー村の「六〇人の農民と一二種類のバルテー職人」の署名がないから偽物だとされ、もとの村長コーンドジーの方が正しいとされた。その結論を記した集会文書〈タル・パトラⅠ〉が発行され、コーンドジーはそれをもって帰ってプネー郡の郷主と司法官とに示したので、リカーメとエーワレーは村の外に追い出された。

(4)〈タル・パトラⅡ〉　しかし、その後もリカーメとエーワレーの二人が騒動を続けたので、今度はチマンガーンウ村が裁定のための「場所《タル》」に指定された。この村の集会でも、二人のもっている〈集会証書Ⅰ〉は、村長コーンドジーを牢獄に入れて無理やり発行させたものだから無効であるとされ、タレガーンウ村の集会で裁定されたとおりに行動せよ、という集会文書〈タル・パトラⅡ〉が発行された。

(5)〈集会証書Ⅱ〉　コーンドジーが〈タル・パトラⅡ〉をもって帰って来たので、プネー郡の「地域社会集会」が開かれ(一六六七年)、コーンドジーが正しいと決定して、その旨を記した〈集会証書

Ⅱ〉を発行して、コーンドジーに与えた。この集会の出席者は次のとおりである。

政府側

郡長官(ハヴァールダール)

郡出納官(マジュムダール)

その他七人

「地域社会」側(デーサク)

プネー郡の郷主

市場長六人

プネー郡内諸村の村長四三人

(SCS VIII-70, 71, 72)

この史料は、中世マハーラーシュトラにおけるワタン紛争が長びいた理由をよく示している。ワタンをめぐって紛争が起ると、紛争に直接関係する郡(あるいは郷)ではなく、他郡(あるいは郷)を「場所」(タル)に指定して、そこの集会で裁定を下してもらうということがよく行なわれた。このような「指定」された「場所」の集会が発行した集会証書を「タル・パトラ」という。しかし、この指定された「場所」の集会による裁定に不服な場合には、他の「場所」を指定してくれるように何度でも要求することができた。しかも、どの「場所」の裁定にも上下の関係がなく、対等であったから、どこかの「場所」の決定が最終的結論となるということはなかった。したがって、紛争を続けようとすれば、いつまでも続けることが可能であった。ワタン体制の内部に大きな矛盾が存在しない段階では、そのようなことはあまり起らなかったであろうが、ワタン体制が内部から変質して、矛盾が大きくなり、ワタンをめぐる紛争が激化してくると、このような在地の「裁判機構」がいわば悪用されて、紛争をいつまでも続けるために利用されたのである。

他方、国家の側では、サドゥルあるいはカージーと呼ばれる司法官を郡(郷)に置いていたが、彼らは自分自身で裁判を行なうのではなく、訴えを受けるとそれをどこの集会に委任するかを決めるだけだったと考えられる。

ところで、政府の役人も出席する「地域社会集会」の決定は、前述のように、単なる「地域社会仲間」の自律的決定なのではなく、国家の決定でもあったのだから、それによって紛争の最終的な決着がついてもよさそうなものである。ところが、それでもなお紛争が続く場合もあった。とくに、資産価値の高いワタンをめぐって、暴力的な横領などを原因として紛争が起った場合には、国家権力の介入によっても、なかなか決着をつけられなかった。シルワル郡の郷書記職ワタンをめぐる長期にわたった紛争はそのような事例の一つである。

(1)ランベーなる者が、シルワル郡の郷書記職ワタンは自分のものだといって、ニザーム・シャーヒー王国の地方官カーネ・アザムに訴え出た。そのため、もとの郷書記であるヴィッタル・カーイデーウは捕えられて、ワーイに連行された。それに対して、ワーイ郡の郷主、市場長、市場書記などがその不当性を訴えたので、諸郡の郷主、郷書記などを集めて集会が開かれた。

(2)集会では、もとの郷書記ヴィッタル・カーイデーウの方が正しいとされ、その旨を記した集会証書(マフザル)が発行された。ヴィッタル・カーイデーウはそれをもってシルワル郡に帰った。

(3)その三年後に、ランベーが再び紛争を起し、郷書記ヴィッタル・カーイデーウの一族を暴力的にワーイに連れて行き、そこに監禁してしまった。

(4)そのため、シルワル郡の郷書記職ワタンは一時国家によって没収されたので、ヴィッタル・カーイデーウは王の下に出頭して、裁定してくれるように要請した。それで王は郡役人(マハールダール)をシルワル郡に送り、付近の四つの郡のデーサクに証言させた。そのうち三つの郡のデーサクはヴィッタル・カーイデーウが正しいとし、残りの一郡のデーサクはその逆の証言をした。その結果、結局、ヴィッタル・カーイデーウが正しいということになった。

(5)それで、政府からシルワル郡の郡役人(カールクーン)、郷主、市場長、市場書記、村長に宛てて、その旨を記した命令書が送付された。

(6)ところが、それでもランベーが妨害を止めなかったので、「地域社会集会」(ハージル・マジャーラス)を開くことになり、結局、ランベーは誤っているという結論になった。この「地域社会集会」の出席者は次のとおりである。

政府側

シルワル郡の司法官(カージー)

シルワル郡の出納官(マジュムダール)

シルワル郡の駐兵所長(ターネダール)二人
「地域社会」側(デーサク)
シルワル郡の郷主
ワーイ郡の郷主
プネー郡の郷主
サースワド郡の郷主
モーセコール郡の郷主
ベーハルワドコール郡の郷主
ヒルダスマーワル郡の郷主
ボール郷の郷主
ウトローリー郷の郷主
その他約一五〇人

(SCS I-10, 13, 21)

この事例に見られるように、ワタン紛争には、国家権力が介入してもなお、なかなか決着のつかない場合があった。この事例も、史料からはここまでしか追跡しえないので、この政府の役人も出席した「地域社会集会」の決定によって、この紛争が最終的に決着したのかどうか、よくわからない。紛争がなおも続いた可能性を否定することは難しいのである。

このように、ワタンをめぐる紛争が、しばしば、国家権力によっても抑制することができないような様相を呈したのは、ワタン体制が内包するに至った矛盾の深さを示している。このワタン体制が抱えこんだ内部矛盾とは、次にのべるような在地領主層の形成を促進した矛盾であった。

三　在地領主

ワタン体制内部における矛盾の深化は、郷主の両義的な存在様式、すなわち「地域社会」という共同体の首長でありながら、同時にまた、実質的には在地における階級的支配者であるということの中に、もっともよく反映されている。ワタン体制という共同体的社会関係の枠組の中で、そこに基盤を置きながら、在地の階級的支配者へと上昇していった郷主層こそ、中世マハーラーシュトラにおける社会変動の担い手であり、一七世紀後半、マラーター王国形成の原動力となったのも彼らであった。

1　「一二谷」の郷主たち

プネーの南西に、「一二谷」(バーラー・マーワル)と呼ばれる地域がある。ガートの山脈《やまなみ》から東に向って、やや平坦になったところで、深い山谷(マーワルとかコールとか呼ばれる)がいくつも口を開いている。「一二谷」というが、一二というのは象徴的な数で、実際にはもっとずっと多いであろう。これらの山谷は、それぞれが一つの郡あるいは郷をなしていることが多く、したがって、そこには郷主がいた。一六四〇年ごろ、シヴァージーがアーディル・シャーヒー王朝の目の届かないガートの山奥で、マラーター王国樹立への動きを始めた時、それに呼応したのは、この「一二谷」の郷主たちであった。(14) 彼らは、ガートの山あい深く蟠踞して、すでに一〇〇〇人ぐらいの兵を動かす実力を蓄えていた。ここでは、「一二谷」の郷主たちの中でも、シヴァージーのマラーター王国建設にもっとも深くかかわったローヒダー谷《コール》ボール郷の郷主ジェデー家の歴史に焦点を合わせて、この時代の郷主の姿を追ってみよう。

ジェデー家には、家の歴史を書いたいくつかの記録(15)(カリーナーと呼ぶ)があり、また、『ジェデー家年表』(16)(ジェデー・シャカーワリー)と呼ばれる年代記風の記録も伝えられている。これらは、相互に喰いちがうところもかなりあり、完全に信頼の置ける史料ではないのだが、これらとジェデー家にかんする他の確実な文書、例えば政府からの命令書や保証書、「ワタン安堵状」などとを照らし合わせることによって、一六世紀から一八世紀までのジェデー家の歴史をほぼ辿ることができる。

ジェデー家の成立

ローヒダー谷(ローヒドコール)郡のもとの郷主はハーンデー家といった。ハーンデー家はデカン北部のジュンナルに住んでいたので、一人の娘をローヒダー谷カランワデー村の村長ラーマージー・ダグデーに嫁がせ、彼を郷主の代理人とした。そうこうするうちに、ダグデーは強力になり、実質的にはローヒダー谷の郷主のようになっていった。一方、カタークウ郡ネレー村の村長の一族であったゴーカージーは、牧草地を求めてローヒダー谷のウトローリー村にやって来たが、その後、ラーマージー・ダグデーに仕えるようになり、その郷主職の代理人の役目をつとめるようになった。このゴーカージーの長子がケロージー、次子がバージーで、このバージーがジェデー家の祖である。時は一六世

ジェデー家系図

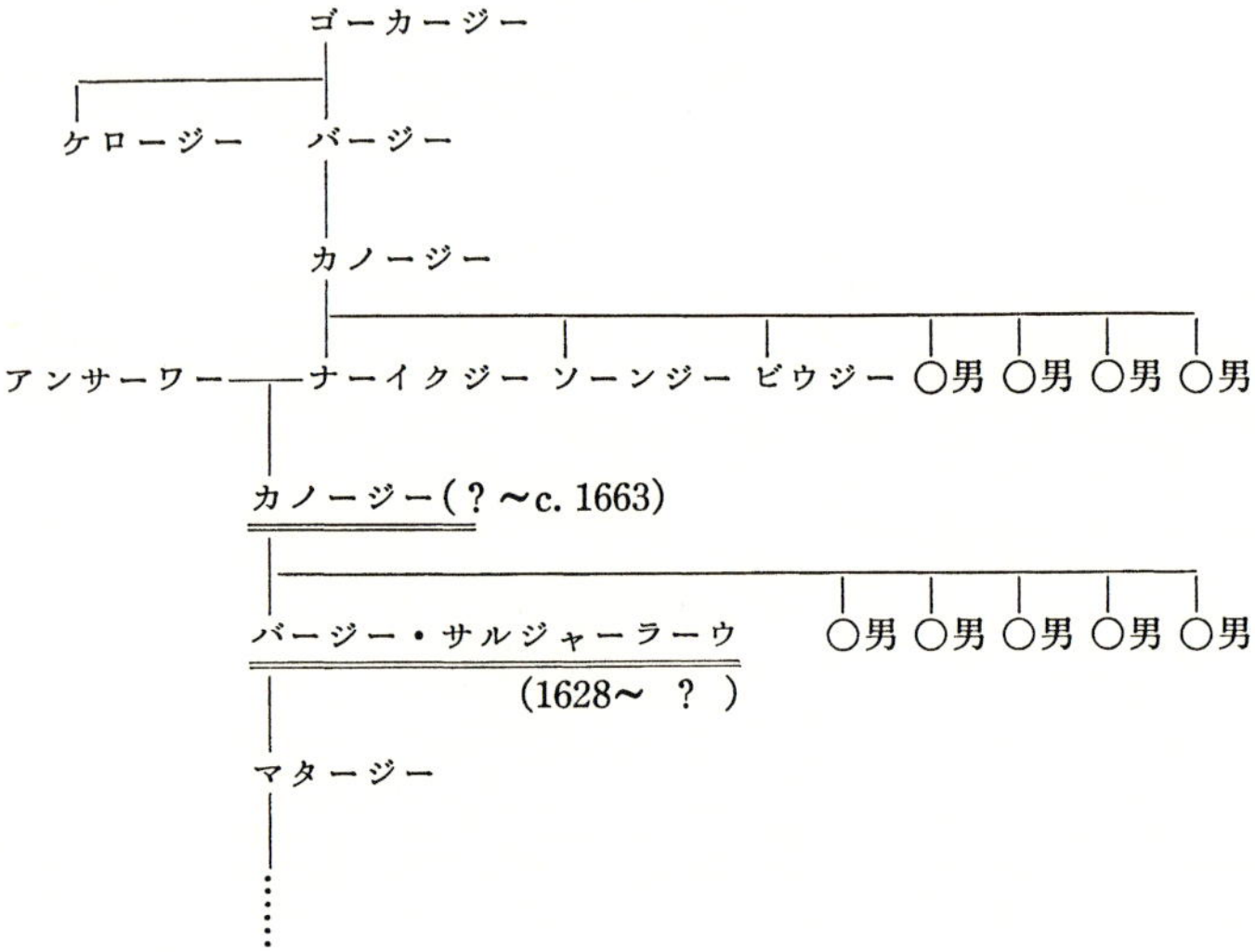

紀の初めのことであった。

他方、ラーマージー・ダグデーには子供が生れなかったので、二番目の妻を娶ることにした。パスヴェー村の村長の娘がワーイ郡パサルニー村の村長コーパデー家に嫁入りしていたが、夫が死んだので実家に帰っていた。ダグデーはこの出戻り娘を妻に貰ったが、彼女には前の結婚で生れた息子アーコージー（あるいはアパージー）・コーパデーがいて、母とともにダグデー家に来た。このアーコージー・コーパデーが、ジェデー家と宿命的な対立を続けることになるローヒダー谷ウトローリー郷の郷主コーパデー家の祖である。(17)

その後しばらくして、ラーマージー・ダグデーが死去したため、ローヒダー谷の郷主職ワタンの継承をめぐって紛争が起った。

ダグデーには嫡子がいなかったから、養子としての権利を主張するコーパデーと、郷主代理としての権利を主張するジェデーとの間に争いが生じたのであろう。しかし、この時は、郷書記の説得で、両者が協力して郷主職の職務を行なうことになった。

このころ、この辺の山地には、「山の民」コーリーがたくさんいて、付近の村々を荒していた。そこで、ケロージー・ジェデーは、シルワル郡シルワル町の駐兵所(ターナー)を介して、バリード・シャーヒー王朝(バフマニー朝をついだ王朝で一五二〇年ごろまで存在)の都ビーダルに行き、郡内の荒廃した状況を報告した。政府の方でいろいろ調べてみると、ローヒダー谷には勅令によって任命された郷主がいないことがわかった。それで、ケロージー・ジェデーに対して「農民たちを呼び集め、森を切り拓き、国(ムルク)を繁栄させよ。そのためにローヒダー谷(ローヒドコール)郡の郷主職を授与する」という勅令

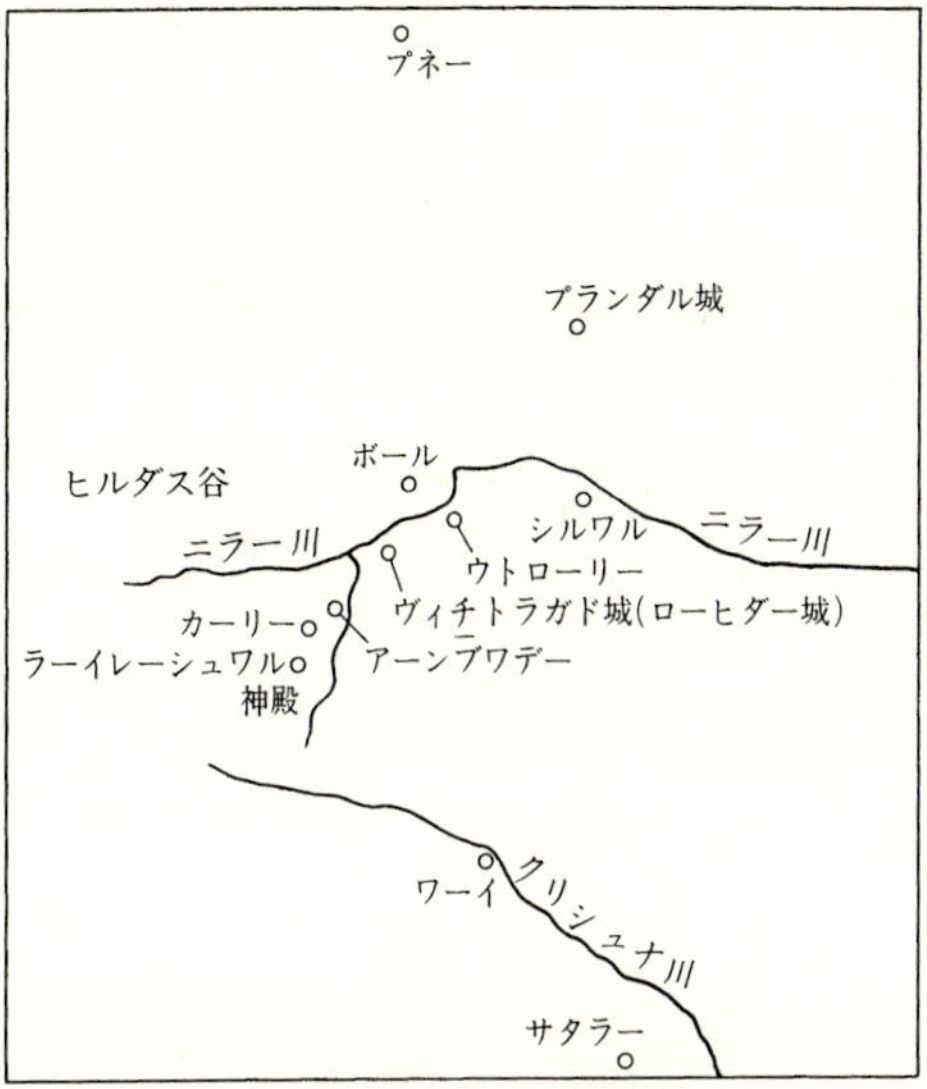

ローヒダー谷(ローヒドコール)

が与えられ、同時に栄誉の衣が下賜された。ケロージジー・ジェデーはこの勅令をもってシルワル郡に帰り、駐兵所に行って、その所長に勅令を見せた。それからローヒダー城に行って、城番役頭にも勅令を見せ、ローヒダー谷に帰って、郡内の取り締り(バンドーバスト)を行なうことになった。そこで、ケロージジー・ジェデーは自分の配下のマハールをまず、ローヒダー谷に派遣したところ、このマハールが途中でアーコージジー・コーパデーに出会って、ケロージジー・ジェデーがローヒダー谷の郷主職ワタン叙任の勅令をもらったこと、今シルワル町にいるが、明日の日曜日にもローヒダー谷に帰ってくることを告げた。これを聞くと、コーパデーは配下の者たちと相談して、ケロージジー・ジェデーが郷主に任命されたといって、自分の主人のような顔をするのは許せない、彼をローヒダー谷に入れないで自分が郷主職を行なう、と決めた。そして、その日曜日の朝、コーパデーは手兵を率いて、ゴード峠《キンド》に待伏せし、ケロージジー・ジェデーの一行に襲いかかり、ケロージジーらを殺害してしまった。ケロージジーの弟バージジー・ジェデーは、その時ウトローリー村にいたが、知らせを聞いて恐れを抱き、一族郎党を連れて、グンジャン谷《マーワル》の郷主パーサルカル家に身を寄せた。パーサルカル家では、その一人の娘をバージジー・ジェデーに与えた。しかし、ここも安心できなくなったので、さらにガートの山脈を越えてコンカン海岸のダーウディー港《バンダル》に逃れた。一方、コーパデーはケロージジー・ジェデーの貰って来た郷主職叙任の勅令と栄誉の衣を川の深みに沈めてしまった。

バージジー・ジェデーは六カ月間の糧食を備えた上で、ダーウディー港に家族をおき、コーパデーに反撃するために、ガートの山脈をぬって、ボール谷の奥地ラーイレーシュワルの神殿にやって来た。

彼はこの神殿の前で、彼の「一二人の郎党」(バーラー・ムルヴェー)との間に、「牛乳と米」、「ベールの木の葉とウコンの粉」にかけて、次のような誓約を立てた。すなわち、「一二人の郎党」はローヒダー谷の郷主職を取り戻すために力を尽す、そのかわりに、郷主職を取り戻したならば、その得分の半分を「一二人の郎党」に与えるという誓約である。その上で、今後の行動について相談し、コーパデーを殺すほかないということになり、機会をうかがっていた。そこに、コーパデー家では、カランワディー村で結婚式を行なうことになっているという知らせが届いたので、この結婚式を襲うことに決定した。「一二人の郎党」たちは、それぞれの任務をきめ、バージー・ジェデー他一名はラーイレーシュワルに残り、他の「一二人の郎党」たちが結婚式を襲撃して、七人を殺害して、ラーイレーシュワルに戻った。

この事件は王国政府の知るところとなり、ローヒダー城の管理官(キッレダール)に対して、双方を呼び集め、「地域社会集会」を開いて、双方の供述をきき、調停を行なうようにとの命令が出された。そこで、シルワル町のワトの木の下に、ローヒダー城の城番役、地方役人、村長、マハールなどたくさんの人々が集って集会を開いた。集会では、ケロージー・ジェデーが王の勅令をもって来たのに、それを殺害してしまったのであるから、コーパデーが悪い、ジェデー家が郷主職ワタンを取るべきである、と決定された。しかし、ジェデー家にのみ郷主職を与えると、コーパデーがまた紛争を起すであろうから、ジェデーの方にも、コーパデー家の結婚式を襲った罪を認め、ローヒダー谷の郷主職ワタンを二分して、双方に半分ずつ与えることになった。その結果、ローヒダー谷四〇カ村を、ボール郷二〇カ村、ウトローリー郷二〇カ村に分け、二本のクジをつくり、アーンブワデー村のナーガナート神殿の前におき、集会参加者の面前で双方にクジを引かせた。ボール郷のクジをジェデーが、ウトローリー郷のクジをコーパデーが引きあてた。郷主の免税村(イナーム)四カ村も二カ村ずつに分けた。「地域社会集会」でこのように調停したことをシルワル町の駐兵所の役人に伝え、承認されたので、以後、このような形で双方が郷主職を享受することになった。

こうして、バージー・ジェデーはボール郷の郷主職を獲得したので、誓約どおり「一二人の郎党」に郷主職得分の半分を与えねばならなかった。しかし、郷主職ワタンのさまざまな得分をすべて二等分するのは困難であるし、村人にも迷惑をかけるので、カーリー村全村からの得分をすべて「一二人の郎党」に与え、彼らはこの村に居をかまえることになった。カーリー村は、ジェデー家の本拠で免税村であるアーンブワデー村のそばにあり、もともとは「山の民」コーリーが住みついていた「分村」(ワーディー)であった。それにカーリー村という名前をつけて、そこに「一二人の郎党」が居を構えることになったわけである。

その後、ジェデー家ではバージーの後を、その息子カノージーが継いだ。その頃、ローヒダー城から徴税役人(ワラートダール)が来て、ボール郷全体の税として四〇〇〇タカーを納入するよう命令した。カノージーはこれを聞いて怒り、徴税役人を追いかえしてしまった。それで、城から兵がさし向けられたが、ジェデー家の側は一族郎党をひきつれてカーリー村にたてこもった。カーリー村は山深いところにあったので、軍は行くことができず、城にもどった。しばらく後、ジェデー側(具体的にはカノージーの七人の息子)は考えを変えて、城に出頭し、城の役人(ハーキーム)に詫びを入れた。しかし、役人はなかなか納得せず、結局カノージーは隠居して、その末子ナーイクジーが後を継ぐことになり、ボール郷の郷主に任命された。

それで、ナーイクジーが郷主職を行なっていたのであるが、彼の兄弟たちはヒルダス谷《マーワル》の郷主バーンダル家に身を寄せて、反抗をはじめ、結局ナーイクジーを殺してしまった。それに対して、「一二人の郎党」は集って相談し、ナーイクジー殺害の下手人として、その二人の兄を殺すことに決めた。だが、「一二人の郎党」のうちの頭《かしら》(プラダーン)であったラーウートとゴーラプは、ジェデー家の人々に害を加えることはできないといって拒否した。そこで、サーングヴィー村にいたゴーラプの縁者の者が他の者たちに呼びかけて、ナーイクジーを殺した二人の兄を殺害した。そのため、「一二人の郎党」の頭の職(プラダーンキー)はラーウートから取りあげられて、ゴーラプの縁者に与えられた。その上で、彼らは城に出頭して、事情を説明し、誰が郷主職につくか決定してほしいと願い出た。城の管理官は、ナーイクジーの妻アンサーワーに郷主職を行なわせるという決定を下した。アンサーワーはその時妊娠していたが、六カ月後に子供を生み、祖父の名を取って、カノージーと名づけた。ところが、ナーイクジーの残りの四人の兄弟がアンサーワーを殺してしまった。その時、婢の子をカノージーと誤って殺した。カノージーはモーセ谷《コール》の郷主パーサルカル家に逃れ、そこで育てられて、その一人の娘と結婚した。そして、一三歳の時に、パーサルカル家の手兵に守られて、カーリー村に戻り、ボール郷の郷主の職についた。

表13　「12人の郎党」とその「持高」

1	ゴーラプ(頭《かしら》)	2　タカー
2	ペートカル	1.5
3	コーダールカル	3
4	デーウ・マーハーラー	2.25
5	ゴードワラー(ゴーダーワラー)	1.5
6	ベーラングカル・ジェデー	3
7	ワードカル(ワードワーカル)	1.5
8	コーチャレー	1.5
9	サナス	1.5
10	トゥペー	1.5
11	デーカーナー(デーカーパー)	1.5
12	ジェデー一族のもの	2.25
13	チュダーナー(チュナーデー)	1.5
		24.5　タカー

(SCS Ⅱ-337. カッコ内の名前は他の史料に出てくるもの. なお, 残り15.5タカーは郷書記,「12種類のバルテー職人」などの「持高」である)

カノージー・ジェデー

この時、カノージーは自分を支持してくれた「一二人の郎党」に対して、カーリー村の彼らの得分を再確認した。その再確認の文書(一六一八年一二月九日付)によれば、カーリー村の「村高」は全部で四〇タカーで、「一二人の郎党」の名前とそれぞれの「持高」は表13のとおりである。(このカノージーとその息子バージー・ジェデーの時代がちょうどマラーター王国建設の時代で、ジェデー家の全盛時代であった。)

その後、ヒルダス谷《マーワル》の郷主クリシュナジー・バーンダルがボール郷との境界をめぐって紛争を起し、ボール郷に襲撃してきた。バーンダルは前後六度にわたって攻撃をかけたが勝利を得ることができなかった。そこで、バーンダルはカーサール峠《キンド》に「戦いの塔」(ランカーンブ。戦いの双方のための目印の塔)を立て、そこに一二五〇人の軍勢を集めた。「戦いの塔」が立てられたのを見たジェデー家の側では、総勢を結集して、兵力七〇〇人をもって「戦いの塔」をめざした。こうして、双方の間で本格的な戦闘が行なわれ、双方に多数の死者を出した。ジェデー家の側では、「一二人の郎党」の何人かを含めて、三〇〇人の死者を出した。死者があまりにも多かったので、その死体を焼くために、家を壊してその材木で焼かねばならないほどであった。この戦いをもって、両家の戦闘は一応終結した。

しかし、一六二四年、ジェデー家とバーンダル家の間に、再び紛争が起った。カノージー・ジェデーは、ニザーム・シャーヒー王国の首都アフマドナガルに行って、次のように願い出た。ヒルダス谷《マーワル》郡の二、ラーイレーシュワルの山のところで、ボール郷のカーリー村など三カ村と、クリシュナジー・バーンダルがまた新たに紛争を起し、ボール郷の三カ村の農民たちが耕作できないようにしたため、この三カ村は荒廃してしまいました。また、かつて、ボール郷のアークサーレー村とヒルダス谷《マーワル》郡のバーウカル村との間に境界争いが起り、ボール郷の側の村のマハールが「火の神裁」を受けて、正しいとされました。それにもかかわらず、バーンダルの側では占拠した土地を返そうとしません。さらに、両郡の間をニラー川(ビーマ川の支流)が流れていますが、このニラー川の両岸ともバーンダルの領地だと主張し、ボール郷のボーイー(一般には「駕籠かき」のカーストだが、ここでは川魚を取ることを職業としていた人々)たちが川の水の中に入ることを許しません。このような高圧的な振舞(シルゾーリー)をしていますので、どうかやめさせて下さい。(SCS II-238)

このカノージー・ジェデーの願い出にこたえて、ニザーム・シャーヒー王国の有名な宰相マリク・

アンバルは、バーンダル家に対して、紛争を起すのをやめ、以前の取りきめどおりに行動せよという命令を下した。(SCS II-237)

当時、ニザーム・シャーヒー王国は、北からムガル帝国に圧迫されて苦しんでいたが、名宰相マリク・アンバル(彼はエチオピアの出身であった)の指揮下に、抵抗を持続していた。しかし、一六二六年、マリク・アンバルが死ぬと、ニザーム・シャーヒー王国は急速に衰退していった。カノージー・ジェデーは、弱体化したニザーム・シャーヒー王国を見限って、南のアーディル・シャーヒー王国に服属することを考えて、その部将ラーンドゥラー・ハーンと交渉をはじめた(SCS II-226, 227)。ラーンドゥラー・ハーンはカノージー・ジェデーに対して「貴殿がかつて罪を犯したこと(ニザーム・シャーヒー王国の武将としてアーディル・シャーヒー軍と戦ったことを指すのであろう)を許すので、心配することなく帰順せよ。この件については私が保証する」(SCS II-227)という「保証書」(カウル)を出した。

ところで、前述(III-一-3)のように、「地域社会」がその服属する国家を変える時には、服属の条件として、「地域社会」内のすべてのワタンを一括して「安堵」してもらうのが普通であった。この時も、カノージー・ジェデーはアーディル・シャーヒー王国政府にボール郷にかんする「ワタン安堵状」の発給を求めて、認められた。それにかんして次のような命令書が一六二八年一月二〇日付でローヒダー谷《コール》郡の役人(カールクーン)宛に出された。

ボール郷の郷主カノージー・ジェデーは御前に参上して、次のように言上した。「当郷の郷主は、アーンブワデー村からあらゆる税を取る権利、郷内の村々からの役得（ハック・ラージマー）、サーハーネ・サーリー（意味不明）およびカーリー村を保護する権利（パーラク、ただし意味がよくわからない）を、……当郷の郷書記は免税地（イナームティー）と役得、市場長は役得と免税地、村々の村長、バルテー職人、マハールたちは免税地と役得を、年々、代々の王朝の下で享受して来ています。（この旨の）シュフール暦一〇〇九年（西暦一六〇八―〇九年）のマリク・アンバル殿の証書もあります。ところが、シュフール暦一〇二七年（西暦一六二六―二七年）に、宮廷から当郷に宛てて、次のような命令が出されました。『当郷の郷主、郷書記、市場長、市場書記、村々の村長、バルテー職人たちは、免税地および役得を享受しているが、それについて証書があるかどうかを調査し、宮廷に書き送れ。宮廷から返事があったならば、それに従って行動せよ。それまでは、一切享受させてはならない』。この命令に従って、郡役人（カールクーン）が（私たちに対して）宮廷から新しい勅令をもらって来い、それに従って安堵（ドゥマーラー）をするといっております。そこで、私たちの上に恩恵を賜り、勅令を下賜して下さるようお願い致します」。これを考慮して、ボール郷の郷主に勅令が下賜された。すなわち、郷主のアーンブワデー村のあらゆる税に対する権利および村々からの役得、サーハーネ・サーリー、カーリー村の保護権、郷書記の免税地と役得、市場長の免税地と役得、村々の村長、村長補、バルテー職人、マハールたちの免税地と役得が、マリク・アンバルの証書によって、シュフール暦一〇二七年（西暦一六二六―二七年）まで、年々、享受されてきたとおりに、今後も享受させよ。年々、新しい勅令を求

めることはするな。この勅令の写しを取り、原本はボール郷の郷主に返せ。(SCS II-203)

このようにして、カノージー・ジェデーはアーディル・シャーヒー王朝に服属し、ラーンドゥラー・ハーンの配下に配属された。

一方、衰弱したニザーム・シャーヒー王国では、マラーター王国の建設者シヴァージーの父シャーハジー・ボーンスレーが幼帝を擁して、最後の抵抗を続けていた。しかし、一六三六年、アーディル・シャーヒー王朝のラーンドゥラー・ハーンの軍勢とムガル軍の連合軍に攻撃されて、ついにニザーム・シャーヒー王国は滅亡した。シャーハジー・ボーンスレーは、一万二〇〇〇人の騎兵をもってアーディル・シャーヒー王国に仕えることになった。この時、カノージー・ジェデーはラーンドゥラー・ハーンの軍営にいて、シャーハジーとはじめて会った。その後、マーワル地方がシャーハジーの封土(ジャーギール)になったので、カノージー・ジェデーはシャーハジーにつくことになった。この時から、後のマラーター王国の王家ボーンスレー家とジェデー家との密接な関係がはじまった。

一六四〇年ごろになると、前述のように、シャーハジーの息子シヴァージー・ボーンスレーが、「一二谷」の郷主たちを徐々に味方につけて、独立の王国をつくろうとする動きを見せはじめた。この動きはアーディル・シャーヒー王国政府の察知するところとなり、カノージー・ジェデーに対して、一六四四年八月一日付で次のような命令書が出された。

シャーハジーの息子シヴァージーが反乱を起し、その代官ダーダジー・コーンドデーウがコンダナ城(を占領して、そこ)にいる。それゆえ、彼らの動きを止めるために、カンドージー・コーパデーとバージー・コーパデーが宰相とともに派遣された。その方も軍勢を率いて彼らに合流し、ダーダジー・コーンドデーウに懲罰を加えよ。(18)

しかし、カノージー・ジェデーはこの命令を無視して、シヴァージーの動きに呼応することにした。シヴァージーからローヒダー谷《コール》郡の郷書記ダーダジー・プラブーへの手紙(一六四五年五月一六日付)によれば、カノージー・ジェデーら「一二谷」の何人かの郷主たちは、ラーイレーシュワル神殿の前で、シヴァージーと「ヒンドゥーの自分たちの国」(ヒンドゥヴィー・スワラージュヤ)を建設する誓いを立てたとされている。(19)これは一六四四年から四五年にかけての頃のことであろう。

一六四五年には、アーディル・シャーヒー王国政府からカノージー・ジェデーに宛てて、次のような難詰の手紙が来た。

シヴァージーが反乱を起し、ローヒダー城(後にヴィチトラガド城と改称)を攻め取り、そこに兵を駐屯させた。それから、新しい城を築きラージュガドと名づけた。それにもかかわらず、その方はシヴァージーに従い、彼に税を支払っている。もし、その方がシルワル町の(アーディル・シャーヒー王国の)駐兵所長(ターネダール)の下に出頭して、忠誠を誓わないならば、死をもって償うことになるであろう。(20)

その後、カノージー・ジェデーはシャーハジー・ボーンスレーに従って、はるか南方、カルナータカ地方のバンガロールに行って、勤仕していた。その時、シヴァージーがコーダーナー城(後にシンハガド城と改称)を攻め取ったことなどのために、その父シャーハジーはバンガロールで逮捕され、牢獄に入れられた。この時、カノージー・ジェデーも一緒に牢獄に入れられた(一六四八年六月)。その後妥協が成り立ち、一六四九年九月にはシャーハジーとともにカノージー・ジェデーも釈放された。シャーハジーは、今後はシヴァージーに仕えるようにとカノージー・ジェデーを故郷に帰らせた。

ボール郷に戻ったカノージー・ジェデーは、自分の五人の息子たちがそれぞれちゃんとやって行けるように、郷主職ワタンを分割して譲渡しようと考えた。それで、一族郎党、郷書記、村々の村長や「一二種類のバルテー職人」などを召集して、ボール郷の「地域社会集会」(ハージル・マジャーラス)を開いた。その結果、長子のバージー・ジェデーにはボール郷郷主の印形および免税村、免税地、役得などすべての半分を譲渡し、残りを他の四人の兄弟で均分するということになった。この時のジェデー家全体の郷主職ワタン得分は、次のとおりであった。

金納得分

一　村々からのショール料(パッティー・パーソーディー)　五〇五タカー

一　年ごとの棟割りの得分(シスト・サーラーバード)　二一九タカー三六ルカー

この二つの得分から、ヴェーンワディー村の「村高」が二〇タカー三二ルカーだけ実際よりも高いので、それを控除すると、合計七〇四タカー四ルカー

一　村々からのヨーグルト料(ダーヘ・ジャマー)　一三タカー三六ルカー

一　ダサラー祭の犠牲の山羊代(ダサラー・バカラー)　四二タカー

一　大工からの寝台料(パラング)　四二タカー

一　マハールからの無償労働(ラーブヌーク、代金納)　一八タカー三六ルカー

一　堂守り(グラウ)からの得分(ソートラ)

チカルガーンウ村　一タカー三九ルカー

ナータンビー村　一タカー四・五ルカー

計　二タカー四三・五ルカー

一　免税村の大工からの寝台料(パラング・ニスバト・スタール・モカーサーバーブ)

チカルガーンウ村　一タカー三四・五ルカー

ナータンビー村　一タカー一・五ルカー

アーンブワデー村　一タカー

計　三タカー三六ルカー

一　免税村のマハールからの無償労働(パーデワール・モカーサーバーブ)

チカルガーンウ村　九〇ルカー

ナータンビー村　三五ルカー

アーンブワデー村　一ルカー

計　一二六ルカー

以上総計　九五三タカー一一・五ルカー

現物の得分

一　村ごとに一カンディーの得分(ガーンウ・カンディー)　二一カンディー

一　種子料(ビージュ・マン)　一カンディー一マン

一　豆(ウディード・マン)　一カンディー一マン

一　犂料(アーウート)　一〇マン二〇シェール

一　免税村の堂守り《グラウ》からの得分(ソートラ)

チカルガーンウ村　二マン

ナータンビー村　一マン一シェール

計　三マン一シェール

一　マハールからの無償労働(ラーブヌーク・ニスバト・マハール。代物納)　三カンディー一八マン

以上総計　二七カンディー一三マン二一シェール

免税村の持分

一　カーリー村、「村高」四〇タカー、それから、レーコージー・ジェデーの「持高」三タカーとデースジー・ジェデーの「持高」一タカーを控除して、三六タカー分

一　チカルガーンウ村、「村高」一〇〇タカー

一　ナータンビー村、「村高」六〇タカー

一 アーンブワデー村、「村高」八〇タカー、そこからレーコージー・ジェデーの「持高」五タカー、エサージー・ジェデーの「持高」三タカー、村長の免税地分二タカーを控除して、七〇タカー

一 ヴェンワディー「地所《セート》」六タカー(21)

このように、郷主としてのジェデー家は、郷内の村々やそこに住むさまざまな人々から、さまざまな名目で大きな得分を取ることができたのである。この郷主職ワタン得分がジェデー家の軍事行動を支える経済力の源泉であった。金納得分の中に、ショール料、ヨーグルト料、寝台料などという項目が見られるが、これらはもともとは「地域社会」の首長としての郷主への現物の貢納だったのであろう。それが代金納化され、明確な得分とみなされるようになっているところに、共同体首長から階級的支配者への郷主の変質過程を見ることができるであろう。

郷主職ワタンを分割、譲渡した後も、カノージーは隠居してしまったわけではなく、シヴァージーに従って、マラーター王国建設の動きを進めていた。一六五九年、アーディル・シャーヒー王国は、部将アフザル・ハーンに大軍をつけて、シヴァージー追討に向かわせた。カノージー・ジェデーにも参軍するようにとの命令書が来たが、カノージーはそれをもってラージュガド城のシヴァージーの下に行き、シヴァージーに従うことを誓った。カノージーは、バーンダル家、シリムカル家、パーサルカル家、マルネー家、ダマーレー家、マラル家、ドール家など「一二谷」の他の郷主たちからもシヴァージーに従うという誓約を取りつけた。一六五九年一一月一〇日、シヴァージーは単身でアフザ

ル・ハーンと会見に行き、隠し持った短剣でアフザル・ハーンを殺した。それを合図に、周囲にひそんでいたマラーター軍はアーディル・シャーヒー軍に襲いかかり、壊滅的な打撃を与えた。この戦争では、カノージーだけでなく、その息子バージー・ジェデーも勲功をたて、サルジャーラーウの称号を与えられた。この後、この称号がジェデー家代々の当主の称号となった。この敗戦によって、アーディル・シャーヒー王国は弱体化し、シヴァージーの動きを抑制する力を失った。シヴァージーの敵は、この後はムガル帝国となった。

この戦闘の後、ジェデー家ではカノージーに代って、バージー・サルジャーラーウ・ジェデーが中心となったようである。この後、カノージーの名前は史料に現れなくなる。彼がいつ死んだのか明確ではないが、諸史料から見て、多分一六六三年ごろであろう。

バージー・ジェデー

ムガル帝国はニザーム・シャーヒー王国を滅ぼした後、さらに南に征服の歩を進めようとして、今度はアーディル・シャーヒー王国を圧迫しはじめた。しかし、この二つのムスリム王国が相争っている間に、ガートの山あい深く、マラーターの王国が建設されつつあることに気づいたムガル帝国は、シヴァージーやその配下の郷主たちを攻撃しはじめた。

一六六二—六三年に書かれた、シヴァージーのバージー・ジェデー宛の手紙には、次のように書かれている。

その方の郷にムガル軍が追跡に行ったという知らせを間諜がもたらした。……その方の郷内の村々に命令を出し、子供に至るまですべての人々を、山の麓の入りくんだ場所（バーンク）に送れ。ムガル軍の害が及ばないような場所に送れ。（MIS XV-276）

ムガル帝国とシヴァージーの間には、和睦の試みもしばしば行なわれた。一六六五年にはラージプートの名族ジャイ・シングがムガル軍の総指揮者としてデカンに到着した。シヴァージーは長子サンバージーを伴って、ジャイ・シングと会見し、和睦について話し合った。その時には、バージー・ジェデーもシヴァージーに従っていた。翌一六六六年には、ジャイ・シングの仲介で、シヴァージーははるばるとムガル帝国の首都、アーグラに行き、アウラングゼーブ帝と会見した。この時も、バージー・ジェデーはシヴァージーの供をしていた。アーグラで軟禁されたシヴァージーが、洗濯物の大きな籠にひそんでムガルの宮廷を脱出したのは、マラーター史に名高いエピソードである。一六六九年、シヴァージーとムガル帝国との和議は最終的に崩壊し、この後、シヴァージーはデカンのムガル帝国の城を次々と攻め落していった。

こうして、ガート山地を中心として、独立の領土を確立したシヴァージーは、一六七四年六月六日、ラーイガド城でヒンドゥーの古式に則った即位の灌頂の儀式を行ない、マラーター王国の王位についた。この即位に際して、シヴァージーはジェデー家、バーンダル家などマラーター王国建設に功績のあった「一二谷」の郷主たちに、次のように約束したという。

その方たちのワタンを我が子孫は享受させ続けるであろうし、その方たちに何か不正があっても、それを許すであろう(22)。

一六七七年、シヴァージーが南方カルナータカ地方に遠征軍を送った時には、バージー・ジェデーがその総指揮者であった。

一六八〇年四月三日、マラーター王国初代王シヴァージーは死去し、長子サンバージーが王位を継いだ。一六八一年ムガル帝国のアウラングゼーブ帝は、自らデカン征服戦の指揮を取るためにデカン北部の町アウランガーバードの軍営に入った。これ以来、ムガル帝国の圧力は高まり、バージー・ジェデーもムガル軍と一定の関係をもたざるをえなくなった。一六八九年二月、マラーター王サンバージーはラーイガド城をムガル軍に急襲されて、捕虜とされた。同年三月、サンバージーはビーマ河畔で、皮膚を少しずつ剝ぎ取られるという拷問の末に惨殺された。サンバージーの異母弟ラージャラームはラーイガド城から脱出して、はるかに南、カルナータカ地方のジンジーに逃れて王位についた。

こうして、ボール郷を含むマーワル地方はムガル帝国支配下に入れられたので、バージー・ジェデーは、アウランガーバードに出頭して、ボール郷の郷主職ワタンの安堵を願い出た。それにこたえて、一六八九年五月一一日付で、アウラングゼーブ帝の「保証書」(カウル・ナーマー)が出された。それには、ボール郷の郷主職ワタンを安堵するので、カーリー村に一族郎党、所従とともに居住し、何の恐れを抱くことなく、当郷の繁栄につとめよ、代理人をシルワル町の駐兵所(ターナー)に出し、郷主職ワタンに付随する免税村、役得などの一覧表を提出せよ、とされていた。(SCS II–223)

ジンジーに本拠を移したマラーター王国は、すぐに勢力をもりかえし、ムガル支配下に入った郷主たちにムガルを離れてマラーター軍に参加するように呼びかけた。バージー・ジェデーには一六九〇年三月二二日付で、ラージャラーム王の手紙が届き、サンタージー・ゴールパデーとタナージー・ジャーダウを総指揮官とする四万のマラーター軍が北上したので、全兵力を結集してそれに合流するように要請してきた。(23)

一方、アウラングゼーブ帝がトゥラープルの軍営に来て、付近の郡、郷の郷主たちを召集したので、バージー・ジェデーも出頭した。そこで、アウラングゼーブはバージー・ジェデーとバーラージー・コーパデーにローヒダー城を占領するように命令した。バージー・ジェデーはそれを断り、コーパデーが引き受けたので、バージーは危険を感じ、カーリー村に逃げ帰った。この時、アウラングゼーブはプランダル城などを占領したが、バージー・ジェデーは、プランダル城の城兵だった「山の民」コーリーやラーモーシーとともに、プランダル城を取り戻すことを決意した。バージーはラージャラーム王に会見するために乞食坊主に変装してジンジーに行った。そして、ラージャラーム王に対して、「シヴァージー大王が、マーワル地方の諸郡、郷の郷主と郷書記のワタンを収公《アマーナト》されましたが、これを解除して下さい」と申し出た。この願い出は許されて、各郡、郷の地方官宛にその旨の命令書が出された。ボール郷の地方官宛のものは残っていないようであるが、次のようなグンジャン谷《マーワル》郡の地方官宛のもの(一六九〇年一〇月六日付)と同文だったと考えられる。(24)

今日まで三〇年間、我が国では、ムガル軍の騒動が続いてきた。そのために国は荒廃してしまった。昨年、ラーイガド城がムガルの手におち、ムガル支配が行なわれるようになった。しかし、今日、神の恩寵により、我が国では統治がよく行なわれるようになった。それゆえ、当郷の郷主、郷書記、その代官、村長、村長補、その他のワタン持ちたちが(ジンジーの)御前に来て、次のように請願した。「私たちワタン持ちたちは殿の足下に二心なく勤仕して来ました。故大王様(シヴァージー王)の時代に、私たちのワタンを収公し、その代りに得分を(現金で)決めました。(その後)敵の騒動のために、そして飢饉(ドゥカール)のために農民たちは流亡するか、あるいは死亡しました。残っている者も、食べるものもなく、住む家もありません。農民たちも戻ってこようという考えでありますので、農民たちを安堵させ、土地を耕作させ、殿の城番勤務やその他の仕事に助力をしなければなりません。そこで、殿には私たちワタン持ちたちの上に恩恵をたれて、私たちのワタン、免税地(イナーム)、免税村(イサーファティー)、諸権利の享受をお認め下さい」。以上のように請願した。……そこで、郷主、郷書記、その代官、村長、村長補、その他のワタン持ちたちのワタン、免税地、免税村、諸権利をすべて安堵(ドゥマーラー)する。(MIS XVII-21)

これは前述(Ⅲ-一-3)の「ワタン安堵状」とほぼ同性格のものである。

一六九一年八月、バージー・ジェデーはふたたびジンジーに行って、ラージャラーム王に会い、ボール郷のみならず、「一二谷」のすべての郡、郷に対して「ワタン安堵状」を発給してくれるように願い出た。ボール郷宛の「ワタン安堵状」は前出(Ⅲ-一-3)のものであるが、他の郡、郷宛の「ワタン安堵状」には、それがバージー・ジェデーの仲介によるものであることが明記されている。ここでは、グンジャン谷《マーワル》郡宛の「ワタン安堵状」を見てみよう。

（シヴァージー王の）即位一八年バードラパド月陽半月二日、ラージャラーム王はグンジャン谷《マーワル》郡の郷主、郷書記、村書記、村長補、市場長、市場書記、その他（のワタン持ちたち）に、次の如き安堵状（アバヤ・パトラ）を与える。ローヒダー城区（ボール郷）の郷主（バージー・）サルジャーラーウ・ジェデーがジンジーの殿の御前に来て、次のように言上した。「グンジャン谷《マーワル》郡のワタン持ちたちや農民たちは、王の足下に二心なく勤仕してきました。それゆえ、王には恩恵を賜り、ワタン持ちたちのワタンを、以前ニザーム・シャーヒー王朝やアーディル・シャーヒー王朝の下で続いて来たとおりに、今後も続けるようにとの命令を出して、私たちには安堵状を御下賜下さい」。（以下、ボール郷宛の「ワタン安堵状」と全く同文。SCS II-225）[25]

この後、マラーター王国の勢力は強まり、シヴァージーの領土を回復しただけでなく、ムガル軍を北へ北へと圧迫していった。アウラングゼーブもその晩年にはマラーター勢力を屈服させることが不可能なのを認めていた。一七〇七年、アウラングゼーブは二五年以上にもわたるデカン征服戦に倦み疲れて、アウランガーバードに死去した。ムガル軍に捕えられ、ムガル軍営で育てられたサンバージーの長子シャーフーは釈放されて、マラーターの国に帰って来た。マラーター王国の方では、ラージャラーム王はすでに死に（一七〇〇年）、その妃タラーバーイーが実権を掌握していた。帰国したシャーフーとタラーバーイーとの間に王位継承をめぐる争いが起ったが、結局、シャーフーがマラーター王位を継ぐことになった。この時、ジェデー家にも軍勢を率いて、シャーフー王の御前に「会見」（ダルシャン）に来るようにとの命令が届いた。その時、ジェデー家ではバージー・サルジャーラーウはすでに死亡し、その子マタージーの時代になっていた(MIS XV-358)。

ジェデー家はその後ずっと、マラーター王国に仕え、「五千人長」(セーナー・パンチュ・サハストリー)の地位を保持しつづけた。

2　在地領主層の形成

ジェデー家など「一二谷」の郷主たちは、このように、在地における階級的支配者すなわち、在地領主といってよい存在になっていた。彼らは一〇〇〇人前後の兵力を擁し、マラーター王国成立後は、その下に、「五千人長」、「千人長」といった地位につき、サルジャーラーウとかジュンジャンラーウという称号をさずけられていた。

しかし、「一二谷」の郷主たちは、マラーターの在地領主としては、むしろ、小規模な方であった。ファルタン郡の郷主ニンバールカル家、ムヘスワード郡の郷主マーネー家、ムドール郡の郷主ゴールパデー家、ワーディー郡の郷主サーワント家、その他ダフレー家、シルケー家、スルヴェー家、ガートゲー家などは、「一二谷」の郷主たちよりもずっと強力な勢力を擁していた。彼らはシヴァージーの下、マラーター王国が形成されてくる過程で、しだいにその支配下に入っていった。これらの有力なマラーターの家族も、いずれも郷主で、中にはゴールパデー家やダフレー家のように、もともとは村長の家系のものもあった。

それでは、彼ら郷主たちは、どのようにして在地領主的存在に成長したのであろうか。それは、一言でいえば、いろいろなワタンの集積という形をとってであった。

前述のように、中世マハーラーシュトラにおいては、土地そのものにはあまり価値はなかった。一部の灌漑地を除いて、土地が売買されるということは一般的にはなかった。このような社会においては、「領主」といっても、その支配の法的根拠は土地所有ではありえなかった。土地所有を法的根拠として人が人を支配しうるには、土地が「高貴」でなければならない。中世マハーラーシュトラの社会のように、土地が「高貴」ではなかった社会においては、人の人に対する支配は何か別のものに、その法的根拠を置かねばならなかった。それがワタンの所有だったのである。

ワタンの売買

ワタンの集積によって、郷主が在地領主化していくことができたのは、ワタンが自由に譲渡したり、売買したりすることのできる「物件」となっていたからである。ワタンが売買、譲渡可能な「物件」となると、王家あるいは国家がワタンを購入するという、一見奇妙な現象すら生じた。

ニルワリー郷ワーレー村の村長職ワタンはかつてシヴァージーが購入したもので、その娘サクバーイーに譲与されていた。その後、サクバーイーが死んだので、この村長職ワタンはマラーター王家の所有となった。ラージャラーム王は、自分の娘ソーイラーバーイーに、「一つのワタンを与えて、生計を成り立たせることが必要」と考えて、この村の村長職ワタンをソーイラーバーイーに譲与した(SPD XXXI-67)。

このように、村長職ワタンは、村落の長としての職務とは無関係に、確実な収入をみこめる一つの財産として、「生計を成り立たせる」手段と見なされていたのである。この場合、ワーレー村の村長の職務は、国家の役人が派遣されて行なっていた。

マーワル郷カーンブガーンウ村の村長職は、もと、ローホカルなる者の所有であった。それを郷主パードグレーが購入し、それをさらにシヴァージーの父シャーハジーが購入した。その後、この村長職ワタンはシヴァージーによって相続され、それが一六七五年にバカージーなる家臣に譲渡された。「王は彼が勤務の上で大変に努力したので、彼の上に恩恵を賜り、報賞として一つのワタンを与えようと考えた」からである(SCS II–275, 276, 281)。村長職ワタンという実入りのよいワタンは、王あるいは国家への忠誠に対する報賞としても利用されたのである。

王あるいは国家が、村長職ワタンをしばしば購入したのは、このようないくつかの目的のためであった。[26]

村長職ワタンは、いわば転売して利益をあげるためにも利用された。ジュンナル州パーバル郷シカラープル村の村長職ワタンの半分は、一七三八―三九年にマラーター王国宰相政府が七五〇一ルピーで購入して所有していた。それを一七四七―四八年に、ガンセート・カルヴェー(名前からいって商人であろう)なる者に、一万一ルピーと馬一匹で売却している(SSRPD III–143)。

村長職ワタンは自由に売買することのできる「物件」であったから、購入などをとおして、それを集積していくこともできた。

ジュンナル州カルデー郡バーンガーンウ村の村長バゴージーは、税の支払いに窮して、借金を負ったため、同村の村長職ワタンの半分を「本家格」とともに、ジュンナル州スペー郡ローニー村の村長ゴールコージー・パープーカルに、七七五一ルピーで売却した(SSRPD I-289)。ある村の村長が、他の村の村長職を買い取るということもあったのである。こうして、周辺のいくつもの村の村長職ワタンを買い集めていけば、在地においてしだいに強力な勢力を築くことができた。前述のジェデー家やコーパデー家、あるいはダフレー家やゴールパデー家のように、郷主の家には、村長出身のものがかなり見られる。その多くは、村長職ワタンの集積をとおして有力になってきたものが、何らかの手段で郷主職ワタンを獲得したものである。

村長職ワタンと同様に、郷主職ワタンも売買、譲渡などの処分可能な「物件」であった。ただ、郷主職ワタンはきわめて収入の多い、したがって高価な「物件」であり、何よりも「高貴」なワタンであったから、村長職ワタンほど手軽には、売買されなかったようである。

シラール郷の郷主は、自分の郷主職ワタンのうち、レータレー村からの得分だけを切り離して、五〇〇ルピーで売却した。その得分の内容は次のとおりであった。

一 現金四ホーン
一 免税地(水路灌漑地)一五ビガー
一 ターンボーリーの店一軒につき、週ごとに市の立つ日にキンマの葉(パーン)を二五枚
一 市の立つ日に野菜からの得分(ファスキー)

一　ヴェーター　ル・パッティー（文字どおりには「悪霊税」、意味はよくわからない）
一　油屋の店一軒につき、一週間に油九（シェールか）
一　チャーンバール（皮革工）の家一軒につき、一年に靴一足
一　マーリーから得分（シェーウ）を以前どおりに
一　織物工（コーシュティー）の織機一台につき、年に現金四分の一ホーンとショール（パーソーディー）一枚
一　毛布織工から年に現金四分の一ホーンと毛布（ゴーンガディー）一枚
一　マハールから無償労働

（SCS VIII-28）

前述のように（Ⅲ－二－1）、ワダン城区の郷主アントー・コードーは、タートーレ城の城番役（ナーイク）に、自分の郷主職ワタンの一部を横領されそうになった。それで、この地方の有力な郷主であるクリシュナジー・ゴールパデーに、そのワタンの半分を譲渡し、かわりに自分のワタンを守ってもらうことにした。このように、郷主職ワタンをめぐっては、武力的抗争が起ることもあったのである。

村長職ワタンの場合と同様に、王や国家が郷主職ワタンを購入するということもあった。マラーター王国宰相がカデーワル郡の郷主職ワタンを所有していたのは、どこかの時点でそれを購入したのであろう（SPD XXIII-16）。また、マラーター王国宰相政府は、一七四六―四七年、パートーデ郷の郷主

マハマド・ラザーから、その郷主職の「本家格」とパートーデ町の村長職ワタンの四分の一を購入している。これらのワタンからの得分は総計年額四〇〇〇ルピーとされ、その徴収のために役人が派遣された(SSRPD III-141)。この場合には、郷主職ワタンの「本家格」だけが切り離されて売却されたのである。

その他、村書記職ワタンや郷書記職ワタンも処分可能な物件であったが、これらのワタンの場合には、その職務上読み書きの能力を必要としたから、純然たる得分権として職務から自立することは困難であった。したがって、これらのワタンは譲渡されることはあっても、財産として売買されるということはあまりなかったと考えられる。

得分ワタンの新設

郷主や村長のワタンが、財産として売買されるようになっていった過程において、在地の共同体的職掌とはまったく関係のない、単なる得分権としてのワタンが国家によって新設され、授与されるという事態が起ってきた。それは次のようなワタンである。

【総郷主(サル・デーシュムク、サル・デサイ)職ワタン】

国家によって新設された、単なる得分権としてのワタンの代表的なものは、「総郷主」のワタンであった。総郷主ワタンは、すでにニザーム・シャーヒー王国やアーディル・シャーヒー王国によって設定されていたが、すべての郡(あるいは郷)に一律に設定されたわけではない。功績のあった郷主などに、報賞として、その郡(郷)の総郷主職ワタンを新設して、授与するという形で行なわれたのである。したがって、総郷主職ワタンの存在しない郡(郷)もあった。この点は、以下にのべる諸ワタンについても同様である。

総郷主職ワタン得分の基本は、一般的には、その郡(郷)内の村々から、村請の税の一〇パーセントにあたる現金あるいは現物を収取する権利である。この総郷主職ワタン得分は、税とは別に徴収されるものであったから、その郡内の村々にとっては、総郷主職ワタンが新設されるということは、従来より少くとも一〇パーセントは負担が増大するということを意味した。

この税の一〇パーセントに相当する基本的な得分の他に、総郷主はほぼ郷主に準じるさまざまな得分を取り立てることができた。プラバーワリー州内一一カ郷の総郷主職ワタン得分には、次のようなものがあった(一六九六年)。

一 賜与村(イナーム)二カ村
一 ショール料、役得(ハック・ラージマー)として、税の二パーセントを、税とは別に農民から
一 農民からバター(?)半分
一 イルレー(意味不明)を村ごとに毎年一
一 陶工から水壷
一 ジェーウ(意味不明)を村ごとに半分
一 薪を村ごとに毎年五束

一 マハールとマーングから無償労働を一年に半月ずつ
一 猟師から豚、鹿、魚

(SCS III-432)

総郷主職ワタンは国家によって新設された、単なる得分権としてのワタンの代表的なものであったから、マラーターの有力な郷主たちには、自分の郡(郷)の総郷主職ワタンをもっている者が多かった。ファルタンのニンバールカル家、ムヘスワードのマーネー家、ワーディーのサーワント家、マーン郡のガートゲー家などである。

【総郷書記(サル・デーシュパーンデ、サル・デーシュクルカルニー)職ワタン】

総郷主職ワタンに対応するのが、総郷書記職ワタンで、何らかの功績のあった郷書記に与えられる場合が多かったと考えられる。その得分権の基本は、村請の税の五パーセントに相当する分を、現金あるいは現物で収取する権利であった。その他に、郷書記に準じるさまざまな得分を取ることができた。

【ナードガウンド職ワタン】

ナードガウンドとはナード(国)のガウンド(長)という意味で、主としてデカン南部のカルナータカ地方に見られ、デカンにおける郷主とほぼ同一の性格をもつものであった。それゆえ、ナードガウンドは本来、在地の共同体的職掌に由来するのであるが、郷主が存在する郡、郷に、郷主職とは別にナードガウンド職ワタンが設定される場合があった。このような場合には、ナードガウンド・ワタンは単なる得分権として、国家によって新設されたものである。一七四二年に、マラーター政府によってインダープル郡に新設されたナードガウンド・ワタン得分の基本は、税の二パーセントに相当する分を徴収する権利であった(SSRPD I-287)。

【総村長(サル・パテール、サル・ムカッダム)職ワタン】

一六七四年、ケーデバーレ郷シワル村の村長に、同郷一九カ村の総村長職ワタンが授与されたが、その得分には次のようなものが含まれていた(SCS III-628)。

一　村毎に現金一タカー

一　村毎に穀物一マン

一　村毎に精製バター油一シェール

一　村毎に布(コーバデー)一枚

【総村長補(デーシュ・チャウグラー)職ワタン】

ミラージュ州アシュテー郷内の八カ村に、マラーター政府によって総村長補職ワタンが新設された時、その基本的な得分は、「村々の税の一・二五パーセント分」とされた(SSRPD I-288)。

これらのワタン得分は、税とは別に村々から直接に収取された。国家にとっては、功績のあった者への報賞として、これらのワタンを新設して、授与することは、財政的にも、労力からいっても何の負担にもならなかったから、きわめて便利なことであった。在地社会の側にとっては、それだけ負担が増大することを意味し、人々を困窮させる原因となったが、それと同時に、ともかくも、在地社会に蓄積されてくる社会的余剰を、税とは別の形で吸い上げることをとおして、在地領主的階層の形成を促進することにもなったのである。

ワタンの集積

前述のように、有力なマラーターの郷主たちは、その郡(郷)について総郷主職ワタンをもっていることが多かった。それだけでなく、他の郡(郷)の総郷主職ワタンなどをもっている場合もあった。

フケーリー郡の郷主(デサイ)ヴォンタムリーカル家は、フケーリー郡の総郷主職ワタンの他に、カープシー郷およびヌリー郷の総郷主職ワタンをもっていた(SCS XII-57, 58)。

ダールワール郡の郷主(デサイ)は、同郡の総郷主職ワタンをもっていたが、さらに、ムガル政府から同郡のナードガウンド・ワタンをも授与された(SCS VI-5)。

ラクシュメーシュワル郡の郷主(デサイ)は、その他に次のようなワタンをもっていた(SCS VI-66, 91, 92)。

ナードガウンド・ワタン――コーパル城区《キッレ》、ラーエル・フブリー郡、ダールワール郡、エールバルガー郡

総ナードガウンド・ワタン――ナシラーバード郡

総村長職ワタン――カーラドギー郷、カムタラーン郷

このように、有力な郷主たちは、近隣の諸郡(郷)についても、さまざまなワタンを獲得して、周辺

に勢力を拡げていた。その上、国家に勤仕して、軍役などを勤める代償として、自らの郡(郷)などを、封土(ジャーギール)として授与されることも多かった。封土(ジャーギール)は勤務に対する報酬であるから、勤務を解かれれば収公されるのが原則であった。しかし、有力な郷主の中には、国家への功績に対する報賞として、自らの郡全体を、「賜与地」(イナーム)として授与されたものもあった。「賜与地」の場合には、勤務を解かれても、収公されることはなかった。

ファルタン郡の郷主ニンバールカル家は、シヴァージーがその娘を最初の妻に迎えたように、マラーターの郷主の中でも、とくに有力な家族の一つであった。ニンバールカル家は、すでにマラーター王国成立以前から、ファルタン郡の総郷主職ワタンをもっていたが、それ以外にもカーナープル、サーワルデー両郷について、郷主職ワタンと総郷主職ワタンを兼併していた。一七世紀末、前述のように一度ムガル帝国に敗北したマラーター王国が、ラージャラーム王の下、勢力を盛りかえしてくると、ニンバールカル家もムガル帝国を離れて、マラーター軍に加わった。その報賞として、ラージャラーム王は、ニンバールカル家がその郷主職ワタンと総郷主職ワタンをもっていた三つの郡、郷(ファルタン郡、カーナープル郷、サーワルデー郷)を「賜与地」(イナーム)として、ニンバールカル家に授与した(SGRAO－Sanads and Letters V-11)。こうして、ニンバールカル家は、この三つの郡、郷についてはほぼ完全な領主権(いわば一円領主権)を獲得したのである。

ビーマ川の支流マーン川上流のムヘスワード、ダヒガーンウ両郡を「本領」とするマーネー家も、有力なマラーターの郷主の家で、ニンバールカル家と同様、ラージャラーム王の檄に応えて、マラー

表14　マーネー家の「所領」構成

得分 / 郡・郷名	（Ⅰ）郷主職	（Ⅱ）総郷主職	（Ⅲ）イナーム（賜与地）	ジャーギール（封土）
ダヒガーンウ（本領）	○	○	○	
ムヘスワード（本領）	○	○	○	
カレードーン		○	○	
アーンクルージュ		○		○
カーセガーンウ		○		○
ブラフマプーリー		○		○
サーンゴーラ		○		○
バールワニー		○		○
ナージレ		○		○
アトパディー		○		
アンガルウェダ		○		
エラープル		○		
ウバル		○		○
パーンガリー		○		○
バールキー				○
チチョーリー				○
ニルゲ				○
ブーム		○		
カーンティー		○		
ボーンセ		○		
テムルニー		○		
マールディ		○		
パーンガーンウ		○		
ワーンギー		○		
イテ		○		
ラータンジャン		○		
ワルシー		○		
マーンドウェ		○		
ワーンシー		○		
ハウェーリー		○		
モーハル		○		
カルカンブ		○		

(SCS V-845, 847)

ター軍に参加した。その報賞分をあわせると、一七世紀末のマーネー家の「所領」は表14のようになる。表からわかるように、マーネー家は「本領」であるムヘスワード、ダヒガーンウ両郡については、郷主職ワタン、総郷主職ワタンをもっていた上に、それら両郡を「賜与地」として与えられたから、この両郡についてはほぼ完全な領主権を獲得したのである。さらにカレードーン郡を「賜与地」として授与された他、アーンクルージュ他一〇カ郡を「封土」(ジャーギール)として与えられた。これらの郡では、マーネー家は国家に代る存在として、その郡の郷主などの上に君臨したのである。その他、アトパディー他一八カ郡については、総郷主職ワタンをもっていた。

このニンバールカル家やマーネー家のような形が、マラーター在地領主の完成された姿であった。

在地領主層の階級的結集

在地で有力になって来た郷主や村長層は、互いに婚姻関係を通じて結びつきを強めていった。その過程で、前述のようにマラーターと呼ばれる新しいカーストが、クンビー(農民)・カーストから分れて、形成されたのである。

前述のジェデー家の歴史に見られるように、ジェデー家は近隣の「一二谷」の郷主たちと緊密な婚姻関係をとり結んでいた。マラーターの王家ボーンスレー家は、はじめジャーダウ家、ニンバールカル家、シルケー家など、マラーターの有名な在地領主の家との間に婚姻関係があった。とくにボーンスレー家とシルケー家の関係は緊密で、シヴァージー、サンバージー、シャーフーなど、いずれもシ

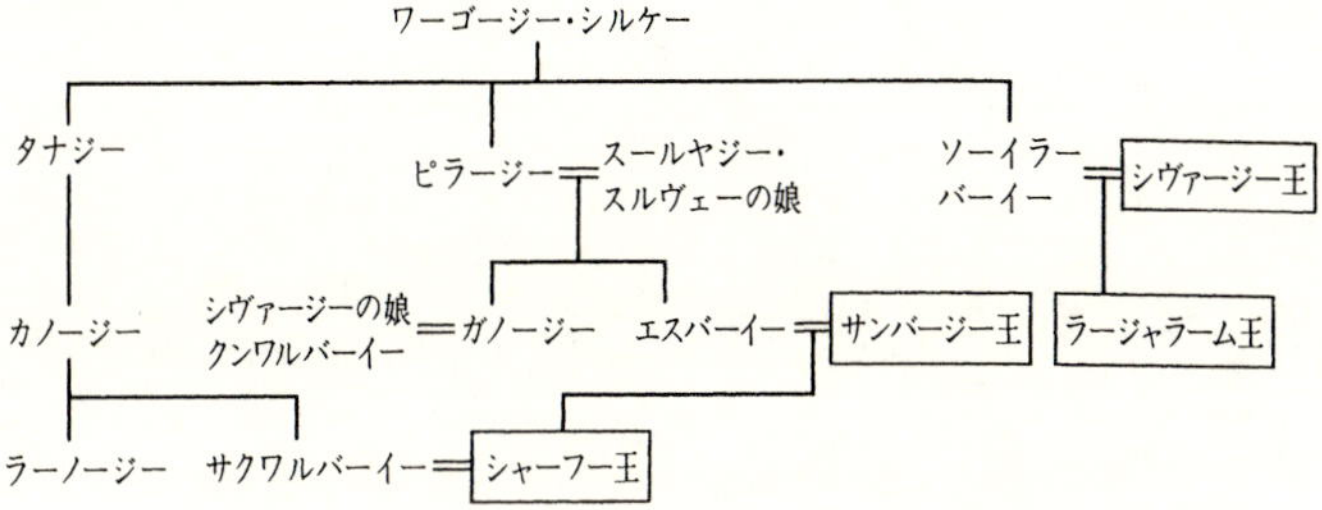

(G.S. Sardesai, *New History of the Marathas*, Vol. I. p. 139)

ルケー家から妻を迎えている。ラージャラーム王はシヴァージーとワーゴージー・シルケーの娘ソーイラーバーイーとの間に生れた子である(上の系図参照)。この両家が、その後、モーヒテー家、マハーディク家、グージャル家とともに、マラーター・カースト内の一つの内婚集団(サブ・カースト)を形成したことについては、すでにのべた。

このように、マラーター在地領主層の階級的結集は、マラーター・カーストやその内部におけるサブ・カーストの形成という、カースト制的な形を取って実現された。

彼ら、マラーターの在地領主層は、自らつくり上げつつあった「国」を「自分たちの国」(スワラージュヤ)とか、「マハーラーシュトラの国」(マハーラーシュトラ・ラージュヤ)と意識していた。

前述のように、シヴァージーは、「一二谷」の郷主たちと、ラーイレーシュワル神殿の前で、「ヒンドゥーの自分たちの国」(ヒンドゥヴィー・スワラージュヤ)を樹立する誓いを立てた。シヴァージーは、後に自らつくり上げた「国」を「自分たちの国」(スワラージュヤ)と呼んだ。

ラージャラーム王の時代になると、「マハーラーシュトラの国」、「マハーラーシュトラ・ダルマ」[27]（マハーラーシュトラ魂）という意識がきわめて強く打ち出された。ラージャラーム王のバージー・ジェデー宛の手紙（一六九〇年）は次のようにのべている。

この国はマハーラーシュトラの国（マハーラーシュトラ・ラージュヤ）である。その方は、この国のために腹痛（ポート・ティディーク）に耐えてきた（艱難に耐えた、の意）。……今後も軍勢を集め、警戒を怠ることなく、王のためになすべき仕事をなし、（敵の）城を攻め取り、その旨を王に報告せよ。（MIS XV–282）

この「マハーラーシュトラの国」という意識は、ムガル帝国との対抗において強まったものである。彼らはムガルの人々のことを、「タームラ」と呼んだ。「タームラ」とは銅という意味で、顔がみがいた銅のように真赤な人間や猿のことをいう。マラーターの人々にとって、ムガルの人々は赤面《あかづら》の猿のような人間に見えたのである。[28] この「タームラ」（赤面猿）への対抗において、マラーターの人々は自分たちの国を「マハーラーシュトラの国」と意識したのである。ラージャーラーム王のナーゴージー・マーネー宛の手紙には次のように書かれていた。

その方は以前タームラ（赤面）に従っていた。しかし、（ラージャラーム）王の国は神の土地（デーヴァター・ブーミ）、この国にタームラの難儀がかかってはならない、マハーラーシュトラ・ダルマ（マハーラーシュトラ魂）を守らねばならない、王の国を繁栄させねばならない、このように考えて、王の足下に忠誠を誓い、カルナータカ地方のジンジーに来て、次のように言上した。

意識が見られる。

……(SGRAO – Sanads and Letters, V–9)

ラージャラーム王の、アムリットラーウ・ニンバールカル宛の手紙(一六九二年)にも、同じような意識が見られる。

タームラ(赤面)、アウラングゼーブが南にやって来て、ビジャプルとバーガーナガルを取った。そのため、ラージャラーム王はカルナータカ地方にのがれた。その時、その方はタームラに勤仕した。しかし、(ラージャラーム)王の国は神とバラモンの土地(デーヴァター・ブラフマーチャー・ブーミ)であり、この国が繁栄し、マハーラーシュトラ・ダルマが守られるべきであると考え、王の足下に忠誠を誓い、(その方の国にありながら)王の下に二心なく勤仕して来た。その後、ジンジーにまでタームラが攻めてきたが、その方は一人の兄弟とともにカルナータカ地方のジンジーに来て、タームラと戦い、それを破った。……(SGRAO – Sanads and Letters, V–11)

これらの表現には、「マハーラーシュトラ・ダルマ」の名の下に、マラーターの在地領主層を結集させようという、ラージャラーム王の意図が反映している。しかし、彼らマラーターの在地領主の側に、「マハーラーシュトラ・ダルマ」の意識がなかったならば、このような呼びかけは無意味であろう。マラーターの在地領主たちにとっても、「マハーラーシュトラの国」は「自分たちの国」であり、「マハーラーシュトラ・ダルマ」という言葉は、彼ら自身の生き方を表現していたのである。

3　在地領主の土地経営

アナヴィル・デサイ

在地領主化したマラーターの郷主たちは、広大な土地を「ミラース地」や「免税地」として所有していた。しかし、それらの土地がどのようにして経営されていたかを示す、まとまった史料は、デカンについては今のところ公刊されていないようである。それで、ここでは南グジャラート地方の郷主(デサイ)の事例をとりあげることにする。

南グジャラート地方は、アラビア海とタプティ川とガート北端の低い山地とに囲まれた、ほぼ三角形の形をした地域である。この地方は、一五七三年にムガル帝国に征服され、一七五八年にはマラーター王国によってムガルから奪取された。一八一八年以降はバローダの藩王国領とイギリス支配領とに分割された。

南グジャラート地方の郷主は、アナヴィル(あるいはアナワラ)・デサイと呼ばれる一つのカーストを形成していた。アナヴィル・デサイ・カーストは数十家族から成り、南グジャラート地方の各郡(郷)に分かれて、その郷主となっていた。アナヴィル・デサイ・カーストのいわば「本家」格にあたるのは、マフワのデサイ家で、このマフワ・デサイ家と、そこから後に分家したガンデヴィーのデサイ家の両家が、このカーストの中でもっとも有力な家族であった。ここでは、この両家を中心として見ていくことにする。本節で使用する史料は次のようなものである。

一 バローダ公文書館 Baroda Record Office 所蔵文書

二 『アフマドの鏡』(ミラーテ・アフマディー)[29] ペルシャ語で書かれたグジャラート州の歴史で、著者のアリ・ムハンマド・ハーンは、一七五八年に州都アフマダーバードがマラーターの手に陥ちた時、この州の財務長官(ディワーン)をしていた人である。本書は、州財務局文書庫に保存されていたムガル政府の公文書を多数収録しており、ペルシャ語史書としては、例外的に高い史料価値をもつ。

三 『ガンデヴィー・デサイ家文書』[30] この文書集は、一八八八年にガンデヴィー・デサイ家が、自己の所有地にかんしてバローダ政府と争った時に、バローダ高等裁判所に提出した証拠書類を印刷したものである。内容は三部に分れ、Ⅰ部(一—三二一ページ)はムガル、マラーター、バローダ各政府からの命令書、保証書など五五通を収録している。Ⅱ部(三二一—四〇六ページ)はこの文書集の中心をなす部分で、ガンデヴィー郡二八カ村に散在するデサイ家所有地の経営帳簿の写しからなっている。Ⅲ部(四〇七—四一八ページ)には、全部で四五通の小作契約書および小作保証書が収録されている。文書の言語は、Ⅰ部がペルシャ語とマラーティー語、Ⅱ部、Ⅲ部はグジャラーティー語である。(なお、本節ではグジャラーティー語原語をローマ字化して本文中に表示した。)

土地所有の規模

ムガル帝国第五代皇帝シャージャハーンの一六三七年の勅令[31]によれば、シャージャハーン帝の即位以前から、マフワ郡の郷主クンワル・ワシーおよびその父アーナンド・ワシーの名前で、五九七七ビガー（約一四〇〇ヘクタール）の耕作に適した土地が、スーラト県の諸郡に「賜与地」（イナーム）として与えられていた。その内訳は表15のとおりである。[32]

このマフワ・デサイ家からは、その後、ガンデヴィー・デサイ家が分出した。一八九七—九八年にバローダ藩王国政府によって実施された調査によれば、この時期の両家の所有地は次のとおりであった。

マフワ・デサイ家[33]

マフワ町	一五六八ビガー	賜与地
シェークプル村	一一三〇ビガー	給与地
		自耕地
マフワリア村	一〇六六ビガー	賜与地
カドカー村	三五九ビガー	自耕地
その他（一九カ村）	七五一ビガー	
合計	四八七四ビガー	

ガンデヴィー・デサイ家[34]

ガンデヴィー村	四七三ビガー
アンベター村	四七九ビガー
トーランガーム村	一七三ビガー

ドゥワーダー村　二一一ビガー
ダムダチャー村　一五九ビガー
ワドサーガル村　五九二ビガー
その他一七カ村に　三八八・五ビガー
総計　二四七五・五ビガー

表15　マフワ・デサイ家の賜与地(イナーム)　単位：ビガー

ワルワーダー郡	1,000
ガンデヴィー郡	500
ヴャーラー郡	400
ナウサリ郡	15
モート町	30
ブルサール郡	30
テラーディー郡	92
パルチョール郡	150
カームレージュ郡	100
スパ郡	50
バレーサル郡	10
チクリー郡	100
チョーラーシー郡	1,000
マフワ郡	2,500
合計	5,977

このように、マフワ、ガンデヴィー両デサイ家の所有地には、「賜与地」(イナーム)、「給与地」(ワジーフォー)と呼ばれる、免税特権をもつ土地と、通常の課税地である「自耕地」(フド・カーシュター)とが含まれていたのであるが、[35]両者の正確な比率はわからない。ともかく、この二種類の土地をあわせて、マフワ・デサイ家が約四九〇〇ビガー(一二〇〇ヘクタール)、ガンデヴィー・デサイ家で約二五〇〇ビガー(六〇〇ヘクタール)の土地を所有していたのである。南グジャラート地方、とくにその海岸よりの地域は、デカン高原部

に比べれば、かなり地味の良い、生産性の高い地方で、商品経済も発達していたから、この所有規模は、デカン高原部における同規模の土地よりも、かなり大きな経済的価値をもっていたと考えられる。マフワ、ガンデヴィー両デサイ家は、この広大な土地の一部を直営地として経営し、他の土地は小作に出していた。以下では、『ガンデヴィー・デサイ家文書』によって、ガンデヴィー・デサイ家の土地経営について見ていくことにする。

直営地経営

ガンデヴィー・デサイ家の所有地は二八カ村に散在していたが、これらの村の中で直営地の存在が確認できるのはガンデヴィー、トーランガーム、ダムダチャーの三カ村のみである。ただ、経営帳簿には農園名だけが記載されていて村名のないものが多いので、アンベター、ドゥワーダー、ワドサーガルのように所有地規模の大きな村では直営地経営が行なわれていたものと思われる。まとまった地所で直営地として経営されていた土地には、それぞれハーティーアワーディー(象の農園)、スンダルワーディー(美しい農園)といった名前がつけられていた。この地方においては、地主が直接に経営する土地はガル・ケード ghar khed あるいはガル・ケーティー ghar khetī(ghar＝家、khed, khetī＝耕作)と呼ばれた。直訳すれば「自家耕作地」というほどの意味である。この直営地について、まず(1)経営方法、特にその労働力の問題を取り上げ、次に(2)生産物の種類とその流通経路について検討する。

そこで、まず『ガンデヴィー・デサイ家文書』に収録されている経営帳簿の中で記載の最も詳細なハーティーアワーディー農園(ダムダチャー村)の西暦一七六〇―六一年の帳簿を以下に紹介を兼ねて全訳して示すことにする。[36] なお、原本では左半分に収入、右半分に支出が平行して記載されているが、以下では便宜上、収入の項と支出の項を別々に訳出する(表16-a、16-b)。

表16-aはこの農園の支出の項であるが、表中の下線部①、②は直営地経営の方法を示唆している。すなわち、下線部①は地主に代って直接土地経営に当る管理人(アワーリー)の存在を示し、下線部②は管理人の監督下に直接労働に従事する下人的労働者の存在を示している。そこで、次に他の年や農園の帳簿からこの両者に関係する記載を抜き出して、その性格について検討することにする。まず管理人に関する記載を以下に列挙する(表17)。ページ数は『ガンデヴィー・デサイ家文書』のページ数である。

アワーリーと呼ばれた管理人が各農園ごとに一人ずついて、その経営に責任を負っていたことは直営地に関する帳簿ごとに管理人の名前が記入されていることから知ることができるが、表16-a、17中の管理人という語が明記されている記載から次のことがわかる。(1)管理人は牛、肥料(油かす)などの生産手段、豆、乾草などの飼料、下人的労働者のための食料、米や野菜などの種子を購入・整備して経営を維持する任務をもっていたこと、(2)下人的労働者を監督して直接土地耕作に当たるとともに、労働者を雇傭して草刈りなどをさせ、それに対して現金で報酬を支払っていたこと。このように管理人は所々に散在する広大な所有地を地主家族のみでは管理しきれない場合に、各農園に配置され、その経営に責任を負ったものと考えることができる。それ故、管理人の名が明記されていない支出に関

表 16-a ハーティーアワーディー農園の帳簿(支出 udhār)

支出額（ルピー）	支出月日
21.50	カールタク月
	陽1日 ①草(kuthār)刈りのために管理人(avārī)が与えた
19	4 アークブに
	15 ラームナーガルに
2	陽2日 豆(vāl)の種子を購入
0.50	陰13日 ②コーリーのビークラーに
133.75	マーグサル月とポーシュ月
31	陽1日 子牛を購入
32	陰7日 牡牛(bald)1頭ワーラー・カネーから購入
31	陰14日 ②米(bhātu)62マンをコーリーのために，③商人(vakhār)のマーハーから購入
38	ポーシュ月 陽9日 ③牡牛1頭を行商人(vanjārū)から購入
1.50	陽13日 牡牛に与える豆(aḍad)
0.25	陰9日 牡牛に飲ませる(？)
6.75	マーグ月
5.75	陽15日
	0.75 tal(？)
	5 pālī(？)
1	陰6日 籠を購入
3.50	チャエトラ月 陽2日
2	①管理人が油かす50マンを購入
0.50	ゴーシャルの息子が死んだので(見舞金)
1	陰9日 ②コーリーのベーヤの息子が死んだので
70.75	ワエシャーク月 陽4日
20	つるかめ草の種子40マン
16	③牡牛1頭，穀物商(modī)ビーカーから購入
32	牡牛1頭ゴーパール・ワーグジーから購入
0.50	陽12日 ②コーリーのハルの娘が死んだので
2.25	barar(？)
22.50	ジェト月
1.50	陽5日 ②コーリーのヘーディアーンの息子が3人死んだので
2	陽15日

{ 1		shon(？)の種子
{ 1		ジェーリアーの息子が死んだので
18.50	陰7日	豆(guvār)23マン
0.50	陰14日	②コーリーにホウキ(？)
3		アーシャード月　陽10日　薪のために
10.25		シュラーワン月　陽1日　米の種子
7		米(カダー種)の種子 14.50 マン
3.25		米(スクヴェル種)の種子 5.25 マン
1		バーダルウォー月
0.50	陽6日	②コーリーのデーリアーの娘が死んだので
0.50	陽15日	護摩(hom)の供物料
48		アーシュウィン月
2	陽6日	牡牛に飲ませる油1マン
2.50	陰13日	靴の工賃
10	陰13日	③油かす100マンを油搾り(ghanchī)から購入
28.50	陰13日	②米をコーリーたちに57マン
4	陰14日	草刈りのために支出
1	陰14日	玉ネギの種子
321		

しても、管理人がその支払いを責任をもって行なっていたと考えるのが妥当であろう。このような任務に対して、管理人が年額三〇ルピーの報酬を現金で受け取っていたことがハーティーアワーディー農園に関する帳簿からわかるが、そういう記載のない年あるいは農園については、どのような報酬を受けていたのか不明である。

次に、この管理人に監督されて直接に農耕などの労働に従事した人々についてであるが、経営帳簿の中では彼らはコーリーという部族名を冠して記されているか、あるいは単に「奴隷」gulām と記されている。まず、このコーリーあるいは「奴隷」に関する記載を経営帳簿の中から抜き出して表に示す(表18)。

表16－a、18から、これらのコーリーあるいは「奴隷」たちには(1)米あるいはもろこしが食料として与えられ、(2)ダストゥールと呼ばれる

表17　管理人にかんする記載

1)　ハーティーアワーディー農園の帳簿から

西暦1748—49年(137ページ)

15ルピー　カールタク月陽1日　草(ghās)を刈る仕事のために管理人が与えた

8ルピー　チャエトラ月陽4日　豆を購入した代金として管理人のヒンマト・ハーンが与えた

3ルピー　アーカード月陽3日　草を購入した代金として管理人のヒンマト・ハーンが与えた

2ルピー　アーカード月陰4日　カスター油菜(divel)の油かすの代金として管理人のヒンマト・ハーンが与えた

2ルピー　バーダルウォー月陰12日　大根の種子の代金として管理人が与えた

20.25ルピー　牡牛1頭を新たに購入したので，その代金としてヒンマト・ハーンが与えた

西暦1802—03年(149ページ)

30ルピー　ポーシュ月　管理人のルスタム(の給料)

西暦1813—14年(152ページ)

30ルピー　バーダルウォー月　管理人の給料(masārā)

2)　ケードカラー農園の帳簿から

西暦1748—49年(174ページ)

2ルピー　カールタク月陽1日　草の代金として(管理人)モートゥが支払った

8ルピー　チャエトラ月陽1日　豆の代金として管理人モートゥが与えた

0.5ルピー　ポーシュ月陰7日　玉ネギの種子の代金として管理人モートゥが与えた

西暦1760—61年(175ページ)

10.5ルピー　カールタク月陽1日　草を刈らせるために管理人が与えた

表18　コーリー，「奴隷」についての記載

1)　ハーティーアワーディー農園の帳簿から

西暦 1788—89 年(145-6 ページ)

40.5 ルピー　ワエシャーク月「奴隷」への割当として米(bhātu)71.5 マンを購入

23.75 ルピー　シュラーワン月陰 13 日「奴隷」への割当として

{12.5 ルピー　もろこし(kodrā)43.5 マン
11.25 ルピー　米 31.75 マン

西暦 1794—95 年(147 ページ)

6 ルピー　シュラーワン月陽 8 日「奴隷」への割当として

21 ルピー　バーダルウォー月陽 2 日　「奴隷」への割当としてもろこし 59.5 マンを購入

2)　ケードカラー農園の帳簿から

西暦 1760—61 年(176 ページ)

14.75 ルピー　チャエトラ月陽 11 日　すべてのコーリーたちに米 37 マン

西暦 1776—77 年(179 ページ)

25.5 ルピー　シュラーワン月陽 9 日　コーリーたちに割当として米 34 マン

29.5 ルピー　アーシャード月　すべてのコーリーたちに

西暦 1788—89 年(179 ページ)

27 ルピー　ワエシャーク月「奴隷」への割当として米 42 マン

西暦 1794—95 年(180 ページ)

3.5 ルピー　アーカード月「奴隷」その他への手当(dastūr)として 7 マン

9.25 ルピー「奴隷」への割当として米 18.5 マン

12 ルピー「奴隷」への割当

臨時の特別給付として現金あるいは食料が時に与えられ、(3)彼らの家族に死者が出た時、見舞金が与えられたことがわかる。これらのコーリーあるいは「奴隷」と記されている下人的労働者はスーラト地方で一般にハーリ hāli と呼ばれていたものである。ハーリとはサンスクリット語 hala=犂から派生した言葉で、「犂く人」というほどの意味である。ハーリはこの地方に極めて多数居住しているいわゆる山間部族民(tribes あるいは aboriginals)の出身で、地域によって異なるが、コーリー、ドゥブラ、ドーンディア、ナイカー、チョードラなどの部族の者が多かったといわれる。彼らは地主の家に親子代々隷属し、住居や食料を与えられて農耕その他の労働に従事したが、後に述べるように売買されるなど極めて奴隷的な性格が強かった。彼らは原始的な焼畑農耕などを営んでいた先住民であったが、広がってくる定着農耕社会の中にそのような形でくみこまれ、その最底辺の労働力を形成したものと考えられる。デサイの大土地経営は森林地帯の開墾によって形成された面が強かったが、その開墾の労働力は森林地帯に居住していたこれらの部族民を主としたものと思われる。このようにしてデサイなどの地主の家に親子代々隷属するようになった者がハーリと呼ばれたのである。ハーリは一般に家族を形成し、その主人の土地の片隅に、二、三家族ずつかたまって居住していたといわれ、男たちが畑仕事に出ている間、女たちは主人の家でさまざまな家内仕事に従事した。彼らは主人から衣服を供与される場合もあったが、多くの場合には農閑期に薪切りなどの仕事で収入を得て、自分で衣服を購入したといわれる。彼らの結婚式の費用は主人が負担し、主人の家に結婚式があった時には衣服、食物、酒などが与えられた。先にも触れたようにハーリが極めて奴隷的性格の強いものであったことは、彼らが売買されうる存在であったことによくあらわれているので、以下にハーリの売買文書を例示する。

サムヴァット暦一八四五年ワエシャーク月陽半月三日(西暦一七八八)に……ナウサリ町の住民メヘタ―・モーティーラーム・ダヤールダースに対して、マローリー町の住民デサイ・ゴーサーイー・ナーハナンバーイーとデサイ・スンダルジー・カーランバーイーは(以下の如き保証書を)自らの手で書いて渡した。

私達は貴殿から九一ルピーを現金で、スーラティー・アフマッドシャーヒー銀貨で受取りました。その現金と引換えに私達の家代々の「奴隷」gulām であるコーリーのハリーアーの息子ゴーシャル(および)その息子デーヴァロー・マーダルを貴殿に売却しました。今日以後(この件に関して)私達および私達の子孫は貴殿および貴殿の子孫に対して迷惑をかけることはいたしません……。(37)

以上のようにデサイはハーリ(「奴隷」)を労働力として直営地を経営していたのであるが、『スーラト地方誌』(38)によれば、一九世紀初めにパールチョール郡のデサイは四〇〇〇人ものハーリを所有していたといわれ、またマラーター史料にも西暦一七五八—五九年、ブルサール郡のデサイがマラーター地方官によって十三人の「奴隷」gulām を奪われたという記録がある(SSRPD II-307)。

デサイはもちろん管理人にすべての土地の経営を委ねていたわけではなく、自ら直接管理、経営にも当った。『スーラト地方誌』はその経営方法を次のように述べている。

六月から十二月は農繁期である。朝早くから畑に出なければならないこれらの期間中は、ハーリ

表16-b ハーティーアワーディー農園の帳簿(収入 jamā)

収入額(ルピー)	収入月日	
9	マーグサル月陰4日	バナナ1500本を①スーラト市のパールシーに売却
9	ポーシュ月陽5日	サトウキビの種子500を売却
796	マーグ月	
30.50	陽1日	バナナ8250本をラームバーイーに売却
6.00	(不明)	
759.50	陰13日	小作料(sānth)(以下は小作人の名)
112.50		クンビー・モーラール
35		ワーリー・ビーコー
10.50		シャンカル・ジーワー
57.50		ダージー・メヘター
56		デーオー・ダンバリー，ドーロー・ダンバリー
60		ビーコー・ナーナー
48.75		コーリー・ゴーサイー
20.50		クンビー・キーモー，ビーコー
159.75		モーター・ラーム
53.25		エーダル・ナーグジー
85.25		メヘター・マカンジー
36		ナーグジー・ケーシャウ　(その他，24.5か)
68	ファーグン月	
21	陽7日	バナナ3500本
20	陽11日	サトウキビの種子1600
27	陰4日	バナナ4400本
73.25(ママ)	チャエトラ月	
37	陽7日	米(dangī種)74.25マンを①穀物商(modī)に売却
36.75	陰8日	バナナ6150本
283.25	ワエシャーク月	
31	陰1日	バナナ5200本
252.25	陰14日	粗糖(gol)の売却金
163.75		プルショッタム・ミーダーに93.50マン
88.50		①穀物商のビーカーに50.50マン
66.75(ママ)	ジェート月	
10	陰10日	バナナ2000本を①野菜屋(pastāgiyo)に売却
12.75	陰10日	玉ネギ58.25マンを①町(kasbo)の野菜屋に売却

43.75	陰7日	バナナ8250本を①スーラト市のパールシーに売却
181	アーシャード月	
21	陽4日	バナナ4000本
12.50	陽10日	なす(vengan)63.25マンを①野菜屋に売却
46.50	陽13日	①野菜屋に売却
{37.50	生姜	50マン
{9	根茎	29マン
101	陰7日	マンゴー(karī)を①ダムダチャー町に
28.75	シュラーワン月	
16.50	陽4日	バナナ4950本を①野菜屋に
12.25		豆(tuver)24.50マン
47.50	バーダルウォー月	
27.50	陽4日	ココナッツ55マンを①食料品屋(gāndhī)に売却
20	陽4日	米(kavachī種)50マンを①穀物商に売却
80.75	アーシュウィン月	
39.75	陰2日	
{35	粗糖20マンを①食料品屋に売却	
{4.75	粗糖2.50マンをナトゥ・カランに	
9	陰13日	バナナ2700本を①野菜屋に売却
30.50	陰14日	
{15.50	西洋すぐり	
{15	つるかめ草	
1.50	陽13日	玉ネギ
39.50	アーシュウィン月　陰6日	粗糖26.25マン
1682.75		

と彼の妻は夜明けには起き出し、彼らの小屋から主人の家に行く。ここで彼らは他のハーリたちと会い朝食を与えられる。……朝食は六時ごろに終り、……彼らは畑に出る。普通主人か主人の息子が共に行き、彼らは一一時か一二時まで働く。その頃に主人の家の女たちがハーリの中食をもって畑にくる。休息を少しとった後に仕事が再開され、日没まで続けられる。それから彼らは主人の家に帰り、一日ごとの手当の穀物を受け取る。男には籾四ポンド、女には二ポンド、子供には半ポンドから一ポンド。彼らはその籾のうち夕食に必要

な分だけを取り、残りは主人の手元に残して、保管してもらう。（一九九ページ）

こういった作業の方法と報酬の与え方は主人が自らハーリの監督に当る場合のみならず、管理人によって監督が行なわれる場合にも共通であったと考えられる。いずれにしろ、ハーリは生産手段を一切所有せず、したがっていかなる意味でも経営単位をなすことのない下人的存在であったということができる。デサイの直営地経営はこのような下人的労働力を駆使して、極めて大規模に行なわれていたのである。

デサイの直営地において、いかなる生産物が生産され、それがどのような流通経路を通して商品化されたのかという点について以下に検討する。その手がかりとなるのは『ガンデヴィー・デサイ家文書』に収録されている経営帳簿のうちの収入の項である。それで、先に紹介したハーティーアワーディー農園の西暦一七六〇―六一年の帳簿の収入の項を全訳して示したのが表16-bである。[36]

この収入の項に記載された小作料については次節で詳しく検討することとし、まずデサイの直営地における生産物について分析する。右の経営帳簿からそれを見ると次のようなものが主であることがわかる。（単位ルピー）

一	粗糖	三三一・五	五	米	五七・〇
二	バナナ	二五五・五	六	サトウキビの種子	二九・〇
三	野菜類	一〇三・七五	七	ココナッツ	二七・五
四	マンゴー	一〇一・〇			

表19　ハーティーアワーディー農園の収入　(単位はルピー)

年度(西暦)／生産物	1748—49	1760—61	1770—71	1788—89	1794—95	1802—03
粗糖	482.50	331.50	421	199.75	203.25	174.50
バナナ	105	255.50	233.50	133.75	33.25	
マンゴー		101	182	259.50	44	
ココナッツ		27.50		8.25	12	
野菜類	29.50	103.75	43.75	116.50	8.25	
油菜				30.50	6.25	
米	40.25	57		60.50	35.75	74.50
豆		12.25		24.50	36.75	13.25
サトウキビの種子	8	29	4.50			

右はハーティーアワーディー農園の西暦一七六〇—六一年の帳簿であるが、同農園の西暦一七四八—四九年から一八〇二—〇三年までの間のほぼ一〇年おきの帳簿の収入項を整理すると上のような表が得られる(表19)。

表19に見られるように主要な生産物にはこの間ほとんど変化がなかったと考えられる。これらの生産物のうち、粗糖を除く他のバナナ、マンゴー、ココナッツ、野菜類、米、豆などは何の加工もほどこされていない農産物であり、ここではそれらが商品作物として大規模に生産されていたということを確認しておけばよい。

ここで注意すべき生産物は直営地からの収入中ほぼ常に第一位を占めている粗糖gol である。粗糖はサトウキビの搾り汁を煮つめてつくった未精製の黄色をした砂糖であるが、粗糖をつくるにはサトウキビを搾る工程と、それを煮つめる工程という二つの加工工程が必要である。一八八〇年代に編纂された『バローダ地方誌』は製糖工程を次のように述べている。

サトウキビが熟すると、刈り取られ、サトウ汁をしぼり取って粗糖にするために kolu という圧搾機にかけられる。四、五フィートの深さの穴が畑の中に掘られ、そこに木製の圧搾機が据えつけられる。圧搾機は二組の牛によって動かされる。サトウ汁はしぼられると穴の中に据えつけられた大きな土製の壺の中に落ちる。壺がいっぱいになると、サトウ汁は壺から kada という大きな鉄製の円形をした鍋に入れて火にかけられる。そして糖密程の固さになるまで煮つめられる。一二マンのサトウ汁からほぼ二マンの糖密ができると考えられている。サトウ汁が糖密になると大きな土製の入物に入れられ、二、三時間かきまわされる。(39)

この kolu と呼ばれる圧搾機はスクリュー状の本体に長さ五、六メートルの木の棒をとりつけ、その端を牛の肩に固定して、圧搾機本体を中心として円を描いて歩かせ、それによってスクリュー状の本体がしまってサトウキビを圧搾するようにしたものである。このようなサトウキビの圧搾法は現在でも田舎に行けば見ることができるのであるが、多分一八世紀においてもほぼ同様の方法で粗糖が製造されたものと思われる。このようにサトウしぼりには一台の圧搾機につき二頭以上の牛を必要とした。先に引用した経営帳簿の支出の項に見られるように各農園で毎年かなりの頭数の牡牛が購入されているのは、主として粗糖製造に使役するためと考えられる。たとえばハーティーアワーディー農園では、西暦一七四八―四九年に二頭、一七六〇―六一年に四頭、一七七〇―七一年に五頭、一七九四―九五年に四頭、一八〇二―〇三年に二頭の牡牛が購入されている。さらに、この牡牛を働かせたり、サトウ汁を煮つめる鉄鍋を操作したりするためにはかなりの人数が必要とされたであろうが、これもまた前述のハーリの労働力に依拠していたものと思われる。

以上のようにデサイの直営地経営の中心は米、野菜、果実などの単なる農産物の生産ではなく、サトウキビの自家生産および多数の牡牛や鉄鍋などの生産手段と労働力の蓄積を前提とする大規模な粗糖製造業であったということができる。

次に粗糖や野菜、果実などが売られる市場についてであるが、前引の帳簿に記載の見られるのはスーラト市(ガンデヴィーの北方約五〇キロメートル)、ダムダチャー村(ガンデヴィーの隣町)の二つである。これはハーティーアワーディー農園がダムダチャー村にあったことによるのであろうが、他の農園に関する帳簿から、これら以外に市場としてナウサリ町(ガンデヴィー北方約二〇キロメートル)、ガンデヴィー町があったことがわかる。これらの経営帳簿の記載からデサイの直営地の生産物は(1)穀物商、食料品商、野菜屋などが村々を歩き回って購入し、市場にもっていく経路と、(2)スーラト、ナウサリ、ガンデヴィー、ダムダチャーなどの市場に自らの計算で売りに出すか、あるいはそれらの市場の商人に売却する経路との二つの経路をとって流通していったと考えられる。

これらの市場のうち、有名なスーラト市やナウサリ町はインド国内の遠隔地商業や外国貿易と密接につながっていたが、ガンデヴィーやダムダチャーはそれらとのつながりのあまりない、いわばより在地性の強い市場町であったといいうる。本書Ⅰ－三－3で述べたように、一八世紀のインドにおいてはこのような在地の村市場や市場町の発展が広範に見られたのであるが、それはこのデサイのような大経営のみならず、「小農民」経営においても商品作物生産が発展し、商品交換関係が拡大してい

表20　ハーティーアワーディー農園の購入品　(単位はルピー)

年度(西暦)／購入品	1748—49	1760—61	1770—71	1788—89	1794—95	1802—03
牡牛	41.5	118	53		75.25	37
米		59.50	17.5	52	6	24
もろこし			38.5	12.5	21	
豆	8	20	21.75	24.5	5.25	
乾草			6		19	19.75
油かす	2	12	2	4	8	
種子	7	34.25	9.75	68	20.75	
油		2				

たことを示すものである。

そこで、次にデサイの大経営における商品交換の他の側面、すなわちデサイの側が購入する商品について検討することが必要となる。この点については経営帳簿の支出の項を見ればだいたいつかめるわけであるが、土地経営帳簿という史料の性格上、例えば綿布などの衣料品のような重要な商品についてはわからないという限界がある。まず、上にハーティーアワーディー農園の経営帳簿から整理したデサイの側の購入品の表を示す(表20)。

表20から明らかなように、デサイの側が購入する商品としては、前述の牡牛、その飼料としての豆類・乾草、ハーリに与える米やもろこし、肥料として用いる油かす、野菜などの種子が主なものである。先に引用したハーティーアワーディー農園の経営帳簿の支出の項(表16-a)で下線部③の部分はデサイの商品購入先が明示されている箇所であるが、そこから牡牛は行商人や穀物商から購入し、米は商人 vakhār から、油かすは油屋から購入していることがわかる。他の帳簿から

購入先のわかるものもほぼこの三種類にかぎられ、他の豆類、乾草、もろこし、野菜の種子などをどこから購入したかについては記載がなく、不明である。いずれにせよ、デサイの大経営における生産諸手段（牡牛、飼料など）、労働力の再生産のために必要なもので自己の経営内では不足した部分（米、もろこしなど）、および油かすのような特殊な商品を購入していたということができる。この点で、デサイの大経営はその商品販売者としての側面とともに商品購買者としての側面においても、恒常的な商品交換関係・市場関係の成立を前提としてはじめて成立ちうるものであったといえるだろう。さらに、デサイの大経営においてサトウキビの種子が販売される一方、野菜や米の種子が購入されていたことは、農業生産における一定の特化、分業関係の成立を推測せしめるものである。

以上にのべてきたデサイの直営地経営について要約すれば次のようになる。デサイは所々に散在した各所有地にアワーリーと呼ばれる管理人を置き、ハーリと呼ばれる極めて隷属性の強い下人的労働者を用いて直営地の経営にあたらせた。直営地経営の中心は単なる農産物生産ではなく、大規模な加工工程を必要とする粗糖製造業であったが、その製造には圧搾機を動かすための牡牛やサトウ汁を煮つめるための鉄鍋などかなりの規模の生産手段の蓄積と、それを操作する労働力の蓄積とを必要とした。粗糖の他にはバナナ、ココナッツ、野菜、米などの商品作物が栽培され、市場に出されるとともにデサイの経営内で不足した生産諸手段は市場から購入されるというように、市場における恒常的な商品交換関係の形成がデサイの大経営が成立しうる前提となっていた。これらの市場には遠隔地商業や外国貿易とのつながりの密接な大都市とともに、より在地性の強い村市場・市場町が見られたが、それは在地における商品交換関係の発展を示すものである。

小作(sānthī)地経営

『ガンデヴィー・デサイ家文書』の末尾には全部で四五通の小作関係文書が収録されているが、そのうち一三通は小作契約文書であり、他の三二通は小作保証書とでもいうべき文書である。もちろん、ガンデヴィー・デサイ家のすべての小作人の文書が網羅されているわけではないが、年代的には西暦一七六六―六七年から一八四一―四二年までにわたっている。

(1) 小作契約書 kabūlat

まず、特徴的な小作契約書を三通以下に紹介する。

小作契約書Ⅰ(文書番号3)

カラーンジーバーイー・ゴーパールジー(デサイ)殿に

(私)カラー・モーラールは貴殿の土地であるマジュマーニアーの耕作者の土地(?)菜園地 vādī およびパーディーアーゲ地(?)のすべての土地を小作いたします。その小作料として、すべての土地を一括して七五ルピーを毎年支払います。……これに相違することは決していたしません。私はこの証書を私の意志によってよろこんで書きました。サムヴァット一八二九年(西暦一七七二―七三年)から(上記の小作料を)支払います。

小作契約書Ⅱ(文書番号26)

パラーグジーバーイー・ナーラーンジー(デサイ)殿に
(私達)ウダーチュ村のコーリーのラーロー・ゴーピーとキーコー・ラタンは貴殿のアーンタリー村の給与地 vajīfā である菜園地を耕作するために賃借いたします。その細目は(次の通り)サトウキビを植えるならば、全体で一二五ルピー。全部を耕作しない場合には、耕作した面積に応じて。豆類を耕作する場合には、一ビガーにつき七ルピーの割合でカスター油菜を耕作する場合には、一ビガーにつき三・五ルピーの割合で以上により五年間の契約書 paṭā を作成して、私達は耕作するために賃借いたしました。右に従って小作料を支払います。サムヴァット一八八七年(西暦一八三〇―三一年)。

小作契約書Ⅲ(文書番号30)

パラーグジーバーイー・ナーラーンジー(デサイ)殿に
(私)ハーティーアワーディー農園のコーリー、クェーリーオー・モーリーオーは貴殿のダノーリー村の菜園地を小作いたします。その小作料は一ビガーにつき一・五ルピーの割合で、耕作した土地について支払います。私はこれを私の意志によりよろこんで書きました。サムヴァット一八九一年(西暦一八三四―三五年)。

右に紹介した小作契約書から、すでに一八世紀においても小作料は金納が一般的であったことが知られる。この金納小作料の契約にあたっては、⑴ある土地を一括して小作料年額何ルピーというように定める方法(小作契約書Ⅰ。これをフンドーバンディー hundo bandī という)と⑵単位面積(ビガー)

あたり小作料何ルピーというように定める方法(小作契約書Ⅱ、Ⅲ。これをビゴーティー bighotī という)とがあった。さらに後者の場合には(a)その土地に耕作される作物の種類によって個々に定める場合(小作契約書Ⅱ)と、(b)耕作される作物のいかんを問わず一定した小作料を定める場合(小作契約書Ⅲ)とがあった。

次に契約期間についてであるが、上記の小作契約書中契約期間が明記してあるのはⅡのみで、この場合は五年間の契約である。小作契約書Ⅰの場合は小作料を「毎年 sāl dar sāl 支払います」とあり、契約が一年ではなかったことを示している。小作契約書Ⅲの場合は契約期間のごときものは何ら示されていない。上記以外の小作契約書や小作保証書にも契約期間が明記されていない場合が多いが、文書番号16の小作保証書では契約期間が五年とされている。いずれにしろ、小作人が毎年変ったのではないことは経営帳簿の小作人の名前に五年あるいは一〇年前と同一人物の名前が見られる例が多々あることから明らかである。この契約期間が明示されない場合が多いという事実は、小作契約書が ka-būlat(引受書)と呼ばれたように、小作人が小作することを引受けたことを証明するのが主な目的で、小作人の側の小作権を保証するためという性格のものではなかったことによるものと思われる。すなわち、これらの小作契約書は地主の側の利益を保証するものであって、小作人の側の権利を保証するものではなかったのである。

以上で小作契約のあり方を見てきたが、デサイと小作契約を結んだ人間が必ずしも直接耕作者ではない場合、いいかえれば小作地が又小作に出されている例も見られる。それを直接に示しているのは次の小作契約破棄文書(文書番号2)である。

ゴーパールジーバーイー・ムカンドジー(デサイ)殿に

(私)スンダル・ルーダルは貴殿のパロージュニーアー(という名の)菜園地をビーカー・ジーワーに耕作させていました。それがビーカーの息子ヴァラウが死亡したために、私のためにその菜園地を耕作してくれる者がいなくなりました。それ故、サムヴァット一八二四年(西暦一七六七—六八年)からその菜園地を放棄いたします。サムヴァット一八二三年の小作料は私が従来通りに支払います。サムヴァット一八二三年マーグサル月陽四日。

後に述べるように、小作人の間にもかなりの階層差が存在したが、小作人層の上層にはこのように小作地を自ら耕作することなく、又小作に出していた者も存在したのである。

(2) 小作保証書

以上のようにデサイとその小作人との間には小作契約書(あるいは引受書)が交わされていたのであるが、小作人は契約書を提出するだけではなく、誰かに保証人になってもらわねばならなかった。保証人には物的保証人 mālјāmin と人的(身元)保証人 hājarјāmin の二種類があったことを以下に示す小作保証書から知ることができる。

小作保証書Ⅰ(文書番号23)

デサイ・パラーグジーバーイー・ナーラーンジー殿に

(私)ガラト村のマカー・ラタンジーはパータリー村のリールベーイー(という土地)の小作人ナラ

ージー・ラルの物的保証人および人的（身元）保証人となり、米を刈取る許可を与えました。サムヴァット暦一八八五年の収穫期の小作料は附近の給与地 vajifo の小作料がきまったならば、それに従って納入いたさせ、あるいは納入いたします。私は私の意志によりよろこんで物的保証人および人的（身元）保証人となって米を刈取る許可を与えました。サムヴァット一八八四年（西暦一八二七—二八年）。

まず、物的保証人 māljamin であるが、māl は物、財産、商品などを意味する言葉で、右の保証書の場合には小作地に耕作された生産物である米を刈取って販売しそれによって小作料を必ず納入することを地主に対して保証したわけである。先にも述べたように『ガンデヴィー・デサイ家文書』には全部で三二通の小作保証書が収録されているが、そのほとんどは以上のような物的保証書で、そのうち二〇通はサトウキビを搾る許可を与えたものである。サトウキビを搾る許可を与えた小作保証書はいずれもほぼ次の例のような書き方になっている。

小作保証書Ⅱ（文書番号8）

ナーラーンジー・ゴーパールジー（デサイ）殿に

（私）デーワダー村のベーシャル（?）のコーリー、ナーガロー・ジーワンは（貴殿の）小作人であるコーリー、ジーバロー・ミーティアーの保証人 hamidār となって、（その土地にできた）サトウキビを搾る許可を与えました。その土地の小作料は附近の小作人たちの小作料が決ったならば、それに従って納入します。……サムヴァット一八六八年（西暦一八一一—一二年）。

この物的保証人は保証人となることにともなって、いかなる義務を地主に対して負うことになるのかが問題であるが、上記の二例に見られるようにその義務内容は文面からはかならずしも明確ではない。小作保証書Ⅰには小作料を「納入させ、あるいは納入いたします」bharāvā bharvā と書かれており、小作保証書Ⅱには「小作料を納入します」bharvā と書かれている。その他、文書番号三五の保証書には「私が納入させます」hum bhrāun とあり、同三九には「私が納入します。あるいは納入させます」bharun bharāun とある。ただこのように主語が明示されている例は少なく、多くの場合には「私が納入する、あるいは納入させる義務を負います」amāre bharvā bharāvā という表現になっている。いずれにしろ、物的保証人は小作料を小作人に納入させるか、もし小作人が支払えない場合には自ら納入する義務を地主に対して負ったのではないかと考えられる。逆にいうならば、このような重い義務を負う保証人になってくれる人がいないかぎり、地主の土地を小作することはできなかったのである。

次に人的(身元)保証人 hājarjāmin についてであるが、hājar という語は面前に出頭あるいは伺候するといった程の意味である。これについては以下に紹介する小作保証書からかなり明らかになる。

小作保証書Ⅲ(文書番号36)

パラーグジーバーイー・ナーラーンジー(デサイ)殿に

(私)野菜作りのラーマ・ウクディーはミーアンジーワーディー農園の小作人である野菜作りラー

ロー・モーニーとバーンキーの人的(身元)保証人となって、許可を与えました(?)。要求された時には(彼らを)連れて出頭いたします。もし出頭しない場合には、その(義務)違反の責任は私が取ります。……サムヴァット一八九四年(西暦一八三七―三八年)バーダルウォー月陽五日。

右から明らかなように人的(身元)保証人は地主から要求された時にはいつでも小作人を出頭させる義務を負っていたのであるが、もし出頭しなかったなら、保証人はどのような義務を負わねばならなかったのかという点は明らかではない。ただ、このように小作人は身元を引受けてくれる保証人をも必要としたのである。

以上のように『ガンデヴィー・デサイ家文書』からうかがうことのできる地主―小作関係は、小作人の地主に対する従属性が極めて強いものであったということができる。すなわち、小作契約書(引受書)、小作保証書といった地主の側の利益のみを保証する書類を小作人は提出せねばならず、誰か第三者に小作料を納入させる、あるいは納入することを保証してもらわないかぎり、自己の生産物を収穫することもできなかった。さらに地主が要求する時にはいつでも地主の前に出頭せねばならなかったのである。

ただ、あらゆる小作人が小作契約書、物的保証人、人的(身元)保証人のすべてを必要としたのかどうかという点については明らかではない。また一九世紀後半になっても、物的保証書、人的(身元)保証書が数多く見られること、あるいは収録された文書から見るかぎり、むしろそれらは一八世紀より一九世紀になってからの方が一般化したのではないかとも思われることは、次に述べるような一九世

表 21　小作料と直営地収入の比率　(単位はルピー)

年度(西暦)	ハーティーアワーディー			ケードカラー		
	小作料(A)	直営地収入(B)	$\frac{A}{A+B}\times100$ (%)	小作料(A)	直営地収入(B)	$\frac{A}{A+B}\times100$ (%)
1748—49	282.25	646.50	30%	0	514.75	0%
1760—61	759.50	887.0	46%	97	479.0	17%
1770—71	634.50	899.50	41%	188.50	420.25	31%
1788—89	475.50	822.0	37%	172.75	71.25	70%
1802—03	782.0	272.75	74%	302.50	78.0	80%
1813—14	653.50	215.75	75%	316.0	115.50	73%
1824—25	1286.0	592.0	69%	387.0	0	100%
1834—35	1168.75	260.25	80%	416.0	0	100%
1848—49	728.50	206.50	78%	409.25	0	100%
1855—56	770.0	0	100%	364.0	0	100%
1863—64	1199.75	35.0	98%	717.50	12	98%

紀におけるデサイの寄生地主化と関係があるのではないかと思われる。

また、この小作保証書に関して極めて注目すべきことは、小作料の額が明記されていないことである。先に述べたように小作契約書の場合には、一括してか、あるいは単位面積当りの小作料がつねに明記されているが、収録されている三二通の小作保証書のうち小作料の明記されているものは一通もない。上に引用した小作保証書Ⅰには chār vajīfāne rāhe je ṭhare te とあり、直訳すれば「四つの給与地の小作料が決まれば、それを」ということになるが、四という数はインド諸語では象徴的な意味をもつ場合が多いので、その意は「附近の給与地の小作料と同率の小作料」ということであろう。小作保証書Ⅱの場合は chār shānthīāne rāh ṭhare te parmāne と書かれており、直訳すれば「四人の小作人の小作料が決ったならば、それ

表22

年度(西暦)	1788—89	1802—03	1813—14	1824—25	1863—64
小作人数 / 小作料(ルピー)	12人	14人	16人	36人	48人
150 以上	0	2	1	1	3
125—149	0	1	0	0	0
100—124	2	1	3	2	0
75— 99	0	1	4	4	2
50— 74	4	2	1	5	6
25— 49	3	5	3	10	15
10— 24	3	2	2	7	13
10 以下	0	0	2	7	9
平均小作料	54	77	68	43	39

に従って」という意味であるが、これも同様に「附近の小作人たちの小作料に従って」という意味であろう。他の保証書もほぼこのような書き方になっている。これが一体何を意味するのか、十分理解することができないが、注目すべきことのように思われる。

デサイの寄生地主化

ところで、先にも述べたようにデサイは規模の大きな所有地については、その一部を直営地として経営するとともに、残りの土地を小作地としていたが、これらのうち、記載の明確なハーティーアワーディー(ダムダチャー村)とケードカラー(ガンデヴィー町)という二つの農園について、小作料収入と直営地収入との比率をとると表21のようになる。(40)

この二つの農園に関するかぎり、一八世紀末までは直営地経営の比率の方が高いが、一九世紀に入ると小作地の比重が大きくなり、一九世紀後半にはほぼすべてが小作地になっていく傾向が見られる。スンダルワーディー農園のように西暦一八七四―七五年になっても直営地からの収入の方が多い例もあるが、これは例外で、一般的には一九世紀後半には直営地が縮小して小作地の方が急速に優勢になってきたということができる。このような傾向は小作人の人数の急増にも看取することができる。上記の二つの農園についてみると、西暦一七八八―八九年には合せて一二人だった小作人の数が、西暦一八六三―六四年には四八人と四倍に増加している。この二つの農園のこの間における小作人の増加と小作料の分布とを見ると右のようになっている(表22)。

このように、一九世紀後半になると、デサイ家の経営は寄生地主化の傾向を強め、それにともなって、零細な小作農民層が広範に形成されていったことをうかがうことができる。それは、一九世紀、イギリス植民地支配下におけるインド社会の変動の所産なのであるが、この問題は本書の主題の範囲を越えている。

(1) 本書Ⅱの注(6)を参照。
(2) このワタン体制とカースト制は相互依存関係にある。すなわち、ワタン分業はカースト分業を前提としており、逆にカースト的社会関係の中にもワタンの原理が浸透していた。しかし、カースト制を前提として、それを包摂した一つの社会体制として、ワタン体制を捉えることができる。なお、市、市場町には、ワタンの原理から解放された側面もあったことは前述のとおりである。
(3) 「ワタン安堵状」のその他の例については、Ⅲ-三-1でとりあげる。
(4) ある村の「金工職ワタン」にかんする、きわめて長文のマフザルが、深沢宏『インド社会経済史研究』

二八二—三〇四ページに全訳されている。マフザルというものがどういうものかを知るための好箇の例である。

(5) 「デーサク」はいろいろな意味で使用される言葉で、郷主以下「地域社会」の全「ワタン持ち《ダール》」を意味することもあるが、この場合は、村の村長、村書記、「一二種類のバルテー職人」などを指している。

(6) コートという職(ワタン)は、コンカン地方にのみ見られたもので、一種の徴税請負人の職である。「サル・コート」とは「コートの頭《サル》」の意味で、これも一つのワタンであった。

(7) ヘージーブという言葉もいろいろな意味で使用されるが、ここでは郷主や郷書記の使用人のことであろう。

(8) *Kārī va Ānbvade—Jedhe Deshmukh*, no. 22.

(9) この点については、深沢宏「前近代インドにおける私権意識と法原則」(同『インド農村社会経済史の研究』所収)を参照。

(10) この事例では、クリシュナ川の神裁に敗れた側が、それに承服せず、自分に「火の神裁」を受けさせてほしいと願い出たので、「火の神裁」が行なわれたが、やはり誤っているとされた。このように、神裁の結果にも承服しないで、紛争を続けるということもかなりあった。

(11) V. T. Gune, *The Judicial System of the Marathas*, Appendix BI-4.

(12) *Kārī va Ānbvade—Jedhe Deshmukh*, no. 15.

(13) V. T. Gune, *op. cit.*

(14) その主なものは、次のような家であった。カーナンド谷《コール》のマラル家、グンジャン谷《マーワル》(あるいはムルス谷《コール》)のシリムカル家、モーセ谷《コール》のパーサルカル家、ヴェールワンド谷《コール》のドール家、パウド谷《コール》のダマーレー家、ムテー谷《コール》のマールネー家、ヒルダス谷《マーワル》のバーンダル家、ローヒダー谷《コール》ウトローリー郷のコーパデー家、ローヒダー谷ボール郷のジェデー家。

(15) MIS XV-279, XVI-1, *Kari va Ānbrade—Jedhe Deshmukh*, no. 31, 41, 60, SCS II-337, *Shiva Charitra Pradip*, pp. 39-48. ジェデー家にかんするペルシャ語史料については、深沢宏『インド社会経済史研究』五三—五五ページを参照。なお、André Wink, *Land and Sovereignty in India*, pp. 172-178 にジェデー家の歴史についての簡単な記述があるが、本書でのべるのとは喰いちがう面が多い。

(16) *Shiva Charitra Pradip*, pp. 14-39.

(17) ジェデー家にしろ、コーパデー家にしろ、もともとは村長の家系の出身であることが注意を惹く。中世マハーラーシュトラにおいては、村長という階層は、いわば在村小領主的な性格をもっていたのであり、何らかの手段で郷主職ワタンを入手して、郷主に成り上っていく者も多かったのである。ちなみに、マラーター王国の建設者シヴァージーのボーンスレー家も、もともとはデカン北部の村の村長の家系である。

(18) J. N. Sarkar, *House of Shivaji*, pp. 85-86.

(19) G. S. Sardesai, *New History of the Marathas*, Vol. I. p. 100.

(20) *ibid.*, p. 99.

(21) *Kari va Ānbrade—Jedhe Deshmukh*, no. 15.

(22) *Jedhe Shakāvali*, p. 27.

(23) G. S. Sardesai, *op. cit.*, pp. 328-329.

(24) グンジャン谷郡の他にも、カーナンド谷郡、ムテー谷郡の地方官宛の命令書が残っているが、いずれも同文である。(MIS XVI-28, SCS VI-114)

(25) 他の郡(郷)宛の「ワタン安堵状」は、カーナンド谷郡、SPD XXXI-51、パウド谷郡 SPD XXXI-92、ムテー谷郡 SCS VI-116.

(26) その他、王あるいは国家が村長職ワタンを購入したことを示す史料としては、SSRPD III–141, 159 などがある。

(27) 「ダルマ」という言葉は、きわめて包括的な意味あいを含んだ言葉で、法、宗教、倫理などを意味するが、一言でいえば、人間の生き方の総体としての「文化」を意味する。したがって、「マハーラーシュトラ・ダルマ」とは、マハーラーシュトラの人間らしい生き方といったことを意味することになる。本文中では、その意味で、「マハーラーシュトラ魂」と訳しておいた。

(28) 一九世紀、マラーターの国がイギリス支配下に入れられると、マラーターの人々は今度はイギリス人を「タームラ」あるいは「タームラ・ムキー」(銅色の顔をした者)と呼ぶようになった。イギリス人も顔の赤い猿のように見えたからである。この点について詳しくは、拙著『大地の子《ブーミ・プトラ》』第四章を参照。

(29) *Mir'āt-e Ahmadī*, Persian Text in 2 parts, Gaekwad's Oriental Series, 1927–28, and *Khātima*(Supplement), do.

(30) *Statement regarding the Inam Lands of Hurrat Bapubhāī Desāī in the District of Navsari in the Territories of His Highness The Gaecowad*, Baroda 1888, Baroda Record Office, Daftar No. 455/1.

(31) Baroda Record Office, General Daftar No. 437, Daftar No. 3, Ferishta No. 93.

(32) 一六三七年九月一六日付の「覚書」。同右、Ferishta No. 94.

(33) 同右、Ferishta No. 177.

(34) Baroda Record Office, General Daftar No. 442, Daftar No. 8, Ferishta No. 312.

(35) ワジーフォー、ワジーファーという言葉は、アラビア語 wujūh がグジャラーティー語化したもので、何らかの職務にともなって報酬として与えられた土地を意味する。フド・カーシュターという言葉は、ペルシャ語「フッド・カーシュト」、すなわち「自分で耕す土地」からの転訛で、通常の課税地を意味する。

（36）『ガンデヴィー・デサイ家文書』一四〇―一四三ページ。

（37）マーンバーイー・ドゥヴィヴェディー『南グジャラート地方古記録』（グジャラーティー語、出版年不詳）。
Mānbhāi Dvivedi, *Purātan Dakshin Gujarāt*, pp. 177–178.

（38）Government of Bombay, *Gazetteer of Bombay Presidency*, *Vol. II*, *Surat and Broach*, 1877, p. 199 f. n.

（39）*ibid.*, *Vol. VII*, *Baroda*, 1883, p. 80.

（40）『ガンデヴィー・デサイ家文書』、一三七―一七一ページ、一七四―一八九ページ。

おわりに

中世マハーラーシュトラの社会にかんするマラーティー語史料を読んでいる時、よくわからないが、何か重要な意味あいがかくされているように思われる、いくつかの言葉にしばしば出くわした。例えば、「ワタン」という言葉である。この言葉はもともとはアラビア語で、国を意味するのだが、中世マハーラーシュトラの社会では、原義とはまったく異なった意味で、きわめて一般的に使用されていた。上は、数十カ村からなる「地域社会」の実質的な支配者である郷主の職務と権利から、下は、ある村で死牛馬の処理や村域の清掃に従事する不可触民の職務と権利まで、さまざまな職務と権利がすべてワタンと称されていた。ワタンという言葉のこのような用法に貫通しているのは、権利の大小や立場の上下にはいっさいかかわりなく、何らかの共同体によって承認された世襲的な職務と権利は、すべて一律にワタンであり、それらの間に原理的な相違は何もないというものの考え方である。ワタンという言葉に反映された、中世マハーラーシュトラの人々のこのようなものの考え方が見えてくると、そのなかに中世マハーラーシュトラ社会の歴史的個性がおぼろげに浮び上ってくるように感じられた。「ゴート」という言葉もそうである。この言葉はサンスクリット語のゴートラ(氏族)という言葉から派生したとされているのだが、中世マラーティー語では、もっとはるかに広い意味あいで、これもまたきわめて一般的に使用された。村に住む人々全体もゴートならば、市場に住む人々もゴートであり、それらが結合して形成される「地域社会」の全構成員もゴートと呼ばれた。また、郡(あるいは郷)を単位とする第一次集団としてのカーストもゴートであり、それらがいくつも結集した二次集団としてのカーストもゴートであった。ゴートという言葉は、このようにさまざまな次元において形成される人間のさまざまな集団を意味するだけではなく、それらの人間集団の現実的な集りである集会をも意味した。このゴートという言葉のもつ意味の広がりに、はじめいささかとまどいを感じたのだが、しかし同時に、このゴートという言葉にこめられた思惟の構造を読み解くことができたならば、中世マハーラーシュトラの社会に固有の論理をつかみとることができるのではないかとも考えた。もう一つ、より特殊な言葉をあげるならば、「ルカー」という言葉がある。ルカーというのは、普通はごく価値の低い銅貨のことなのだが、それではどうしても意味の通じない場合がしばしばあった。それで、ルカーという言葉のそのような用例をできるだけ多く集めて眺めているうちに、それが中世マハーラーシュトラ村落における共同体的な土地編成の原理をあらわす言葉なのではないかということに気づいた。

本書では、このように、ワタンとか、ゴートとか、ルカーといった、よくわからないが何か意味ありげな言葉をキー・ワードとして、それらの言葉が体現している意味の世界を解読することをとおして、中世マハーラーシュトラ社会の歴史的個性をとらえてみようとしたのである。もちろん、中世マハーラーシュトラの社会には、前近代社会一般に共通する性格があり、また、すべてのインド中世社会に共有される特徴もあった。だから、中世マハーラーシュトラ社会の歴史的個性をとらえるには、前近代社会にかんする一般的、理論的知識やさまざまなインド中世社会についての幅広い知識も必要である。しかし、このような一般的知識や理論的な概念装置にとらわれるのではなく、あくまでも、中世マハーラーシュトラの社会を生きた人々が、その日々の生活のなかで重要な意味あいをこめて用いていたと思われるいくつかの言葉をとり出し、それらの言葉のもつ意味の広がりを測ることから出発しようと考えたのである。ところが、このような作業は自分自身をつつみこんでいる常識的な思考のパターンや感覚に逆らい、それを解体していく作業を強いるものであったから、自分の導き出した結論に、自分自身で不安を感じるということもしばしば起った。例えば、中世マハーラーシュトラの「小」農民が、時には五〇ヘクタール(五〇町歩)にもおよぶ広大な土地を所有していたということは、史料から確実に引き出すことのできる事実であるにもかかわらず、何か落着きの悪い思いがどうしてもつきまとっていた。本書には、そんな箇所が他にもいくつかある。それは、自分自身が生れ育った社会とはまったく異質な社会の、それもかなり遠い過去のことを知ろうとするかぎり、ある意味では避けられないことであろう。そのような不安や落着きの悪さに目をつぶるのではなく、そのような不安や落着きの悪さの自覚そのもののなかに、逆に、自らをつつむ思考のパターンや感覚を相対化していく契機をつかむことが外国研究の前提となるのだと思う。

あとがき

インドの中世社会、あるいはイギリスの植民地になる前のインドの社会のことを研究してみようと考えるようになったのは、今からもう二〇年も前、グジャラート州のバローダ大学(マハーラージャ・サヤジーラーウ大学)にいた時だった。その時は、アナヴィル(あるいはアナワラ)・デサイと呼ばれる、地主的なコミュニティー(カースト)に特に関心をもっていた。このデサイ・コミュニティーは、南グジャラート地方の、アラビア海とタプティ川と低い丘陵地帯に囲まれた細長い三角形をなす地方に、数十家系に分れて住んでいた。デサイという名前が示すように、彼らはかつては郡あるいは郷の代表者(首長)だったのであり、デカン地方のデーシュムク(郷主)に対応する存在だった。ちなみに、一九七七年、強権政治をしいていたインディラ・ガンディーを追い落して、インド首相の地位についたモラルジー・デサイは、このアナヴィル・デサイの一員である。

バローダ大学の寮にいた、このデサイ・コミュニティーの学生に手紙を書いてもらい、彼の家を訪ねたのを手がかりに、次々と他のデサイ家に紹介してもらった。スーラト市の少し南のナウサリという田舎駅の前にある、素泊り二ルピー(当時の換算率で九〇円、現在では二〇円ほど)の本当に汚い商人宿をねぐらにして、毎朝、駅前からバスに乗って、一家族ずつ訪ね歩いた。目的地に着く頃には、たいがい昼飯時になっていて、訪ねていくと、突然飛びこんで来た外国人に、何はともあれ、昼食をお腹に入り切れないほど食べさせてくれた。このデサイ・コミュニティーの本家筋にあたるマフワのデサイ家では、ムガル帝国政府から受領した見事な勅令《ファルマーン》を見せてもらった。掛軸のようにして大切に保存してあるのが印象的だった。この家の老いた主婦は、跡取り息子が啞で話ができなくて、と何度もくりかえし弁解するようにいっていた。このマフワ・デサイ家の分家でもう一つの有力な家系であるガンデヴィーのデサイ家の御隠居は、かつてバローダ高等裁判所の裁判長をしていたという、品のよいインテリだった。デサイ・コミュニティーの歴史を知る手がかりとなる史料はないかという私の問いに対して、うちには「文書庫」(ダフタル・ハーナ)があって、いろいろな文書が保存されているが、まださしさわりがあって見せるわけにはいかない、ただ、バローダ藩王国とデサイ家の間に土地をめぐる紛争があった時、バローダ高裁に提出した証拠書類が印刷されているので、それなら見せてやろうといってくれた。この証拠書類は、大版で四〇〇ページをこす大部のものだった。御隠居が、この書類も旧バローダ藩主との関係があるので、公開したくはないというので、無理に貸してほしいとは頼まなかった。バローダ高裁に提出したものなら、他のコピーがバローダ公文書館に保存されているにちがいないと思ったからである。案のじょう、バローダ公文書館でこの文献を見つけ、主としてそれに依拠して、帰国後、「ムガル期インドにおける在地領主」という論文を書いた。本書Ⅲ—三—3「在地領主の土地経営」はこの論文にもとづいている。ガンデヴィー・デサイ家の御隠居はもうすでになくなったのだろうが、彼が公開したくないといっていた文献に依拠して、ひそかに日本語で論文を書いたことに、今なお、後めたさのようなものを感じている。

こんな風に、多くのデサイ家では親切にしてもらったが、一度だけ、けんもほろろの取り扱いを受けたことがあった。バスの終点から、自転車屋で貸し自転車を借りて、さらに一時間ほどもかけて訪ねていった僻遠の村のデサイ家では、もう隠退したと思われる老人が出て来て、外国人が何故こんなことを調べるのか、そういう調査をしてよいという政府の許可証をもっているか、などと次々と問い質してきた。この時、頭の片隅を冷い風のようなものがはじめて吹き抜けた。しかし、それは一瞬だけのことで、その後も相変らず毎日、各地のデサイ家を訪ね歩いた。

一九六九年二月、重症のヴィールス性肝炎に追われるようにして、日本に帰ることにした時、いずれ、このデサイ・コミュニティーの歴史と現状について、十分に掘り下げた研究をしたいという願望をもっていた。しかし、二年ぶりに帰って来た日本の状況は、そんな願望とはあまりにもかけ離れていた。大学とは何か、学問とは何か、学問にかかわろうとする人間は、この日本と世界の現実の中で、客観的にどのような位置にあり、どのような社会的責務を負っているのか、といった当時「根底的《ラディカル》」と称された問いかけが、たちまちのうちに、インドをはるかに遠いものにしてしまった。この時から、うそ寒い隙間風がかすかに、しかしたえず、頭のどこかを吹くようになった。

その翌年、ニューデリーで、ユネスコ主催の学生運動あるいはステューデント・パワーにかんする国際会議が開かれることになり、誰も行く人がいないというので、私が行くことになった。会議では、二〇分ほどの報告をした後は、私はあまり発言をしなかった。インド人やアメリカ人の学生たちが、ものすごい勢いでしゃべりまくるので、なかなか割りこめなかったということもあるが、何よりも、外の酷熱のインドとは全く別世界のような冷房のよくきいたサプル・ハウスの一室で、ステューデント・パワーや革命について口角泡を飛ばして議論していることに、どうしようもなく絵空事めいた虚しさを感じざるをえなかったのである。私は会議のあい間をぬっては、デリー近郊の中世遺跡を一人で歩き回った。インドの現実との距離はそれによって、なお一層ひろがるのかも知れなかったが。

会議の終った後、マハーラーシュトラ州のプネー市に飛んだ。アナヴィル・デサイ・コミュニティーについて集中的に調査・研究することは、組織的支援も金もない一大学院生の自分には無理だということに気づいたし、それに何の意味があるかわからないけれども、ともかく一度決めた目標は、何がなんでも追求しつづけるという意志は、当時の雰囲気の中では持続することが困難だった。自分のやろうとすることの社会的な意味を自ら語ることが、あまりにも性急に求められた時代だったから。それで、多数の史料集などが刊行されていて、インドへ度々行かなくても、ひっそりと研究を続けることのできるマラーター史の研究に移ろうと考えたのである。プネー市では、今はなきマラーター史研究の第一人者G・H・カレー氏に会うことができ、マラーター史研究の広い可能性に確信をもった。マラーター史の史料集の多くは、先年なくなった一橋大学の深沢宏氏が収集して、一橋大学図書館に入れてくれていたから、あとは不足の分を補充するだけでよかった。

こうしてマラーター中世史の研究にとりかかったのだが、一度脳裏を吹きはじめた隙間風は、もうやむことはなかった。そのため、ややもすれば実証的研究から吹き流されて、歴史学の思想としての意味とか、日本人としてアジアにかかわることの意味、などといったことについて、拙い思考を重ね、騒々しい文章を書いてみたりもした。そんなものがつもって、三冊の本となって先に世に出た。しかし、一方では、時々の必要に迫られて、マラーター中世史にかんする論文もぽつぽつと書き続けた。そのどちらにもしっかりと腰がすわらないまま、相互に緊密なつながりもない理論的思考とマラーター中世史研究との間を、いわば右往左往していたのである。

こんな風にして、一五年にもわたって、断続的に書いてきたマラーター中世史研究の論文などは、そのまま朽ちはてるにまかせておけばよかったのだろうが、ある日、岩波書店の松嶋秀三さんから、まとめてみてはどうかというお話があった。折角の御好意だからと、改めて読み直してみると、思わず顔をそむけたくなるような部分もあり、そのままもう一度人目にさらす気にはとてもなれなかった。それで、全部を一度バラバラにして、今まで書いていなかった部分をつけ加えた上で、インド中世社会論としてそれなりに一貫した論理をもつものにするほかないと考え、収集した史料をすべて読み直し、一書として構成し直すという作業をはじめた。だから本書は、身辺のガラクタをとりかたづけて、少しは人にも見てもらえるように居ずまいを正した、というほどのものなのだが、ともかくも、本書をもって、以下の旧稿はすべて修正されたと見なしていただきたい。

1　「インド村落共同体論の再検討」『歴史学研究』三六四号、一九七〇年九月。

2　「一八世紀マラーター王国における水利問題」松井透編『インド土地制度史研究』、東京大学出版会、一九七一年、所収。

3 「一八世紀インドにおける村落祭祀とカースト制」『歴史学研究』三七八号、一九七一年一一月。

4 「ムガル期インドにおける在地領主」東京都立大学『人文学報』九七号、一九七四年。

5 「一七世紀デカン地方における在地社会の構造」辛島昇編『インド史における村落共同体の研究』、東京大学出版会、一九七六年、所収。

6 「インド中世における在地社会と国家」千葉大学『人文研究』六号、一九七七年。

7 「インド中世の在地法的世界とイギリス支配」『歴史評論』三八〇号、一九八一年一二月。

8 「「文明化」か「文化破壊」か」『歴史学研究』五一一号、一九八二年一二月。

9 「インド封建社会論」『中世史講座』第五巻、学生社、一九八五年、所収。

本書を書いている間も、頭の片隅を吹く隙間風はやまなかったが、もうそれをあまり苦にはしなくなった。考えてみれば、歴史学などという学問は、直接的に現実的な意味(いわば社会的有用性)、悪くいえば薬の能書のようなものを性急に求めるべきでも、求められるべきでもないのだと思う。「根底的《ラディカル》」な問いは、場合によっては、未知のものに対するやみくもな好奇心というあらゆる学問の根を枯らすことにもなるのだ。

それに、だいたい、意味というものは、所詮は実存にかかわってのみいわれうることなのだし、実存ということになれば、そのどこかを寥々たる風がたえずかすかに吹くのはしかたないことなのだろう。

一九八八年七月二〇日　未明

小谷汪之

■岩波オンデマンドブックス■

インドの中世社会――村・カースト・領主

1989年 1月27日　第1刷発行
2017年11月10日　オンデマンド版発行

著　者　小《こ》谷《たに》汪《ひろ》之《ゆき》

発行者　岡本　厚

発行所　株式会社　岩波書店
〒101-8002　東京都千代田区一ツ橋 2-5-5
電話案内　03-5210-4000
http://www.iwanami.co.jp/

印刷／製本・法令印刷

ISBN 978-4-00-730686-0　　Printed in Japan

マラーティー語原綴表

1) 本文中に出てくるマラーティー語のうち，地名，人名を除くすべての語の原綴を表示した．
2) マラーティー語の発音は，なるべく現代口語に近い形をとった．
3) マラーティー語文字の音写は以下による．（順序はマラーティー語辞書の配列に従っている）

a, ā, i, ī, u, ū, ṛi, e, ae, o, au, an, ah, ka, kha, ga, gha, ṅa, cha, chha, ja(za), jha, ña, ṭa, ṭha, ḍa, ḍha, ṇa, ta, tha, da, dha, na, pa, pha, ba, bha, ma, ya, ra, la, va, sa, sha, ṣha, ha, ḷa, dña, kṣha

〈ア行〉

アーウート　āūt
アエン　aen
アエン・ジンナス　aen jinnas
アエン・ナクド　aen nakd
アーカール　ākār
アクシャヤ・トリティーヤ　akṣhaya tṛitīya
アグニ・ディウヤ　agni divya
アグラワーディー　agravādī
アサーミー　asāmī
アシュタ・ヴィナーヤカ　aṣhṭa vināyaka
アスカラー　askarā
アスパルシュ　asparsh
アスプリシュヤ　aspṛishya
アタール　atār
アダルマ　adharma
アダルミー　adharmī
アーチャールヤ　āchārya
アチュート　achūt
アディカーリー　adhikārī
アティ・シュードラ　ati shūdra
アディク　adhik
アーディワーシー　ādivāsī
アドファレー　aḍphaḷe
アーナー　āṇā
アヌローマ　anuloma
アバクシャヤ・バクシャナ　ahbakṣhaya bhakṣhana
アバヤ・アーヘ　abhaya āhe
アバヤ・パトラ　abhaya patra
アビシェーク　abhiṣhek
アプガート　apghāt
アプター　apṭā
アヘール　aher
アマーナト　amānat
アミーン　amīn
アムリテーシュワル　amṛiteshvar
アールヤ　ārya
アワル　aval
アーン　āṇ
アンガーラー　angārā
アングメーナト　angmehnat
アントャジュ　antyaj
アンナ・ヴャワハーラ　anna vyavahāra
アンナ・パーニー　anna pāṇī
イサーファティー（イザーファティー）　isāphatī(izāphatī)

イスターワー　istāvā
イナーム　inām
イナームティー　ināmtī
イラド　iraḍ
イルレー　irle
インサーフ　insāph
ヴァイシャ(ヴァエシュヤ) vaeshya
ヴァエディク　vaedik
ヴァールカリー　vārkarī
ヴァルナ　varṇa
ヴィジャヤ・ダシュミー　vijaya dashmī
ヴィシュヌ　viṣhṇu
ヴィシュ・プラライ　viṣh pralai
ヴィダー　viḍā
ヴィトーバー(ヴィッタル) viṭhobā(viṭṭhal)
ヴィナーヤカ・チャトゥルティー vināyaka chaturthī
ヴィヒール　vihīr
ヴェースカル　veskar
ヴェーダ　veda
ヴェータール　vetāḷ
ヴェータール・パッティー vetāḷ paṭṭī
ヴェート・ベーガール　veṭh begār
ウォータル・ガーター　voṭal ghāṭā
ウッタム　uttam
ウディード・マン　uḍīd maṇ
ウディーム　udīm
ウディームヴャワサーイ　udīm-vyavasāi
ウード　ūd
ウトパンナ　utpanna
ウパードェ(ウパードャー) upādhye(upādhyā)
ウパードェパン　upādhyepaṇ
ウパナヤナ　upanayana
ウパ・パータカ　upa pātaka
ウパリー　uparī
ヴャビチャール　vyabhichār
ヴリッティ　vṛitti
エクジャティー・バーウー ekjathī bhāū
エク・ルカー　ek rukā
エーランディー　eranḍī
オーターリー　otārī

〈カ行〉

ガーイ・ラーン　gāi rān
ガウリー　gavḷī
ガウリー　gaurī
カウル　kaul
カウル・ナーマー　kaul nāmā
ガウンド　gaunḍ
カエリー・カンディー　kaelī khanḍī
カーガド　kāgad
カーサール　kāsār
カージー　kāzī
カース・カンディー　kās khanḍī
カース・タカー　kās ṭakā
カスバー　kasbā
カース・バンディー　kās bandī
カース・ビガー　kās bighā
カース・マン　kās maṇ
カース・ルカー　kās rukā
カダク・マール　khaḍak māl
カーチャーリー　kāchārī

カッジャー　kajjā
ガッラー　gallā
カーティー　kāṭhī
カーティーク　khāṭīk
ガート　ghāṭ
ガド　gaḍ
カドゥー・ジャーティ　kaḍū jāti
ガトクール　gatkūḷ
カトバー　katbā
カドバー　kaḍbā
ガナパトャタルヴァシールシャ　gaṇapatyatharvashīrṣha
ガーニー　ghāṇī
カニシュト　kaniṣhṭh
ガネーシャ　gaṇesha
ガネーシャ・チャトゥルティー　gaṇesha chaturthī
カマーヴィースダール　kamāvīsdār
カマール・ジャマー　kamāl jamā
カラーダー　karhāḍā
カーリー　kāḷī
カリーナー　karīnā
カリーフ　kharīph
カールカンデー　khārkhanḍe
カールクーン　kārkūn
ガル・ジャマー　ghar jamā
カルチュ・パッティー　kharch paṭṭī
カルマーンタル　karmāntar
カルヤート　karyāt
カールヤ・プラヨージャン　kārya prayojan
ガル・ワーダー　ghar vādā
カルワンティーン　kaḷvantīṇ
カレーカル　kalhekar
カレーティー（正しくはカリター）　khalitā
ガワト　gavat
ガーンウ・カルチュ　gānv kharch
ガーンウ・カンディー　gānv khanḍī
ガーンウ・カンドニー　gānv khanḍṇī
カンディー　khanḍī
ガンド　ganḍ
カンドーバー　khanḍobā
ギー　ghī
キッリャーチェ・チャーカルマーンニャー・マハール　killyāche chākarmānyā mahār
キッレ　kille(killā)
キッレダール　killedār
ギラーイーク　girhāīk
キラーナー　kirāṇā
キルド・カルデー　kird karde
キンド　khinḍ
クシャトリア　kṣhatriya
クナーチャー・アニャーイ　khunāchā anyāi
グネガーリー　gunhegārī
グラウ　gurav
グラーマニャ　grāmaṇya
グラーム・ウパードェ　grām upādhye
グラーム・カルチュ　grām kharch
グラームデーウ　grāmdev
グラール　grhāḷ
クリシュナ・パクシュ　kṛiṣhna pakṣh

グル　guru
グール　gūḷ
クルカルニー　kuḷkarṇī
クル・スワーミー　kul svāmī
クルダー・シャーヒー・タカー　khurdā shāhī ṭakā
グンダーレー　gunḍāḷe
クンバール　kunbhār
クンビー　kuṇbī
クンビー・ワタン　kuṇbī vatan
クンビーン　kuṇbīṇ
コーシュティー　koṣhṭī
コス　kos
ゴーターイー　gotāī
コート　khot
ゴート　got
ゴート・サバー　got sabhā
ゴートパト　gotpat
ゴートパト・パトラ　gotpat patra
ゴート・マフザル　got mahzar
ゴートラ　gotra
ゴートラジュ・サマンディー　gotraj samandhī
コートワール　kotvāl
ゴーニー　goṇī
コーバデー　kobaḍe
ゴー・ハトャー　go hatyā
ゴーラク　golak
コーリー　koḷī
コール　khor
コーワリー　kovarī
コンカナスタ　konkaṇastha
ゴーンガディー　ghongaḍī

〈サ行〉

サーイル・ジャマー　sāir jamā
ザカート　zakāt
サキャー(サクヤ)・バーウー　sakhya bhāū
サークシー　sākṣhī
サークシーダール　sākṣhīdār
サジュガニー　sajgaṇī
サドゥル　sadr
サトャ・スマルーン　satya smarūn
サナド　sanad
サバー・ナーイク　sabhā nāik
サーハーネ・サーリー　sāhāṇe sārī
サピンダ　sapinḍa
サブニース　sabnīs
サーヘブ　sāheb
サホートラ　sahotra
サマグラ・パーンダリー　samagra pānḍharī
サマスト・ダーヒージャン　samast dāhījaṇ
サマスト・バーウー　samast bhāū
サマスト・ベーパーリー　samast bepārī
サマーディ　samādhi
サムト　samt
サーラー　sārā
サラークターンカリー　salāktānkarī
サラスヴァト　sarasvat
サラーフパッティー　sarāphpaṭṭī
サーリー　sāḷī
サルカト・ローカー　sarkat rokhā
サル・コート　sar khot

サルジャーラーウ　sarjārāv
サル・デーシュクルカルニー　sar deshkuḷkarṇī
サル・デーシュパーンデ　sar deshpāṇḍe
サルデーシュムキー　sardeshmukhī
サル・デーシュムク　sar deshmukh
サル・デサイ　sar desāi
サル・ナーイク　sar nāik
サル・パテール　sar paṭel
サールバンディー・イスターワー　sālbandī istāvā
サル・ムカッダム　sar mukaddam
サンガム　sangam
サンカル・ジャーティ　sankar jāti
サンサルグ　sansarg
サーンド・カト　sāṇḍ khat
サンマト・パトラ　sammat patra
シーウ　sīv
シヴァ　shiva
シウネン　shivṇen
シェーウ　shev
ジェーウ　jev
シェーシャ・ワンシュ　sheṣha vansh
シェート　sheṭ
シェートパン　sheṭpaṇ
シェートパン・ワタン　sheṭpaṇ vatan
シェーラー　shelā
シェーリー　sherī
シェール(セール)　sher(ser)
シスト・サーラーバード　shist sālābād
ジズヤ　zezyā
シーター　sītā
シーダー　sīdhā
シーム　sīm
シャカ(シャケ)　shaka(shake)
ジャーギール　jāgīr
シャーストラールタ　shāstrārtha
ジャター　jathā
ジャーティ　jāti
ジャーディー　jhāḍī
ジャーティ・ゴート　jāti got
ジャーティ・ジェーワン　jāti jevaṇ
ジャーティ・パンチャーヤト　jāti panchāyat
ジャーティ・パンチュ　jāti panch
ジャーティ・ボージャン　jāti bhojan
ジャーバター　jābatā
シャパト　shapath
シャーヒー・ガズ　shāhī gaz
ジャマーバンディー　jamābandī
ジャラーウー　jaḷāū
シャーリグラーム　shāligrām
ジャリーブ　jarīb
ジャリーマリー　jarīmarī
ジャンガム・チャランティ　jangam charanti
シャンカラーチャールヤ　shankarāchārya
シャーンティ　shānti
シュクラ・パクシュ　shukla

pakṣh
シュクラワール・ペート　shukravār peṭh
シュッディ・パトラ　shuddhi patra
シュードラ　shūdra
シュードラーンナ　shūdrānna
シュフール　shuhūr
シュラーッダ　shrāddha
シュリー・アーチャールヤ・スワーミー　shrī āchāryā svāmī
シュリーネ・ウジュワー・プラサード・ディラー　shrīne ujvā prasād dilā
ジュワーリー　juvārī
ジュンジャンラーウ　jhunjaṇrāv
ジョーシー　joshī
シラー　shirā
ジラーイト　zirāit
シルゾーリー　shirzorī
シルパーウ　shirpāv
シワール　shivār(sivār)
シンピー　shinpī
スク・ワスティー　sukh vastī
スタク　sutak
スタール　sutār
スタールキー・ワタン　sutārkī vatan
スタル・パトラ　sthal patra
ストリー・ジャーティ　strī jāti
スバー　subhā
スパーリー　supārī
スパルシャースパルシュ　sparshāsparsh
スパルシュ　sparsh
スパルシュスナーン　sparshsnān
スペー　supe
スベダール　subhedār
スラーパーン　surāpān
スールヤ・ワンシュ　sūrya vansh
スワラージュヤ　svarājya
スワルグ　svarg
セート，シェート　set, shet
セーナー・パンチュ・サハストリー　senā panch sahastrī
セール・バエル　sel(shel) bael
ソーイリー　soirī
ソーイリーク　soirīk
ソーガンド　sogand
ソートラ　sotra
ソーナール　sonār
ソーマ・ワンシュ　soma vansh
ソール　sor

〈タ行〉

ダウハル　ḍavhal
タカー　ṭakā
タガーイー　tagāī
ターキード　tākīd
ダークテー・パン　dhākṭe paṇ
タクリール　takrīr
ダサラー　dasarā
ダサラー・バカラー　dasarā bakarā
タスリーフ　tasrīph
ダダー　dhaḍā
タッパー　tappā
タート　tāṭ
ターナー(ターネ)　ṭhāṇā(ṭhāṇe)
ターネダール　ṭhāṇedār

ダーヘ・ジャマー　dāhe(dahī) jamā
タームラ　tāmra
タームラ・ムキー　tāmra mukhī
ダーヤード　dāyād
ダラン　dharaṇ
タリー　taḷī
タル　thal
タールカー　tālukā
タルカリー　thalkarī
タルカリー・ミラースダール　thalkarī mirāsdār
ダルシャン　darshan
ダール・ディウヤ　dhār divya
タル・パトラ　thal patra
ダルマ・アディカーリー　dharma adhikārī
タルワーイーク　thaḷvāik
タレー　taḷe
ダンガー　dangā
ダンガル　dhangar
ターンク　ṭānk
ダンドワト　danḍvat
タンバークー　tanbākhū
ターンボーリー　tānboḷī
チットパーワン　chittpāvan
チトニース　chiṭnīs
チャウグラー　chaugulā
チャーラム　chāram
チャール　chāl
チャーワディー　chāvaḍī
チャーワル　chāvar
チャンダーラ　chanḍāla
チャーンドラセーニーヤ・カーヤスタ・プラブー　chāndrasenīya kāyastha prabhū
チャーンドラーヤナ　chāndrāyaṇa
チャーンバール　chānbhār
チョーリー　chōḷī
ディウヤ　divya
ディーパーワリ　dīpāvali
ティラー　ṭiḷā
ティラー・ヴィダー　ṭiḷā viḍā
ティル・ホーマ　til homa
ディワーナーチャー　divāṇāchā
ディワーリー　divāḷī
ディワーン　divāṇ
デーヴァ　deva
デーヴァター・ブーミ　devatā bhūmi
デーヴァター・ブラフマーチャー・ブーミ　devatā brahmāchā bhūmi
デーヴィー　devī
デーゴー・メーゴー　ḍhego mego
デサイ　desāī
デーサク　desak
デーシャスタ　deshastha
デーシュクルカルニー　deshkuḷkarṇī
デーシュクルカルニーパン　deshkuḷkarṇīpaṇ
デーシュ・チャウグラー　desh chaugulā
デーシュパーンデ　deshpānḍe
デーシュパーンデパン　deshpānḍepaṇ
デーシュムキー・ワタン　deshmukhī vatan
デーシュムク　deshmukh

デーネ・ゲーネ　deṇe gheṇe
テーリー　telī
テール　tel
ドゥカール　dukāḷ
ドゥニャーティ　dñyāti
ドゥピキー　dupikī
トゥープ　tūp
トゥープカーヌー　tūpkānū
ドゥマーラー　dumālā
ドゥーム　dūm
ドゥルガー・マーター　durgā mātā
トゥルシー　tuḷshī
ドーシュ　doṣh
ドーシュ・パトラ　doṣh patra
トータヤー　totayā
トーラン　toraṇ
ドーリー　dorī
ドーレー(ドール)　ḍhore(ḍhor)

〈ナ行〉

ナーイキー・ワタン　nāikī vatan
ナーイク　nāik
ナーイクワーディー　nāikvāḍī
ナーヴィー　nhāvī
ナウラートラ　navrātra
ナーガディワーリー　nāgadivāḷī
ナーガ・パンチャミー　nāga panchamī
ナクシャトラ　nakshatra
ナーグリー　nāglī
ナードガウンド　nāḍgaunḍ
ナラク　narak
ナラク・クンド　narak kunḍ
ニヤーヤシャーストラ　nyāya shāstra
ニラーリー　niḷārī
ニワード・パトラ　nivāḍ patra

〈ハ行〉

パーイポーシー　pāiposī
パーイポーシュ　pāiposh
パーイリー　pāilī
バーウー　bhāū
バーウーバンド　bhāūband
ハヴァールダール　havāldār
パエサー　paesā
バーガーイート　bāgāīt
バガト(バクタ)　bhagat(bhakta)
バカール　bakāl
ハーキーム　hākīm
バーグ　bāg
バクティ　bhakti
バーザール　bāzār
ハジャーム　hajām
パシュチムワーディー　pashchimvādī
バージュリー　bājrī
ハージル・マジャーラス　hāzīr majālas
パーシーン　pāshīn
パーソーディー　pāsoḍī
パーターネ・プラブー　pāṭhāṇe prabhū
パータカ　pātaka
パタール　paṭār
ハック　hakk
ハックダール　hakkdār
ハック・ラージマー　hakk lāzimā
パッティー・パーソーディー

paṭṭī pāsoḍī
パディー　paḍī
バティーク　baṭīk
パディート　paḍīt
パディート・ザミーン　paḍīt zamīn
パーティリーン　pāṭilīṇ
パテール　paṭel(pāṭīl)
パーデワール・モカーサーバーブ　pāḍevār mokāsābāb
ハート　hāt
パート　pāṭh
バート　bhāt
バドアンマル　badammal
バドカルマ　badkarma
バトキー(バティーク)・チャー・ワンシュ　baṭkī(baṭīk) chā vansh
パド・ザミーン　paḍ zamīn
パート・スタル　pāṭ sthal
バトチャパーイー　baṭchhapāī
ハード・バーウー　hāḍ bhāū
パトラ　patra
パトラーワル　patrāvaḷ
ハヌマーン　hanumān
パーハニー　pāhṇī
バーブ　bāb
バーブティー　bābtī
バーヘ・ジャマー　bāhe jamā
パーヤー　pāyā
バヤ　bhaya
パーラー　pārā
パラーガンダー　parāgandā
パーラク　pālak
ハラド　haḷad
バーラー・バルテー　bārā balute
バーラー・バルテー・ワ・サーティー・プラジャー　bārā balute va sāṭhī prajā
バーラー・プラダクシナー　bārā pradakṣhiṇā
バーラー・マーワル　bārā māvaḷ
バーラー・ムルヴェー　bārā muḷve
バラモン(ブラーフマン)　brāhmaṇ
パラング　palang
パラング・ニスバト・スタール・モカーサーバーブ　palang nisbat sutār mokāsābāb
ハリ　hari
ハーリサー　khālisā
ハリジャーガル　harijāgar
パリート　parīṭ
ハーリー・ワスティー　hālī vastī
パルガナー　pargaṇā
パルキー　parkī
バルテー　balute
パルティーン　parṭīn
パールヌーク　pāḷṇūk
パールパトャ　pārpatya
パル・ムルキー　par mulkī
パル・ラージュヤ　par rājya
パーン　pān
バーンク　bānk
パンクティ　pankti
パンクティパーワン　pankti pāvan
パーンサル　pānsar
パーン・スパーリー　pān supārī
パーンダリー　pānḍharī

パーンダル　pāṇḍhar
バンダル　bandar
バンダール　bhanḍār
バンダーレー　bandhāre
パンチャム　pancham
パンチャーヤト　panchāyat
パンチャーンガ　panchānga
パンチャーンガシュラワン　panchāngashravaṇ
パンチュ・ガウヤ　panch gavya
パンチュ・ナエヴェドャ　panch naevedya
パーンド　pānḍ
バーンド　bāndh
バンドーバスト　bandobast
ヒーウ　hīv
ビガー　bighā
ピーク　pīk
ビゴーティー　bighotī
ピシュヴィー　pishvī
ビージュ・マン　bīj maṇ
ビドワエイー　biḍvaeī
ピンジャーリー　pinjārī
ピンダ　pinḍa
ヒンドゥヴィー・スワラージュヤ　hinduvī svarājya
ピンパル　pinpaḷ
ファウジュダール　phaujdār
ファスキー　phaskī
ファドニース　phaḍnīs
ファルマーン　pharmān
ブサー　bhusā
ブサール　bhusār
フズール　huzūr
フズール・パーガー　huzūr pāgā
ブターラー　bhutāḷā
ブダルカル　budhalkar
フッデダール　huddedār
ブート　bhūt
プニャ　puṇya
ブーミ・プトラ　bhūmi putra
プラジャー　prajā
プラジャー・スワーミーチー・アーヘ　prajā svāmīchī āhe
プラージャーパトャ　prājāpatya
プラダクシナー　pradakṣhiṇā
プラダーン　pradhān
プラダーンキー　pradhānkī
プラーチーン・カーガド・パトラ　prāchīn kāgad patra
プラティローマ　pratiloma
プラティワーディー　prativādī
プラーナ　purāṇa
プラーナ・マース　prāṇa mās
プラブー　prabhū
ブラフマ・ダンド　brahma danḍ
ブラフマ・ハトャー　brahma hatyā
ブラフマ・ワンシュ　brahma vansh
プラムク・ダルマ・アディカーリー　pramukh dharma adhikārī
プラーンタンティール・マハール　prāntantīl mahār
プラーント　prānt
ブルード　burūḍ
プローヒト　purohit
ヘージーブ　hejīb
ペーシュワー　peshvā

ペダー　peḍhā
ベーティー　bheṭī
ペーテーチャー・アーカール　peṭhechā ākār
ペート　peṭh
ベート　bheṭ
ベール　bel
ペンダーリー　penḍhārī
ボーイー　bhoī
ポート・ティディーク　poṭ tiḍīk
ポーラー　poḷā
ホーリー　hoḷī
ポーリー　poḷī
ホーン　hon

〈マ行〉

マクター　maktā
マーグニー　māgṇī
マジャーラス　majālas
マジュムダール　majumdār
マース　mās
マース・バクシャン　mās bhakṣhaṇ
マドェ(マドャ)・プラーシャニー　madya prāshanī
マドヤム　madhyam
マドャ・プラーシャン　madya prāshan
マートラーガマン　mātrāgaman
マネーリー　maṇerī
マーパーウー　māpāū
マハージャンキー・ワタン　mahājankī vatan
マハー・パータカ　mahā pātaka
マハーラージュ　mahārāj
マハーラーシュトラ・ダルマ　mahārāṣhṭra dharma
マハーラーシュトラ・ラージュヤ　mahārāṣhṭra rājya
マハール　mahār
マハールキー・ワタン　mahārkī vatan
マハールダール　mahāldār
マハール・ワーダー　mahār vāḍā
マーピー・カンディー　māpī khanḍī
マフザル　mahzar
マフザル・ナーマー　mahzar nāmā
マームレー　māmle
マームレーダール　māmledār
マラー　maḷā
マラーター　marāṭhā
マラーティー　marāṭhī
マーリー　māḷī
マール　māḷ
マールタンド　mārtanḍ
マールーティ　mārūti
マーワル　māvaḷ
マン　maṇ
マーンガリャ　māngalya
マーング　māng
マンダプ　manḍap
マントラ　mantra
マーンバーウ　mānbhāv
マーンパーン　mānpān
ミラーシー・バーウー　mirāsī bhāū
ミラース　mirās
ミラースダール　mirāsdār

ミラース・バーウー　mirās bhāū
ミラース・ワーダー　mirās vāḍā
ムジュラー　mujrā
ムゼーリー　muzerī
ムート　mūṭh
ムフールト　muhūrt
ムラーナー　mulāṇā
ムリグ　mṛig
ムルク　mulk
ムンジー　munjī
ムンダン　munḍan
メータル　mhetar
メータルキー・ワタン　mhetarkī vatan
メーデ(メードャー)・マハール　meḍhe(meḍhyā) mahār
モークシャ・スナーン　mokṣha snān
モーグラーイー　moglāī
モージュニー　mojṇī
モーチェカリー　mochekarī
モート　moṭ
モート・スタル　moṭ sthal
モーホタルファー　mohtarphā
モミーン　momīn
モーリー　moḷī

〈ヤ行〉

ヤートラー(ジャトラー)　yātrā(jatrā)

〈ラ行〉

ラカム　rakam
ラグナ　lagna
ラグナ・ヴャワハーラ　lagna vyavahāra
ラージー・ナーマー　rāzī nāmā
ラージマー　lāzimā
ラージュ・ダンド　rāj danḍ
ラビー　rabī
ラーブヌーク　rābṇūk
ラーブヌーク・ニスバト・マハール　rābṇūk nisbat mahār
ラヘダーリー　rahdārī
ラーマ　rāma
ラーマーヤナ　rāmāyaṇa
ラーモーシー　rāmosī
ラーラー　rāḷā
ラワー　ravā
ラワー・ディウヤ　ravā divya
ラーワナ　rāvaṇa
ラーン　rān(rāṇ)
ランガーリー　rangārī
ランガーリーパン　rangārīpaṇ
ランカーンブ　raṇkhānb
リンガ　linga
リンガーイート　lingāīt
ルカー　rukā
ルグデー　lugḍe
ルピー(ルパヤー)　rupayā
ローズ・ニシー　roz nishī
ローハール　lohār
ローヒニー　rohiṇī

〈ワ行〉

ワザニー・カンディー　vazanī khanḍī
ワスティー　vastī
ワーダー　vāḍā
ワタン　vatan
ワタンダール　vatandār
ワタンダール・スタール　vatan-

dār sutār
ワタンダール・バーウー　vatan-dār bhāū
ワタン・パトラ　vatan patra
ワーディー　vāḍī
ワディール・パン　vaḍīl paṇ
ワト　vaṭ
ワーニー　vāṇī
ワーニー・ウドミー　vāṇī ud-mī
ワーニー・ワカール　vāṇī va-khār
ワーファー　vāphā
ワラートダール　varātdār
ワーワリー　vāvarī

参考文献

1. 史料

SCS : *Shiva Charitra Sāhitya*, 13 vols, Bhārat Itihās Sanshodhak Mandal, Puṇe, 1934–65.

SSRPD : *Selections from the Satara Rajas' and Peshwas' Diaries*, 9 vols, ed. by G. C. Vad, Puṇe, 1906–11.

MIS : *Marāṭhyānchyā Itihāsāchīn Sādhnen*, 22 vols, ed. by V. K. Rajvade, Puṇe, 1896–1915.

SGRAO : *Selections from the Government Records in the Alienation Office Poona*, ed. by G. C. Vad,

1. *Kaifiyats, Yadis, &c* 1908.
2. *Decisions from the Shahu and Peshwa Daftar*, 1909.
3. *Sanads and Letters*, 1913.
4. *Treaties, Agreements and Sanads*, 1914.

SPD : *Selections from the Peshwa Daftar*, 45 vols, ed. by G. S. Sardesai, Bombay, 1930–34.

ASS : *Aetihāsik Sankīrṇa Sāhitya*, 13 vols, Bhārat Itihās Sanshodhak Mandal, Puṇe, 1934–67.

Otūrkar : R. V. Otūrkar ed. *Peshve Kālin Sāmājik va Ārthik Patravyavahār*, Puṇe, 1950.

Kārī va Ānbvade—Jedhe Deshmukh, Shrī Rāmadāsīchīn Aetihāsik Kāgadpatren, Rāmadās āṇi Rāmadāsī Granthmālā, Bhāg Tisāvā, Dhuḷe, Shake 1852.

Jedhe yānchī Shakāvalī, Shivacharitra Pradīp, Bhārat Itihās Sanshodhak Mandal, Puṇe, Shake 1847.

Mir'āt-e Ahmadī, Persian Texts in 2 parts, Gaekwad's Oriental Series, 1927–28, and *Khātima.*

Selections of Papers from the Records at East India House, Relating to Revenue, Police and Civil and Criminal Justice, Under the Company's Government in India, Vol. IV, London, 1828.

Statement regarding the Inam Lands of Hurraī Bapubhāī Desāī in the District of Navsari in the Territories of His Highness The Gaecowad, Baroda, 1888.

Gazetteer of Bombay Presidency, Vol. II, Surat and Broach, Government

of Bombay, 1877.
Gazetteer of Bombay Presidency, Vol. VII, Baroda, 1883.

2. 工具類

J. T. Molesworth, *Marathi-English Dictionary*, First Edition, Bombay, 1831, Corrected Reprint, Poona, 1975.
M. T. Paṭvardhan, *Phārshī-Marāṭhī Kosh*, Puṇe, Shake 1847.
T. N. Kelkar, *Aetihāsik Shabdakosh*, Puṇe, 1962.
G. S. Khare, *Khare Jantrī athavā Shivakālin Sanpūrṇa Shakāvalī*, Puṇe, 1923.
F. Steingass, *Persian-English Dictionary*, First Edition, London, 1892.
R. E. Enthoven, *The Tribes and Castes of Bombay*, 3 vols, Bombay, 1921.

3. 参考書

Desai, S. V. *Social Life in Maharashtra under the Peshwas*, Bombay, 1980.
Gokhale, K. *Chhatrapati Sambhaji*, Poona, 1978.
Gune, V. T. *The Judicial System of the Marathas*, Poona, 1953.
Kulkarni, A. R. *Maharashtra in the Age of Shivaji*, Poona, 1969.
Kumar, R. *Western India in the Nineteenth Century*, Univ. of Tronto Press, 1968.
Pagadi, S. *Chhatrapati Shivaji*, Poona, 1974.
Sardesai, G. S. *New History of the Marathas*, 3 vols, Bombay, 1946–48.
Sarkar, J. N. *Shivaji and his Times*, Orient Longman, 1919.
Sarkar, J. N. *House of Shivaji*, Calcutta, 1940.
Sen, S. *Administrative System of the Marathas*, Second Edition, Calcutta, 1925.
Sen, S. *Military System of the Marathas*, Orient Longman, 1958.
Srinivas, M. N. *Social Change in Modern India*, Univ. of California Press, 1966.
Vashishta, H. B. *Land Revenue & Public Finance in Maratha Administration*, Delhi, 1975.
Wagle, N. K. ed., *Images of Maharashtra—A Regional Profile of India*, Curzon Press, 1980.
Wagle, N. K., Israel, M. ed. *Religion and Society in Maharashtra*, Univ. of Tronto, 1987.
H. Whitehead, *The Village Gods in South India*, Oxford Univ. Press 1916.
Wink, A. *Land and Sovereignty in India—Agrarian Society and Politics under the Eighteenth-century Maratha Svarājya*, Cambridge Univ. Press, 1986.

参考文献

井原徹山『印度教』，大東出版社，1943年.
深沢宏『インド社会経済史研究』，東洋経済新報社，1972年.
深沢宏『インド農村社会経済史の研究』，東洋経済新報社，1987年.